Karl-Heinz Paqué
Die Bilanz

Karl-Heinz Paqué

DIE BILANZ

Eine wirtschaftliche Analyse
der Deutschen Einheit

HANSER

Das für dieses Buch verwendete FSC-zertifizierte Papier Munken Premium liefert Arctic Paper Mochenwangen GmbH.

Bibliografische Information der Deutschen Nationalbibliothek
Die Deutsche Nationalbibliothek verzeichnet diese Publikation in der Deutschen Nationalbibliografie; detaillierte bibliografische Daten sind im Internet über http://dnb.d-nb.de abrufbar.

1 2 3 4 5 6   12 11 10 09

© 2009 Carl Hanser Verlag München
Internet: http://www.hanser.de
Lektorat: Martin Janik
Herstellung: Ursula Barche
Umschlaggestaltung: Büro plan.it, München, unter Verwendung eines Bildmotivs von © Irene Drexl
Illustrationen: Uwe Aufleger, Erding
Satz: Satz- und Presseservice, Erding
Druck und Bindung: Friedrich Pustet, Regensburg
Printed in Germany

ISBN 978-3-446-41958-2

Für Sabine

Vorwort

Dieses Buch behandelt ein großes nationales Projekt: die Deutsche Einheit. Im Vordergrund steht dabei deren wirtschaftliche Seite, der sogenannte Aufbau Ost. An ihm scheiden sich die Geister. Er ist der kritische Punkt, wenn es darum geht, das Erreichte zu bewerten.

Zwei Jahrzehnte nach dem Mauerfall herrschen in Deutschland vielerorts Verdruss und Enttäuschung über den Aufbau Ost. So hatte man sich das nicht vorgestellt: Noch immer fließen Steuermittel von West nach Ost, noch immer wandern Menschen von Ost nach West, noch immer hinkt der Osten in der Wirtschaftskraft hinter dem Westen her. Super-GAU Deutsche Einheit, Mezzogiorno ohne Mafia, Subventionsloch und Milliardengrab, das sind nur einige der drastischen Bilder der Frustration, die in den letzten Jahren geprägt wurden. Wir Deutsche haben wohl, so der Rückschluss, beim Aufbau Ost furchtbare Fehler gemacht, sonst wäre das alles nicht passiert.

Dieses Buch kommt zu einem anderen Ergebnis: Nicht das Erreichte ist enttäuschend, sondern die Aufgabe war extrem schwierig. Es galt, die große Mehrheit der 16 Millionen Ostdeutschen davon abzuhalten, ihr Glück in der unmittelbaren Nachbarschaft zu suchen: im wohlhabenden Westen. Die Politik musste die Massenwanderung verhindern, und zwar durch schnelle glaubwürdige Weichenstellungen, die den Menschen Hoffnung auf eine bessere Zukunft geben würden, ohne neue Mauern gegen die neu gewonnene Freiheit zu errichten. Vielleicht war dies eine der schwierigsten und teuersten Aufgaben, die das Schicksal jemals zu vergeben hatte, zumal in Zeiten der Globalisierung. Die Deutschen haben diese Aufgabe im Wesentlichen bewältigt.

Das Ergebnis ist allerdings nur ein Teilerfolg, zumal wenn man es an den überzogenen Erwartungen der frühen 1990er-Jahre misst. Aber das liegt nicht an schweren Fehlern der Politik, sondern an den wirtschaftlichen Flurschäden, die vier Jahrzehnte der Abschottung vom Weltmarkt in Ostdeutschland – und ebenso in Mitteleuropa – hinterlassen haben. Diese Schäden werden bis heute unterschätzt. Sie zu identifizieren ist eines der Anliegen dieses Buches. Es geht dabei vor allem um die Zerstörung der industriellen Innovationskraft. Diese wiederherzustellen wird noch lange eine wichtige politische Aufgabe bleiben, in Deutschland und Europa.

Politisch wendet sich dieses Buch gegen eine neue Dolchstoßlegende. Es ist die Legende, dass die Politik nur vieles anders und besser hätte machen müssen, dann gäbe es heute eine kraftstrotzende ostdeutsche Wirtschaft, und die Probleme der Deutschen Einheit wären gelöst. Diese Legende kursiert überall, in bürgerlichen und in sozialistischen Kreisen, wenn auch jeweils mit ganz unterschiedlichen Argumenten. Das Buch ist ein Versuch, die Legende zu entzaubern, und zwar mit nüchternem Blick, aber durchaus auch mit provozierender Deutlichkeit.

Über Wirtschaft zu lesen kann ermüdend sein: zu viele abstrakte Trends und Zahlen, zu wenig konkrete Menschen und Lebenswege. Hier ist der Autor in der Pflicht. Er muss alles tun, damit Deutsche Einheit und Aufbau Ost den Leser nicht langweilen. Ich habe das versucht. Die fünf Kapitel des Buches liefern, so hoffe ich jedenfalls, kein trockenes Traktat, sondern eine Entwicklungsgeschichte, erzählt allerdings nicht von einem Historiker, sondern von einem Ökonomen. Wissenschaftliche Ausführungen wurden in die Anmerkungen am Ende des Textes verbannt, soweit sie nicht von grundlegender Bedeutung für den Verlauf oder die Interpretation der Ereignisse sind.

Ergänzt wird die Geschichte durch 15 Vignetten, die im Textbild jeweils deutlich abgesetzt sind. Es sind stets zweiseitige Beiträge, in denen einzelne Unternehmen und Wirtschaftszweige, Städte und Gemeinden oder einfach besondere Themen vorgestellt werden. Sie verdeutlichen am konkreten Beispiel die Erfolge und Chancen, aber auch die Schwierigkeiten des Aufbaus Ost. Sie sind über das Buch verteilt. Sie stehen für sich, haben aber einen thematischen Bezug zum jeweiligen Haupttext des Buches.

Alle Vignetten sind persönlich gehalten, in der Sprache und in der Sache. Sie entstammen stets eigener Erfahrung und Beobachtung. Deshalb haben sie auch einen geografischen Schwerpunkt: Sachsen-Anhalt. Es ist das Land, in dem ich seit 1996 lebe und arbeite und das ich besonders gut kennengelernt habe, nicht zuletzt während meiner Zeit in der Landespolitik von 2002 bis 2008. Es ist ein Land, das einen guten Querschnitt der Probleme Ostdeutschlands liefert, und zwar fast immer in stark ausgeprägter Form. Was Nordrhein-Westfalen im Westen, das ist Sachsen-Anhalt im Osten. Es gilt deshalb auch wirtschaftlich als besonders schwieriger Fall. Und es ist damit eine ergiebige Fundstelle für praktisch alle Herausforderungen, die sich im Osten seit 1990 gestellt haben und noch immer stellen.

Magdeburg, im Juli 2009
Karl-Heinz Paqué

Inhalt

1 | Schwieriges Erbe

1.1 | Der große Irrtum

Am 9. November 1989 fiel die Berliner Mauer. Damit begann das schnelle Ende der deutschen Teilung. Nur noch wenige Monate bestand sie fort: wirtschaftlich bis zur Einführung der Wirtschafts- und Währungsunion am 1. Juli 1990, politisch bis zur deutschen Vereinigung am 3. Oktober desselben Jahres. Vier Dekaden lang hatte die Teilung überdauert, fast drei davon – seit dem Bau der Mauer 1961 – mit einer nahezu vollständigen Abschottung der DDR-Wirtschaft vom marktorientierten Westen.

Mit der Maueröffnung begann ein intensives Rätselraten: Wo stand die ostdeutsche Wirtschaft mit ihrer Leistungskraft, und zwar im Vergleich zum Westen? Die Wissenschaft lieferte geschätzte Zahlen dazu, nach bestem Wissen und Gewissen. Sie lieferte mit den Zahlen auch mahnende Gebrauchsanweisungen. Diese wurden wie üblich ignoriert. So waberten schnell Ost-West-Vergleiche der Arbeitsproduktivität als Maß für die wirtschaftliche Leistungskraft durchs Land. Die meistgenannten Zahlen lagen bei einem Verhältnis von etwa eins zu drei bis eins zu zwei. Also: Eine ostdeutsche Arbeitskraft produziert pro Stunde etwa ein Drittel des wirtschaftlichen Wertes ihres westdeutschen Kollegen.[1] Oder die Hälfte. So oder ähnlich lautete die Diagnose im Jahr der Vereinigung. Das war die entscheidende Ost-West-Lücke, die es zu überwinden galt.

Die Zahlen wurden damals in Politik und Öffentlichkeit breit diskutiert, aber nicht wirklich hinterfragt. Sie hatten eine merkwürdige psychologische Wirkung. Sie führten nämlich – wie häufig bei einfachen Zahlen – zu einer Art Illusion der Machbarkeit. Denn allein das Benennen der Ost-West-Lücke schuf die Vorstellung, es handele sich um einen messbaren Abstand zum Westen, den es nur mit entschlossenen Schritten zu überwinden galt, und fertig war die Deutsche Einheit. Dabei war der Abstand zwar groß und die Aufgabe damit anspruchsvoll, denn immerhin musste die Produktivität in etwa verdreifacht beziehungsweise verdoppelt werden. Aber mit neuesten Maschinen, mit einer modernisierten Ausbildung, mit viel Fleiß und mit der hohen Motivation, die alle hatten, würde das wohl schon klappen. Jedenfalls innerhalb von ein paar Jahren.

So weit die Vorstellung. Ein großer Irrtum, der zur bitteren Illusion wurde. Ob diese vermeidbar war, muss offenbleiben. Wahrscheinlich war sie es nicht. Heutzutage gieren Politik und Öffentlichkeit nach Zahlen. Und wenn die Wissenschaft sich geweigert hätte, Zahlen zu liefern, dann hätten andere geliefert – mit noch schlimmeren Folgen. Allerdings waren im Fall der Deutschen Einheit die Folgen schlimm genug: Millionen von ostdeutschen Arbeitskräften mussten schon nach wenigen Jahren feststellen, dass die Welt nach ganz anderen Gesetzen funktionierte, als es 1990 den Anschein hatte. Die Illusion der Machbarkeit zerstob schnell. Sie hinterließ einiges an Frustration, die in Teilen der Bevölkerung bis heute spürbar ist.

Aber zurück zur Ausgangslage. Wenn schon nicht eins zu drei oder eins zu zwei, wie groß war dann 1990 der West-Ost-Abstand in der wirtschaftlichen Leistungskraft? Die ehrliche Antwort lautet: Wir wissen es nicht. Mehr noch: Wir können es gar nicht wissen. Warum? Weil die vier Dekaden deutscher Teilung zu Veränderungen geführt hatten, die sich im Ergebnis jenseits der messbaren Statistiken abspielen.

Um dies im Nachhinein zu erkennen, ist es nützlich, eine Art volkswirtschaftliches Fernrohr zur Hand zu nehmen und West- und Ostdeutschland lange vor und während der Zeit der deutschen Teilung im Zeitraffer zu beobachten. Wir müssen dabei zunächst weit zurückgehen, in die späten 1920er-Jahre des letzten Jahrhunderts, die Stresemann-Jahre, die Goldene Zeit der Weimarer Republik. Es ist jener letzte Abschnitt der Reichsgeschichte, in dem der Westen des Reiches, die spätere Bundesrepublik, und der Osten – hier verstanden als die spätere DDR – noch unter normalen marktwirtschaftlichen Verhältnissen als Teile eines nationalen Wirtschaftsraums beobachtbar waren.

Was sehen wir durch dieses Fernrohr? Wir sehen in West und Ost zwei Teile einer Volkswirtschaft, die eng miteinander verflochten sind. Es sind Teile mit ähnlich großer Wirtschaftskraft und ähnlich hohem Lebensstandard. Beide weisen stark industrialisierte Regionen auf, deren Ballungszentren mit ihren Unternehmen erfolgreich im internationalen Wettbewerb stehen, so zum Beispiel das Rhein-Ruhr- und das Rhein-Main-Gebiet im Westen und der sächsisch-mitteldeutsche Wirtschaftsraum im Osten. Beide weisen aber auch ländliche Regionen auf, wo es erheblich bescheidener zugeht, so Ostfriesland, die Eifel oder das südliche Bayern im Westen und die Altmark, Mecklenburg und die Lausitz im Osten. Im Durchschnitt hat der Westen die Nase leicht vorn, genauer: der Nordwesten, also vor allem die Region des heutigen Nordrhein-Westfalen, denn weite Teile des Südwestens und Bayerns sind noch stark agrarisch geprägt. Aber der Unterschied in Wirtschaftskraft und Lebensstandard ist insgesamt nicht sehr groß. Wichtiger noch: Er ist das Ergebnis der historisch gewachsenen Wirtschaftsstrukturen unter marktwirtschaftlichen Bedingungen. Er gleicht dem heutigen Unterschied zwischen Deutschland und Österreich. Oder zwischen Hessen und Rheinland-Pfalz. Der Unterschied ist völlig normal und nicht beunruhigend. Er ist, wenn man so will, „natürlich".

Dieser natürliche Unterschied zwischen Ost- und Westdeutschland überlebt die Erschütterungen der 1930er- und 1940er-Jahre. Die Weltwirtschaftskrise mit ihrem dramatischen Produktionseinbruch, die Nazizeit mit ihrer kommandowirtschaftlichen Aufrüstung und der Zweite Weltkrieg mit seiner brutalen Zerstörung, sie alle verändern die deutsche Wirtschaft, es geschieht aber ohne wesentlichen Unterschied zwischen West und Ost. Zu Beginn der deutschen Teilung gegen Ende der 1940er-Jahre sind West und Ost noch immer in ähnlicher Lage. Und die ist in beiden Regionen verzweifelt, vor allem wegen der Kriegszerstörung und der Opfer an Menschenleben.

Dann allerdings trennen sich die Wege, und zwar radikal. Der Westen kehrt zurück in die marktwirtschaftliche, kapitalistische Welt, wie sie zuletzt in Deutschland in den 1920er-Jahren bestanden hatte. Seine Industrien orientieren sich an Marktsignalen, vor allem an Qualitätsstandards und Preisen, wie sie sich an nationalen, europäischen und weltweiten Märkten ergeben. Dies gilt von der Phase des Wiederaufbaus in den frühen 1950er-Jahren bis zur Wiedervereinigung 1990, also über knapp vier Dekaden. Und es ist – im historischen Vergleich – weltweit eine Zeit besonders großer Veränderungen durch schnelles Wachstum mit rasantem technischem Fortschritt und zügiger Liberalisierung und Globalisierung der Märkte. Einen solch tief greifenden Strukturwandel hatte es seit Jahrzehnten nicht gegeben, zuletzt in der langen Friedensphase von der Reichsgründung 1871 bis zum Kriegsausbruch 1914.

Ein Blick auf Fotos oder Filme der frühen 1950er- und der späten 1980er-Jahre genügt, um sich von den atemberaubenden Veränderungen in der westlichen Produktwelt zu überzeugen. Tatsächlich gehen die Veränderungen natürlich noch viel tiefer, als der Augenschein glauben macht. Getrieben von marktwirtschaftlicher Konkurrenz und technischem Fortschritt versucht praktisch jeder Unternehmer, seine eigenen Produkte ein Stück weit von denen der Konkurrenz abzusetzen. Dadurch werden technische

Neuerungen forciert und „Marken" geschaffen, die neue
Märkte oder zumindest Marktnischen erschließen und alte ausweiten. Es entsteht ein überaus breites Spektrum an
Waren und Dienstleistungen der unterschiedlichsten Preise
und Qualitäten.

Und ganz nebenbei entsteht in den Betrieben und Unternehmen noch etwas ganz anderes, nämlich neues Wissen. Es ist eine ungeheure Menge an neuem Wissen, das
in keiner Schule oder Hochschule gelehrt wird. Es ist
Marktwissen im umfassenden Sinne des Wortes. Technische, logistische, kaufmännische und juristische Betriebs-
geheimnisse, Kenntnisse über Vertriebswege und Absatz-
kanäle, all dies sorgt dafür, dass die Marktposition jedes
Unternehmens möglichst nicht der Konkurrenz zum
Opfer fällt. Und diese Konkurrenz kommt aus Westdeutschland selbst oder aus dem (westlichen) Ausland.
Und die tut im Prinzip genau das Gleiche. Natürlich lernt
die Konkurrenz auch voneinander. Nur die wenigsten
Spezialkenntnisse sind in einer Marktwirtschaft auf Dauer geheim zu halten. Aber sobald nach Jahren oder Jahrzehnten ehemals neues Wissen vom Betriebsgeheimnis
zum Allgemeingut wird, gibt es schon wieder neue Spezialkenntnisse, die einem die Konkurrenz vom Leibe halten, zumindest vorübergehend.

So weit die wirtschaftliche Welt der Westdeutschen in
den vier Dekaden der Teilung. In Ostdeutschland sieht
die Welt seinerzeit ganz anders aus. Es herrscht Planwirtschaft. Preise werden nicht am Markt, sondern bürokratisch festgelegt – weitgehend unabhängig von Angebot
und Nachfrage. Große Teile der Wirtschaft sind verstaat-
licht, vor allem die Industriebetriebe. Wettbewerb zwischen den Betrieben findet praktisch nicht statt. Außen-
handel in nennenswertem Umfang gibt es nur mit den
osteuropäischen Planwirtschaften. Er ist streng reglemen-
tiert und in der Struktur politisch festgelegt. Von einem
Trend zur Liberalisierung und Globalisierung kann nicht
die Rede sein.

Niemand bestreitet heute noch ernstlich, dass diese sozialistische Planwirtschaft völlig ineffizient war. Ohne Wettbewerb zwischen privaten Unternehmen und ohne marktwirtschaftliche Preisbildung fehlte ihr der nötige Wegweiser, um Kapital und Arbeitskräfte in die volkswirtschaftlich richtige Verwendung zu lotsen. Es herrschten Mangel und Verschwendung zugleich. Es wurden die falschen Güter in den falschen Mengen an den falschen Orten produziert. Dieser gigantische Irrlauf der Staatsbürokratie war für die Menschen bittere und harte Realität – 40 Jahre lang. Im Rückblick wirkt er eher grotesk. Er liefert heute die Quelle für Anekdoten aus der Vergangenheit, die sich die Menschen in Ostdeutschland inzwischen gerne bei sommerlichen Grillabenden erzählen.

Dieser Irrlauf war 1990 leicht zu beenden. Es bedurfte nur der Freigabe der Preise und der Einführung einer stabilen vertrauenswürdigen Währung. Dies geschah mit der Wirtschafts- und Währungsunion zum 1. Juli 1990, ähnlich wie seinerzeit im Juni 1948 bei der Wirtschafts- und Währungsreform in Westdeutschland. Von Mangel und Verschwendung war anschließend kaum mehr die Rede.

Damit war der Startschuss zur sogenannten Transformation der ostdeutschen Wirtschaft gegeben. Was musste weiter geschehen? Ökonomen und Politik waren sich damals nicht im Detail, wohl aber im Kern einig. Es musste all das geschaffen werden, was eine funktionierende Marktwirtschaft in einem hoch entwickelten Industrieland ausmacht. Und das sind zunächst: Privateigentum an Betrieben und Unternehmen, ein modernes Rechtssystem und eine verlässliche öffentliche Verwaltung, ein gut ausgebautes Verkehrsnetz zu Land, zu Wasser und in der Luft, ein umfassendes Leitungsnetz für die Telekommunikation, ein flächendeckendes Angebot an Finanzdienstleistungen von Sparkassen, Banken und Versicherungen sowie schließlich überall sanierte Städte und Gemeinden mit attraktiven Wohngebieten und erschlossenen Gewerbeflächen. Daneben bedurfte es all jener Maßnahmen und

Institutionen, die dazu dienen, Wissen und Fertigkeiten zu vermitteln, die für die Marktwirtschaft qualifizieren – von den Schulen über die Bildungsakademien bis hin zu den Universitäten.

Mit diesen Bausteinen der Marktwirtschaft, so war die Meinung, würde dann der Rückstand gegenüber dem Westen aufgeholt sein. Logisch, denn hoch qualifizierte Menschen würden in privaten Unternehmen an hochmodernen Maschinen und mit hochmoderner Telekommunikation arbeiten, und zwar fleißig und motiviert. Und sie würden das, was sie produzieren an Waren und Dienstleistungen, auf modernsten Verkehrswegen in alle Himmelsrichtungen liefern können. Was sollte dann noch den Osten vom Westen unterscheiden? Der Abstand zum Westen in der Wirtschaftskraft würde schnell zusammenschrumpfen, von eins zu drei oder eins zu zwei auf eins zu eins oder zumindest auf jenen kleinen natürlichen Ostrückstand, den es schon in der Kaiserzeit und zwischen den Weltkriegen gegeben hatte.

So sah in etwa die Diagnose aus. Auf ihr beruhte die Vorstellung von blühenden Landschaften, die der damalige Kanzler Helmut Kohl in einem oft zitierten Wort prägte. Ohne die Zeitspanne genauer zu fassen, glaubten er und viele andere, dass der Aufbau Ost nicht mehr als einige Jahre in Anspruch nehmen würde. Warum auch? Es ging um eine umfassende Modernisierung. Und die musste und konnte in einem großen Kraftakt geleistet werden. Auch die meisten derjenigen, die skeptischer waren als der Kanzler, deuteten die Problemlage ähnlich wie er. Sie glaubten zwar, es dauere länger und koste mehr Geld, als der Kanzler der Einheit in seiner politisch motivierten Euphorie behauptete. Aber auch sie betrachteten den Aufbau Ost vor allem als umfassende Modernisierung von Maschinen, Menschen und Land.

Dies war ein großer Irrtum. Übrigens ein durchaus verständlicher Irrtum, hatte es doch im Deutschland des 20. Jahrhunderts schon zwei Währungsreformen gegeben,

die beide erfolgreich waren: die eine 1923 durch Reichs-
kanzler Gustav Stresemann und die andere im besetzten
Westdeutschland 1948 durch die Alliierten und Ludwig
Erhard, den späteren Bundeswirtschaftsminister, der die
umfassende Preisliberalisierung durchsetzte. Vor allem die
Wirtschafts- und Währungsreform von 1948 stand 1990
Pate. Und dabei unterschätzten viele den grundlegenden
Unterschied zwischen Westdeutschland 1948 und Ost-
deutschland 1990.

Worin lag dieser Unterschied? Er lag vor allem darin,
dass 1948 die westdeutsche Wirtschaft gerade mal 15 Jahre Naziherrschaft zu Friedens- und Kriegszeiten hinter
sich hatte – mit nationalsozialistischer Autarkiepolitik und
Zwangsaufrüstung, aber erst ab 1936 mit Preiskontrollen
und zu keinem Zeitpunkt mit einer umfassenden Verstaatlichung der Produktionsmittel. So grausam und menschen-
verachtend die totalitäre Naziherrschaft auch war, bei der
Zerschlagung von Kapitalismus und Marktwirtschaft hatte sie kaum nachhaltige Durchschlagskraft. Hinzu kam,
dass der Nachteil der weltwirtschaftlichen Isolation sich
als nicht besonders groß erwies, waren die 15 Jahre von
1933 bis 1948 doch auch in der übrigen industrialisierten
Welt alles andere als eine Zeit der Liberalisierung und des
raschen Wachstums. Die Abschottung vom Weltmarkt, die
der Nationalsozialismus erzwang, war deshalb weit weniger folgenreich als die umfassende Isolation, die der plan-
wirtschaftliche Sozialismus mit sich brachte.

Kurzum: Es war nach 1948 für die westdeutsche Wirtschaft trotz Kriegszerstörung relativ einfach, an alte Stärken anzuknüpfen. Nicht so im Ostdeutschland von 1990,
nach 40 Jahren Planwirtschaft. Neben dem Rückstand bei
der Modernisierung gab es ein noch viel grundlegenderes
Problem: das Fehlen von weltmarktfähigen Produkten.
Genau dies war die vielleicht fatalste Folge der Isolation
von den Weltmärkten. Und es war eine Folge, die nicht
automatisch mit der Modernisierung von Maschinen,
Menschen und Land verschwindet.

Tatsächlich stand Ostdeutschland – und mit ihm ganz Mittel- und Osteuropa – ab 1990 vor einem historisch völlig neuen Problem. Der sozialistische Wirtschaftsraum bestand ja aus mehr oder weniger entwickelten Industrieländern, zumindest in seinen westlicheren Teilen, mit der DDR und der damaligen Tschechoslowakei an der Spitze. Entsprechend sah der Stand des technischen Wissens aus. Er war hoch. Auf diesen Stand konnte schon die isolierte Entwicklung in der Nachkriegszeit aufsetzen. Sie führte im Rahmen der planwirtschaftlichen Festlegungen zwar zu gigantischer Ineffizienz, aber auch – vom Staat forciert und gelenkt – zu einem weiteren technischen Fortschritt durch neues Wissen und dessen Umsetzung in neue Produkte. Auch im Osten gab es neue Autos, neue Chemikalien, neue Maschinen, neue elektrotechnische Geräte und schließlich Computer und Mikroelektronik. Und auch diese fächerten sich auf nach Preis und Qualität, wenn auch in viel bescheidenerem Maße als im Westen.

Es entstand so eine merkwürdig parallele Produktwelt zwischen West und Ost. Wer als Westdeutscher die DDR besuchte, konnte das mit bloßen Augen erkennen, und zwar allein schon bei der Ausstattung privater Haushalte. Die fiel zwar im Osten insgesamt erheblich dürftiger aus als im Westen, aber sie bestand doch im Wesentlichen aus jenen typischen Gegenständen, die zur jeweiligen Zeit in einem Industrieland zu erwarten waren: Auto, Fernseher, Kühlschrank und so weiter. Je länger allerdings die Abschottung vom Weltmarkt dauerte, umso merkwürdigere Züge nahm der Vergleich an. So hatten, um nur ein Beispiel aus der Autobranche zu nennen, ein Wartburg aus Eisenach und ein DKW aus Ingolstadt in den 1950er-Jahren weit mehr Gemeinsames als ein Trabant aus Zwickau und ein Polo aus Wolfsburg drei Jahrzehnte später. Offenbar bewegten sich West und Ost in Produktdesign, Funktionalität und technischer Ausstattung immer weiter auseinander, was die Vergleichbarkeit zunehmend einschränkte.

Spätestens in den 1980er-Jahren gab es deshalb zwischen Ost und West zwei fast völlig getrennte Produktwelten – die eine in Isolation, die andere im offenen Weltmarkt. Und zwischen den beiden gab es keine wirklich brauchbaren marktwirtschaftlichen Anhaltspunkte, wie sie sich vom Wert her zueinander verhielten. Die Entwicklungen waren längst zu weit auseinandergelaufen. Dies hatte es in der Geschichte tatsächlich noch nie gegeben: zwei große benachbarte Wirtschaftsräume, zweifellos zwei „Industrieländer", die derselben westlich-europäischen Zivilisation angehören und deren Waren und Dienstleistungen ähnliche Zwecke erfüllen, aber aufgrund der fast vollständigen Trennung über vier Jahrzehnte doch nicht miteinander vergleichbar sind.

Genau darin liegt auch der Grund, warum die Frage nach einem Vergleich der wirtschaftlichen Leistungskraft zwischen Ost und West im Jahr 1990 so schwer zu beantworten war. Und die Antwort eins zu drei (oder eins zu zwei), die damals von der Wissenschaft gegeben wurde, ist vollkommen irreführend. Denn wer von wirtschaftlicher Leistungskraft und Produktivität spricht, der muss wissen, was die produzierten Waren und Dienstleistungen wert sind, und zwar am offenen Markt, im Zweifel am Weltmarkt. Es lässt sich deshalb nicht vernünftig begründen, dass ein Arbeiter in einem Trabant-Werk in Zwickau ein Drittel (oder die Hälfte) der Arbeitsproduktivität seines Kollegen im VW-Werk in Wolfsburg erreicht, wenn es überhaupt keine Anhaltspunkte dafür gibt, welchen Preis ein Trabant im Weltmarkt erzielen kann. Das Gleiche gilt für den Chemiearbeiter in Schkopau in der Produktion von Kunststoffen („Plaste und Elaste") im Vergleich zu seinem Kollegen bei BASF in Ludwigshafen. Und es gilt für fast jede Industriebranche in der DDR und auch in anderen sozialistischen Ländern Mittel- und Osteuropas an der Wende zur Marktwirtschaft 1990.

Tatsächlich war die Frage nach dem aktuellen Ost-West-Verhältnis der wirtschaftlichen Leistungskraft im

Jahr 1990 nicht zu beantworten. Eigentlich musste sie aber auch gar nicht beantwortet werden. Denn es herrschte ja praktisch Einigkeit darüber, dass sich die ostdeutsche Produktpalette im neuen marktwirtschaftlichen Umfeld ohnehin radikal verändern müsse. Es war deshalb ziemlich egal, wo genau der „wahre" Marktwert der derzeitigen Produkte lag. Alle ahnten, dass dieser Marktwert extrem niedrig lag, jedenfalls viel zu niedrig, um bei realistischen Kosten die Produktion aufrechterhalten zu können. Welcher Abstand sich zum Westen dadurch ergab, dass man die Produktivität der Arbeitskräfte zu berechnen versuchte, das war eigentlich eine akademische Frage. Die richtigen praktischen Fragen lauteten stattdessen: Wie kann eine radikale Erneuerung der Produktpalette eingeleitet werden? Wie kann sie gelingen? Wie lange wird sie brauchen? Wer kann sie bewerkstelligen? Wie soll sie politisch unterstützt werden?

Diese richtigen Fragen – frühzeitig gestellt – hätten klargemacht: Die Ausgangslage ist extrem schwierig. Sie ist geradezu verzweifelt. Warum? Weil es darum geht, in ostdeutschen Betrieben neue Produkte zu entwickeln und herzustellen, die in den deutschen, europäischen und weltweiten Märkten dauerhaft auf stabile oder zunehmende Nachfrage treffen. Und dies in einer Welt, die über vier Dekaden durch Liberalisierung und Globalisierung wirtschaftlich zusammengewachsen war, und zwar ohne Ostdeutschland. In einer Welt also, in der bestens etablierte Unternehmen lange Jahre ihre Position und ihren Ruf in den Weltmärkten gefestigt hatten und inzwischen über eine Fülle von höchst vielfältigem Marktwissen verfügten. In dieser Welt galt es, für Betriebe in Ostdeutschland einen Platz an der Sonne zu ergattern – mitten in einer längst laufenden Globalisierung, bei der die besten Plätze verteilt waren und es neue zunächst kaum zu erkennen gab. Wahrlich eine Herkulesaufgabe.

Leider wurden diese Fragen damals so nicht gestellt. In der öffentlichen Diskussion blieb deshalb der Aufbau

Ost gleichgesetzt mit einer umfassenden Modernisierung von Maschinen, Menschen und Land. Die Suche nach neuen Produktideen und Kenntnissen für deren Vermarktung in der Weltwirtschaft, die blieb in der politischen Diskussion unterbelichtet. Und dies, obwohl in einer Reihe von Industrien das Problem in seiner Tragweite offen zutage trat.

Zum Beispiel in der Automobilbranche. Jeder wusste: Es gab sehr gute Fachkräfte in den Automobilwerken der DDR, im Wartburg-Werk in Eisenach und in der Trabant-Herstellung in Zwickau. Die waren durch Fortbildung und Umschulung schnell auf den neuesten technischen Stand zu bringen. Und neue Maschinen und Werkshallen ließen sich auch bauen. Aber die Kernfrage lautete: Was sollte dann dort produziert werden? Alte Modelle in modernisierten Varianten, deren Entwicklung wahrscheinlich Jahre in Anspruch genommen hätte? Ein neuer Wartburg oder ein neuer Trabant? Gab es dafür überhaupt eine nennenswerte Nachfrage in einem Weltmarkt, der mit Modellen schon gut gesättigt war? Und wer sollte die hoch riskante Forschung und Entwicklung für die neuen Modelle durchführen und finanzieren? Oder sollte man besser den alten Standort in Zukunft für die Herstellung ganz anderer Modelle vorsehen und darauf setzen, dass westdeutsche oder ausländische Autokonzerne vor Ort investierten?

Wir wissen: In den konkreten Fällen wurde genau dieser Weg beschritten. Opel und Volkswagen errichteten in Eisenach und Zwickau neue moderne Produktionsstätten für ihre bereits entwickelten Modelle. Es waren hoch subventionierte spektakuläre Großinvestitionen, die wichtige Automobilstandorte und einen Teil der Arbeitsplätze retteten, wenn auch mit hohen Kosten für den Steuerzahler. In der Öffentlichkeit wurden sie zu Recht als Erfolge gefeiert. Bemerkenswert ist dabei allerdings, dass über Alternativen kaum geredet wurde. Die Fachleute waren sich offenbar von vornherein einig, dass die

Fortsetzung der alten DDR-Modelle in modernisierter Form nicht infrage kam. Aber gerade dies zeigt beispielhaft, wie schwer es war, einen Platz an der Sonne des Weltmarktes mit eigenen Produkten zu finden.

Es ist merkwürdig, dass die Deutschen in Ost und West Jahre brauchten, um zu dieser Erkenntnis zu kommen. Irgendwie glaubten alle an einen deutschen Sonderweg. Mithilfe des Westens werde der Osten schon einen Platz in der Weltwirtschaft erobern, und zwar ohne langwierige Entwicklungsprozesse zu durchlaufen. Und frühe Beispiele von Großinvestitionen wie von Opel und VW schienen dies nur zu bestätigen, obwohl sie genau genommen das Gegenteil taten. Denn es sind Fälle des ruckartigen Imports von Marktwissen, das sich im Westen über Jahrzehnte aufgebaut hatte. Und ob dieser Import flächendeckend möglich sein würde, war völlig offen. Und wo er nicht möglich sein würde, waren die Aussichten zunächst einmal düster.

Die Vision vom deutschen Sonderweg ist auch einer der Gründe dafür, weshalb die deutsche Politik in den 1990er-Jahren der wirtschaftlichen Entwicklung in Mittel- und Osteuropa nur wenig Beachtung schenkte. Verbreitet war die Überzeugung, in Deutschland würden die Dinge ganz anders laufen, und zwar entschlossener und kraftvoller dank des enormen Tempos der Modernisierung. Es wurde dabei nicht beachtet, wie ähnlich die grundlegenden Herausforderungen im nahen Mittel- und Osteuropa aussahen. Auch dort – zum Beispiel im nahen Tschechien – ging es um den Platz, den eine traditionsreiche Industrieregion künftig in einer globalisierten Wirtschaftswelt suchte, mit neuen Techniken und neuen Produkten. Auch dort ging es um einen Platz an der Sonne nach vier Jahrzehnten Isolation.

So weit die industrielle Ausgangslage in Ostdeutschland sowie Mittel- und Osteuropa. Es ist nützlich, an dieser Stelle einen Moment innezuhalten und die Frage nach der Verantwortung für diese Ausgangslage zu stellen, politisch und moralisch. Denn in den weiteren Kapiteln dieses Buches werden wir vor allem über die wirtschaftliche Seite der Deutschen Einheit reden. Und da kann leicht aus dem Blick geraten, wer für die Ausgangslage die Verantwortung trägt. Es ist eine gewaltige Verantwortung, und die ist fast ausschließlich der Planwirtschaft und ihren Lenkern zuzuschreiben, also dem sozialistischen Management in einem umfassenden politischen und wirtschaftlichen Sinne. Denn dieses Management hinderte die ihm anvertrauten Menschen daran, ihre Talente und Fähigkeiten, ihr Wissen und ihre Ausbildung zu nutzen, um industrielle Produkte zu entwerfen und herzustellen, die am offenen Weltmarkt Preise erzielen, die sich mit denen westlicher Produkte messen können. Die Arbeiter und Angestellten in Eisenach und Zwickau hätten sehr gerne einen Wagen entwickelt und hergestellt, den die Kunden im Weltmarkt als eine gute Alternative zu einem Volkswagen oder Renault betrachteten. Aber ihnen wurde nie die Möglichkeit gegeben, weil das sozialistische Management auf jahrzehntelange Abschottung vom Weltmarkt setzte und damit jede Innovationskraft abwürgte. Volkswirtschaftlich bestand der Wert der Produktpalette nur mehr künstlich unter der Käseglocke der sozialistischen Arbeitsteilung. In dem Augenblick, in dem die Käseglocke geöffnet wurde, trat das wahre Ausmaß der Entwertung offen zutage.

Es ist merkwürdig, dass diese Verantwortung des sozialistischen Managements in den letzten zwei Dekaden so selten in aller Deutlichkeit angesprochen wurde. Noch nicht einmal zur Zeit der Wende 1989/90. Man hätte doch ganz einfach mal die Frage stellen können, welchen Preis all die Erzeugnisse der sozialistischen Produktwelt im freien Weltmarkt erzielen konnten, und dann rückrechnen auf den Wert pro Arbeitsstunde, den die betreffenden Arbeiter und Angestellten in ihren Werken erwirtschafteten. Das Ergebnis wäre verheerend gewesen. Und es hätte sofort die Augen geöffnet für den Kern des wirtschaftlichen Problems. Mit dieser Produktpalette und mit diesem Kapitalbestand, der diese Produktpalette produzierte, waren nur Löhne möglich, wie sie dann tatsächlich in Mittel- und Osteuropa (aber nicht in Ostdeutschland) über Jahre gezahlt wurden – vielleicht ein Zehntel des Westens, bestenfalls ein Viertel. Und genau dies war der Kern der ökonomischen Misswirtschaft, die der real existierende Sozialismus zu verantworten hatte.

Tatsächlich wurde 1989/90 sehr viel über die Verantwortung für Missstände gesprochen. Aber es ist eigenartig, dass politisch vor allem die Zahlungsunfähigkeit des Staates und der Wirtschaft im Vordergrund stand, und nicht der Zustand der Produktpalette aus dem Blickwinkel des Weltmarkts. Die Bilder sind noch lebhaft in Erinnerung, als Abgeordnete der Volkskammer erschüttert, konsterniert, einige mit Tränen in den Augen zur Kenntnis nahmen, dass ihr Staat praktisch bankrott war. Das nahmen sie alle dem sozialistischen Regime sehr übel, und die Öffentlichkeit in West und Ost war empört. Und natürlich zu Recht. Allerdings steht die Verantwortung für einen Staatsbankrott in gar keinem Verhältnis zu der viel gewaltigeren Schuld, die hier lautete: Dieser sozialistische Staat hat die Menschen gezwungen, Produkte herzustellen, die im Weltmarkt niemand haben will – außer zu Preisen, die keinen Lebensstandard erlauben, der für ein Industrieland angemessen ist. Natürlich war letztlich auch der Staatsbankrott die indirekte Konsequenz der wirtschaftlichen Schwäche, und diese Schwäche wiederum die Folge einer nur schwer marktfähigen Produktpalette. Aber klargemacht hat sich dies kaum jemand. Und so konnten auch schnell Mythen und Verschwörungstheorien grassieren, wer für die anschließende Krise der Wirtschaft verantwortlich war.

Aber von der politischen Verantwortung zurück zu den wirtschaftlichen Realitäten des Tages. Diese waren 1989/90 in Ostdeutschland kaum anders als in Mittel- und Osteuropa. Überall brauchte es einen Neustart in eine völlig fremde weltwirtschaftliche Arbeitsteilung. Überall war die Ausgangslage schwierig, extrem schwierig. Es gab aber einen Unterschied, und zwar einen gewaltigen. Dieser lag in den Zwängen, unter denen politisch und wirtschaftlich gearbeitet werden musste. Zu diesen kommen wir jetzt. Sie liefern den Schlüssel zur Erklärung, warum für Ostdeutschland ein ganz anderer und noch schwierigerer Weg vorgezeichnet war als für Mittel- und Osteuropa.

1.2 | Der Sog des Westens

Der Fall der Berliner Mauer am 9. November 1989 war ein großartiger Sieg der Freiheit. Er hatte weitreichende Folgen – politisch und humanitär, aber vor allem auch wirtschaftlich. Über Nacht gab es für Ostdeutsche die Möglichkeit, nicht nur in den Westen zu reisen, sondern auch dort zu arbeiten und Geld zu verdienen. Fast alle Bürger der DDR waren ja deutsche Staatsbürger im Sinne des bundesdeutschen Grundgesetzes, und sie hatten damit das Grundrecht auf Freizügigkeit innerhalb Deutschlands. Von vornherein herrschte Einigkeit darüber, dass dieses Grundrecht nicht angetastet werden durfte. Eine neue Mauer – gleichgültig in welcher Form der Einschränkung der Freizügigkeit – lag zu Recht außerhalb des politischen und humanitären Vorstellungsvermögens.

Genau an dieser Stelle ist die tiefe Ursache dafür zu finden, dass der Aufbau Ost in Deutschland ganz anders verlaufen musste als die wirtschaftliche Entwicklung in Mittel- und Osteuropa. Klar ist: Zwischen Ost- und Westdeutschland gab es und gibt es keine hohen natürlichen Barrieren, die einer Wanderung von Menschen entgegenstehen. Sprachliche Hindernisse fehlen: Alle sprechen Deutsch, wenn auch mit unterschiedlichen Dialekten. Die geografische Entfernung ist gering: Es gibt nur

wenige Orte in der ehemaligen DDR, die von Westdeutschland oder dem damaligen Westberlin mehr als
200 Kilometer entfernt liegen. Was Kultur und Lands-
mannschaft betrifft, so herrscht eine recht starke Verbundenheit, zumindest zwischen benachbarten Regionen auf
den beiden Seiten der früheren innerdeutschen Grenze –
zwischen Thüringern und Hessen, zwischen Mecklen-
burgern und Holsteinern, zwischen Brandenburgern und
Berlinern, zwischen Sachsen und Nordbayern, um nur
einige Beispiele zu nennen.

Es fehlten mithin praktisch alle natürlichen Barrieren,
die Menschen davon abhalten, ihr Glück woanders zu
suchen. Fast jeder ostdeutsche Arbeitnehmer, dessen persönliche Verhältnisse es zuließen, verglich von nun an
seine Aussichten am Arbeitsmarkt im Westen und im
Osten, vor allem mit Blick auf Chancen und Nachhaltigkeit der Beschäftigung sowie Möglichkeiten und Höhe
des Verdienstes. Man kann sich das gar nicht konkret
genug vorstellen. Man denke zum Beispiel an einen jungen Mann, geboren irgendwann nach 1950 und vor 1970
in Dresden, Erfurt oder Magdeburg, dort aufgewachsen
und ausgebildet, dort auch bis 1990 beruflich tätig. Der
denkt über seine Zukunft nach. Er hat etwas Vernünfti-
ges gelernt und würde gern in seiner Heimatstadt bleiben
und dort arbeiten, zumal dort seine Frau oder Freundin
lebt, die im Übrigen vor ähnlichen Entscheidungen steht
wie er selbst. Um in seiner Heimatstadt zu bleiben, ist er
bereit, auch einen niedrigeren Lohn in Kauf zu nehmen
als im Westen, kurzfristig sogar einen deutlich niedrigeren. Mittel- und langfristig allerdings darf der Abstand
nicht zu groß werden, sonst packt er seine Koffer und
wandert ab.

Was heißt das nun genau: „nicht zu groß"? Wo liegt
das Ost-West-Lohngefälle, das für ihn gerade noch akzeptabel ist, um zu bleiben, statt abzuwandern? Wir wissen es nicht, und es lässt sich endlos darüber spekulieren.
Denn jeder Arbeitnehmer hatte natürlich seine eigenen

Vorstellungen, ab wann und unter welchen konkreten
Bedingungen es für ihn Sinn machte, die Koffer zu packen und in den Westen zu ziehen. Allerdings lehrt die
Erfahrung, dass es kaum möglich sein sollte, den jungen
Mann (und seine Lebensgefährtin) mit, sagen wir, einem
Zehntel oder einem Fünftel oder auch einem Drittel des
Westlohns auf Dauer im Osten zu halten. Genau dies hät-
te aber auf lange Sicht das Lohngefälle zwischen West
und Ost sein müssen, wäre Ostdeutschland den Weg Mit-
tel- und Osteuropas gegangen. Denn dort werden bis
heute Löhne gezahlt, die fast nirgendwo über einem Drittel des deutschen Niveaus für vergleichbare Arbeit liegen.
Und dies zwei Jahrzehnte nach dem Fall des Eisernen
Vorhangs!

Es kann kaum ein Zweifel bestehen, dass Löhne in
dieser Größenordnung zur zügigen Entleerung Ostdeutschlands geführt hätten. Mit diesen Aussichten hätten sich fast alle qualifizierten Arbeitskräfte nach Westen
orientiert, dank Freizügigkeit bei sehr niedrigen Hürden
der Mobilität. Genau deshalb war von vornherein klar,
dass es überhaupt nur möglich sein würde, Arbeitsplätze
in Ostdeutschland zu erhalten und neu entstehen zu lassen, wenn längerfristig ein gewisses Mindestniveau der
Löhne gezahlt würde, und dies völlig unabhängig davon,
ob Arbeitnehmervertreter und Gewerkschaften in diese
Richtung drängten oder nicht.

Wo genau dieses Lohnniveau liegen würde, war im
Vorhinein natürlich niemandem bekannt. Auffällig ist allerdings, dass bis heute in der Wirtschaft zwischen West-
und Ostdeutschland ein deutliches Lohngefälle überlebt
hat. Für vergleichbare Arbeit werden auch heute noch
im Osten nur knapp 70 Prozent von dem gezahlt, was
im Westen üblich ist. Das West-Ost-Gefälle ist damit
weit größer als zwischen anderen Regionen innerhalb
Deutschlands (zum Beispiel dem Norden und dem
Süden), aber viel kleiner als zwischen Deutschland (egal
ob West oder Ost!) und Mittel- und Osteuropa.

Dies ist übrigens völlig normal. Es hat in der Wirtschaftsgeschichte bisher keine Fälle von Industrienationen gegeben, in denen bei ähnlich niedrigen Hürden der Mobilität wie im wiedervereinigten Deutschland Lohnunterschiede einer Größenordnung von eins zu zehn oder auch eins zu drei bestehen konnten. Dies gilt selbst für klassische Marktwirtschaften, zum Beispiel für die Vereinigten Staaten. Dort gab es über Jahrzehnte einen durchaus dramatischen Entwicklungsunterschied zwischen dem urbanisierten Nordosten und dem agrarischen Alten Süden. Und es gab und gibt auch zwischen diesen Großräumen ein recht stabiles Lohngefälle. Und dieses bewegt sich – Zufall oder nicht – in ähnlicher Größenordnung wie derzeit im deutschen West-Ost-Vergleich. Zu keinem Zeitpunkt rutschte aber der Alte Süden der Vereinigten Staaten auf das viel niedrigere Lohnniveau von Mexiko oder der Karibik, trotz aller Strukturprobleme. Offenbar sorgt die Freizügigkeit bei niedrigen Barrieren der Mobilität für eine gewisse Angleichung der Löhne zwischen Regionen mit unterschiedlichem Entwicklungsstand. In den USA war seit dem Bürgerkrieg im 19. Jahrhundert der Sog des Nordens dafür verantwortlich, in Deutschland ab 1990 war es der Sog des Westens.

Es ist merkwürdig, dass die Macht der Mobilität und ihre Konsequenzen für das wiedervereinigte Deutschland bis heute nicht wirklich in ihrer vollen Tragweite erkannt werden. Und dies, obwohl sie völlig dem gesunden Menschenverstand entsprechen. Wer glaubt denn ernstlich, dass qualifizierte Arbeitskräfte so wenig mobil sind, dass sie auf Dauer einen Lohn von sagen wir weniger als zwei Drittel dessen akzeptieren, was sie in 200 Kilometer Entfernung im gleichen Sprach- und Kulturraum erzielen können? Wohl niemand. Aber wenn dem so ist, dann gab es zu keinem Zeitpunkt nach 1990 eine realistische Chance, einen osteuropäischen Weg der Entwicklung einzuschlagen. Er hätte über kurz oder lang zu einem gewaltigen wirtschaftlichen Aderlass geführt.

1.3 | Die nationale Aufgabe

Das politische Ziel war also von Anfang an ganz klar definiert, und zwar als eine nationale Aufgabe, genannt: Aufbau Ost. Es musste im Osten unter marktwirtschaftlichen Bedingungen schnellstmöglich eine größtmögliche Zahl an Arbeitsplätzen entstehen, die den Menschen eine berufliche Perspektive bieten würden, und zwar mit Blick auf den Lohn sowie Dauer und Nachhaltigkeit der Beschäftigung. Nur so würde die drohende Entvölkerung des Ostens zu verhindern sein.

Dieses Ziel wurde vom politischen Establishment und der breiten Öffentlichkeit weithin anerkannt. Ohne den absoluten Vorrang dieses Ziels bleibt vieles, was historisch folgte, unbegreiflich und nicht nachvollziehbar. Es ist deshalb an dieser Stelle sehr wichtig, sich klarzumachen, dass dieses Ziel im Kern nicht wirklich ein ökonomisches, sondern ein politisches Ziel ist. Aus rein ökonomischer Sicht gab es immer eine Alternative, und die hieß: „Erweiterung West" statt „Aufbau Ost", zu erreichen durch massive Wanderung von Ost nach West. Und es ist durchaus wahrscheinlich, dass die massive Wanderung die volkswirtschaftlich preiswertere Lösung gewesen wäre. Ein einfacher Gedankengang macht klar, warum.

Betrachten wir Deutschland aus der volkswirtschaftlichen Vogelperspektive, und zwar Anfang 1990, kurz nach dem Mauerfall, vor der wirtschaftlichen und politischen Wiedervereinigung. Es besteht aus zwei völlig unterschiedlichen Teilen: dem Westen, voll integriert in die Weltwirtschaft mit modernen Produktionsanlagen und all dem damit verbundenen Marktwissen, und dem Osten mit marodem Sachkapital und verschlissener Infrastruktur sowie weitgehend ohne vermarktbare Produktideen, aber mit einer mobilen qualifizierten Facharbeiterschaft. Ist es da rein ökonomisch nicht naheliegend, darüber nachzudenken, die Zuwanderung von Ost nach West einfach zuzulassen, ja vielleicht sogar zu fördern? Hätten sich dann die Ostdeutschen nicht einfach in die vorhandene Arbeitsteilung des Westens an modernen Maschinen mit moderner Technologie und modernen Produktideen einklinken können? Warum musste unbedingt nochmals eine erneuerte Wirtschaft im Osten mit viel Unterstützung aufgebaut werden? Hätte man das im Westen nicht billiger haben können?

Es gab dafür sogar ein historisches Vorbild: die außerordentlich reibungslose Integration der vertriebenen Deutschen aus Mittel- und Osteuropa in den 1950er-Jahren, damals rund zehn Millionen Menschen bei einer Gesamtbevölkerung in Westdeutschland von etwa 50 Millionen, ein Zuwachs also von 20 Prozent. Nach 1990 wäre es um vielleicht 15 Millionen Ostdeutsche bei einer Bevölkerung von 65 Millionen Westdeutschen gegangen, ein Zuwachs also von knapp 25 Prozent. Das wäre rechnerisch nur wenig mehr gewesen als unmittelbar nach dem Ende des Zweiten Weltkrieges. Im Übrigen wäre die Zuwanderung zeitlich doch etwas gestreckter erfolgt als bei den damaligen Fluchtwellen aus dem Osten. Und sie wäre auf eine Gesellschaft getroffen, die 1990 unvergleichlich wohlhabender war als fast ein halbes Jahrhundert zuvor. Man mag dem entgegnen, dass es in den 1950er-Jahren ja ein westdeutsches Wirtschaftswunder gab, das die Integration der Vertriebenen maßgeblich erleichterte. Umgekehrt stellt sich allerdings auch die Frage, ob es nicht gerade die Vertriebenen als qualifizierte und mobile Arbeitskräfte waren, die das westdeutsche Wirtschaftswunder erst möglich machten. Wäre nicht vielleicht sogar nach 1990 ein zweites westdeutsches Wirtschaftswunder möglich gewesen, und zwar gerade durch Zuwanderung qualifizierter und mobiler Arbeitskräfte?

Dies sind Fragen, über die man sich endlos streiten kann. Rein ökonomisch sind es alles Fragen, die Sinn machen. Sie sind nicht abwegig. Denn man darf nicht vergessen: Mit den Menschen wären die Fähigkeiten und die

Güternachfrage in den Westen gewandert, so wie bei jeder Migration. Zwar hätte dies natürlich die Löhne im Westen gedrückt und die Preise erhöht, zumindest vorübergehend, aber gerade dadurch wären große Anreize zu Kapazitätserweiterungen in Westdeutschland entstanden: Ein Bau-, Investitions- und Modernisierungsboom wäre die Folge gewesen, und statt „Aufbau Ost" hätte es eine „Erweiterung West" gegeben, genau wie in den 1950er-Jahren, nur auf einem viel höheren Niveau von Wohlstand und Technologie. Die Industriezentren des Westens wären einmal mehr zum Einwanderungsland geworden, wie schon in den frühen Jahren der Bundesrepublik und übrigens auch in den späten Jahren des Kaiserreichs.

So weit die Idee. Wie gesagt, sie ist ökonomisch durchaus schlüssig. Sie hat in der Wirtschaftswissenschaft sogar einen Namen: passive Sanierung. Trotzdem wirkt sie merkwürdig lebensfremd. Sie wurde seinerzeit auch praktisch nicht diskutiert. Warum nicht? Nicht weil sie ökonomisch sinnlos war, sondern weil sie politisch und historisch außerhalb jedes Vorstellungsvermögens lag. Es wäre als vollkommen zynisch empfunden worden, rund ein Drittel des Territoriums des wiedervereinigten Deutschlands wirtschaftlich preiszugeben – als eine Art postsozialistisches Naturland, das seine stolze industrielle Vergangenheit komplett hinter sich lässt und als touristisches Biotop, grünes Rentnerparadies und mehr oder weniger fruchtbare Bewirtschaftungsfläche für die Landwirtschaft fortbesteht. Es war jenseits des Denkbaren praktisch aller Beteiligten, eine passive Sanierung überhaupt in Erwägung zu ziehen. Als akzeptabel galten allenfalls gewisse Bevölkerungsverschiebungen innerhalb des Ostens, etwa von der ländlichen Provinz in die städtischen Zentren oder von sterbenden Anlagen der Altindustrie in neue Gewerbegebiete. Auch ein Rest von Ost-West-Wanderungsstrom war hinnehmbar, aber keinesfalls eine massive Entvölkerung durch Wegzug des Großteils der qualifizierten und mobilen Bevölkerungsgruppen.

Kurzum: Die nationale Aufgabe hieß definitiv „Aufbau Ost" und nicht „Erweiterung West". Und die Gründe dafür waren in erster Linie historisch und politisch, nicht ökonomisch. Man erinnerte sich noch gut daran, dass der Osten vor dem Zweiten Weltkrieg tatsächlich eine industrielle Kernregion gewesen war. Die Fachkundigen wussten, dass noch 1936 die Wirtschaftsleistung pro Einwohner im Territorium der späteren sowjetischen Besatzungszone und der DDR gut 20 Prozent größer war als in der späteren französischen oder amerikanischen Besatzungszone in Süd- und Südwestdeutschland und nur zehn Prozent kleiner als in der späteren britischen Besatzungszone mit ihren damals kraftstrotzenden industriellen Zentren des Rhein-Ruhr-Gebiets.[2] Der breiten Öffentlichkeit waren zwar nicht die genauen Zahlen, wohl aber das qualitative Bild gut bekannt. Zumindest weite Teile Mitteldeutschlands, also Sachsen, Thüringen und die südliche Hälfte Sachsen-Anhalts sowie der Großraum Berlin fielen ganz offenkundig in die Kategorie traditioneller Industriezentren. Nur Mecklenburg-Vorpommern, Teile Brandenburgs und der Norden Sachsen-Anhalts waren stark ländlich geprägt, aber in dieser Prägung ähnelten sie den weiten Flächen der norddeutschen Tiefebene in Schleswig-Holstein und Niedersachsen. Also durchweg Parallelen zum Westen, und genau von diesen wurde die Diskussion politisch geprägt – bis hin zu der Übernahme von Patenschaften von westdeutschen für zumeist benachbarte ostdeutsche Länder.

„Das Erste steht uns frei, beim Zweiten sind wir Knechte." So Mephisto in Goethes Faust. In kaum einem anderen Zusammenhang ist dieser Satz treffender als bei der Beschreibung des Aufbaus Ost als nationaler Aufgabe. War einmal die Entscheidung für den „Aufbau Ost" gegenüber der „Erweiterung West" getroffen (und dies geschah früh!), so folgten viele politische Weichenstellungen in der Zeit danach mit geradezu zwingender Logik. Wir werden sehen, wie und weshalb.

2 | Schneller Start

2.1 | Währungsunion

Im Anfang war die Währungsunion. Bereits am 1. Juli 1990 wurde in der noch existierenden DDR die D-Mark eingeführt, gut ein Vierteljahr vor der staatlichen Wiedervereinigung. Für viele Skeptiker der Deutschen Einheit ist die Währungsunion denn auch eine Art Ursünde, von der sich die mittel- und ostdeutsche Wirtschaft in der Folgezeit nie mehr erholt hat.

Der Gedanke einer Währungsunion entstand politisch unter dem Druck der Verhältnisse. Alles ging rasend schnell, zumindest nach den Maßstäben der üblichen Geschwindigkeit politischer Entscheidungen. Zwischen dem Fall der Mauer am 9. November 1989 und dem Beschluss der Bundesregierung vom 7. Februar 1990, der DDR-Regierung eine Währungsunion anzubieten, lagen knapp drei Monate der intensiven öffentlichen Diskussion darüber, was zu tun sei, um den völligen Kollaps der DDR-Wirtschaft wirksam aufzuhalten. Und der stand bevor: Bis zu 3 000 Menschen verließen täglich die DDR, die Disziplin und Produktivität am Arbeitsplatz sank in den Betrieben auf ein Minimum, der amtierende DDR-Regierungschef Hans Modrow beklagte sogar einen dramatischen Verfall der Staatlichkeit. Zweifellos konnte von zielgerichteter, geordneter Produktion nicht mehr die Rede sein, und zwar flächendeckend. Es herrschte Chaos, und darüber herrschte Einigkeit. Nach der ersten freien Volkskammerwahl am 18. März 1990 wurde dann innerhalb von zwei Monaten die Währungsunion ausgehandelt – zwischen den beiden deutschen Regierungen unter Helmut Kohl und Lothar de Maizière. Am 18. Mai 1990 erfolgte die Unterzeichnung des Staatsvertrags über „eine gemeinsame Wirtschafts-, Währungs- und Sozialunion zum 1. Juli 1990".

Mitte des Jahres war es dann tatsächlich so weit. Die Deutsche Bundesbank zog die Mark (Ost) aus dem Verkehr und ersetzte sie durch die D-Mark, im Bargeldumlauf und in den Büchern. Sie bewältigte diese riesige organisatorische Aufgabe höchst professionell, mit der Präzision eines Generalstabs, praktisch ohne Fehler und Pannen. Sie erhielt dafür in der Öffentlichkeit zu Recht allseitige Anerkennung. Die Eckdaten des Umtauschs sind dabei schnell zusammengefasst: Löhne und Gehälter, Renten, Mieten und Ähnliches wurden im Verhältnis eins zu eins umgestellt; Schulden und Guthaben zu unterschiedlichen Verhältnissen von eins zu eins, zwei zu eins oder drei zu eins.

Im Vorfeld der politischen Entscheidung hatte es eine intensive öffentliche Debatte über das Für und Wider einer Währungsunion gegeben. Viele Einzelheiten dieser Debatte waren stark zeitbezogen. Sie haben kaum Spuren im kollektiven Gedächtnis hinterlassen und die spätere Interpretation der Vorgänge kaum nachhaltig beeinflusst. Sie sind nur mehr von historischer Bedeutung. Ganz anderes gilt aber für die zentralen Linien der Argumentation, die von Befürwortern und Gegnern der Währungsunion ins Feld geführt wurden. Denn diese haben das Deutungsbild der Wiedervereinigung nachhaltig geprägt und tun es noch heute.

Was waren diese zentralen Linien? Die Befürworter sahen die zwingende Notwendigkeit, den Bürgern der DDR eine klare monetäre Perspektive für alle künftigen wirtschaftlichen Entscheidungen zu bieten. Und dies ging aus ihrer Sicht nur, indem sich die Bundesrepublik Deutschland in die Pflicht nehmen ließ, für die Geldversorgung im Osten eine Garantie zu übernehmen, politisch eindeutig und praktisch unumkehrbar. Nur so bestand überhaupt die Chance, durch weitere Maßnahmen den Großteil der Menschen vom Wegzug aus der DDR abzuhalten. Denn – so lässt sich zugespitzt formulieren – stabiles Geld ist nicht alles, aber ohne stabiles Geld ist alles nichts. Nur mit stabilem Geld ließ sich der Ordnungsrahmen aufbauen, in dem weitere wirtschaftspolitische Grundentscheide vernünftig getroffen werden könnten. Es ging dabei um einen glaubwürdigen Akt der politischen Selbstbindung, und zwar mithilfe einer hochangesehenen Zentralbank, an deren Vertrauenswürdigkeit und Seriosität nach vier Jahrzehnten beispielhafter Stabilität der D-Mark nicht der geringste Zweifel bestand. Mit der Übertragung dieser nationalen Aufgabe an die Deutsche Bundesbank konnte und sollte der Gesetzgeber seine höchste politische Trumpfkarte ausspielen, und damit die Voraussetzung für alles Weitere schaffen.

So weit im Wesentlichen die Argumentation. Sie findet sich mehr oder weniger deutlich in Äußerungen von verantwortlichen Politikern, aber auch von Wirtschaftswissenschaftlern, allen voran dem Wissenschaftlichen Beirat beim Bundeswirtschaftsministerium in Stellungnahmen vom November/Dezember 1989 und März 1990.[3] Man kann sie politisch nennen, zumal sie – zu Ende gedacht – fast unweigerlich in Richtung einer vollständigen, also staatlichen Wiedervereinigung wies. Denn es war natürlich kaum vorstellbar, dass es bei einer reinen Zentralbankverantwortung bleiben könnte, wenn erst einmal die D-Mark überall in Ostdeutschland kursierte.

Allerdings hat die Argumentation auch eine wichtige ökonomische Dimension. Denn sie entstammt der Grundphilosophie monetärer Reformen, wie sie seit Jahrzehnten überall auf der Welt gängige Praxis sind. Und zwar stets nach Phasen schwerster gesamtwirtschaftlicher Instabilität mit dem überragenden Ziel, monetäre Glaubwürdigkeit zu gewinnen, und zwar möglichst auf einen Schlag, ohne über Jahre und Jahrzehnte beweisen zu müssen, dass neue Regierungen oder neue Institutionen zur Schaffung von Stabilität überhaupt befähigt sind.

Viele Währungsreformen in Entwicklungs- und Schwellenländern hatten genau dieses Ziel. Und sie griffen dabei immer zu Instrumenten, die möglichst nahe an der Übernahme einer fremden vertrauenswürdigen Währung lagen, ohne allerdings den letzten politisch brisanten Schritt zu gehen, diese Währung tatsächlich einzuführen und die eigene aus dem Verkehr zu ziehen, was als nationale Demütigung empfunden worden wäre. Man denke zum Beispiel an Argentinien, das 1991 seine Währung über einen sogenannten Currency Board mit einer 100-prozentigen Deckung durch den US-Dollar als Reservewährung versah, nur um die Glaubwürdigkeit seines neuen Stabilitätskurses weltweit zu demonstrieren. Oder an Estland, das im Jahr 1991 unabhängig wurde und schon 1992 den gleichen Weg des Currency Boards ging, wobei es die deutsche beziehungsweise später die europäische Währung war, die zur Deckung der estnischen Krone diente.

Tatsächlich könnte man sagen: Die DDR tat genau das Gleiche wie später Estland und Argentinien, nur dass sie noch einen Schritt weiter ging und die eigene Zentralbank gleich abschaffte, und zwar einfach deshalb, weil die monetäre Versorgung durch die Deutsche Bundesbank keineswegs als politische Demütigung, sondern weithin als Chance empfunden wurde. Sie erreichte damit natürlich noch einen weit stärkeren Gewinn an Glaubwürdigkeit, als das jemals mit einem Currency Board möglich gewesen wäre, denn der kann ja letztlich doch wieder abgeschafft werden, wenn die noch existierende Zentralbank unter starkem politischem und wirtschaftlichem Druck die vollständige Deckung durch eine Reservewährung aufgibt. Genau so geschah es ja schließlich in Argentinien im Januar 2002, mit enormen Kosten für das Land in Form von Vertrauensverlusten an den internationalen Kapitalmärkten. Estland dagegen hat bis heute durchgehalten, steht aber im Zuge der weltweiten Finanzkrise vor einer überaus harten Bewährungsprobe seiner Glaubwürdigkeit. Vorausgesetzt, es besteht die Probe, wird es wohl bald den Euro einführen – genau wie Ostdeutschland 1990 die D-Mark.

Kurzum: Mit der Währungsunion war ein für alle Mal die Rückkehr zu instabilen Verhältnissen ausgeschlossen. Denn es lag außerhalb jeder Vorstellungskraft, dass in der DDR die D-Mark jemals wieder aus dem Verkehr gezogen werden könnte – es sei denn durch Einführung einer europäischen Währung, über die allerdings damals noch niemand redete. Man muss sich das klarmachen: Mit der Währungsunion wurde das Höchstmaß an monetärer Stabilität und Glaubwürdigkeit erreicht, was überhaupt international zu haben war. Denn mit Ausnahme des Schweizer Frankens gab es international keine andere Währung, die eine ähnliche Geschichte der Stabilität aufwies wie die D-Mark. Bedenkt man dies, fällt es doch schwer, die Währungsunion als eine rein politische und nicht auch ökonomische Entscheidung zu sehen. Denn die Wirtschaftsgeschichte ist voll von Beispielen, wie wirtschaftlich wichtig die Währungs- und Preisstabilität ist, vor allem als Garant niedriger Kapitalkosten.

Die Kritiker der Währungsunion haben diesen positiven Aspekt der Einführung der D-Mark nie grundsätzlich bestritten. Aber sie äußerten die Vermutung, dass dafür ein zu hoher Preis gezahlt würde. Ihre zentralen Kritikpunkte richteten sich dabei in erster Linie auf die währungspolitischen Stellschrauben, die durch die Währungsunion aufgegeben wurden. Aus ihrer Sicht lag damit eine schwere Hypothek auf der ostdeutschen Wirtschaft, die langfristige Spuren hinterließ. Es ist deshalb für das Urteil über die Währungsunion unerlässlich, diese Argumentation nochmals genau zu prüfen. Dies gilt umso mehr, als diese Sicht der Dinge auch heute noch weit verbreitet ist, und zwar in politisch ganz unterschiedlichen Kreisen: von marktwirtschaftlich orientierten Ökonomen bis hin zu wirtschaftsfernen Intellektuellen und Kulturschaffenden.[4]

Um was genau ging es? Wer eine eigene Währung hat, der hat grundsätzlich die freie Wahl zwischen drei Wegen. Er kann die Konvertibilität der Währung durch staatliche Kontrolle des Devisenverkehrs einschränken, er kann bei Konvertibilität den Kurswert seiner Währung dem freien Spiel („free floating") der Marktkräfte an den internationalen Kapital- und Gütermärkten überlassen oder er kann die konvertible Währung an eine andere Leitwährung anbinden, aber sich dabei die Option offenhalten, seine Währung gelegentlich gegenüber dem Rest der Welt ab- oder aufzuwerten, je nach gesamtwirtschaftlichem Bedarf. Genau diese – und nur diese – drei möglichen Wege wurden mit der Währungsunion preisgegeben. Die große Frage ist deshalb: Wie viel waren diese Wege wirklich wert?

Der erste Weg – das Beschränken der Konvertibilität – kam eigentlich von vornherein nicht infrage, zumindest nicht für einen Zeitraum jenseits der ganz kurzen Frist. Denn er hätte bedeutet, dass die DDR praktisch das weiterführt, was wesentlich zu der Misere beigetragen hatte, nämlich die Abschottung vom Weltmarkt. Solange Freizügigkeit und Freihandel in Deutschland herrschen würden, hätte dies absurde Konsequenzen gehabt: Die Ostdeutschen hätten dann zwar in den Westen reisen können, aber sie hätten mit dem zu Hause verdienten Geld praktisch nichts anfangen können, genau wie früher. Und in den Auslagen normaler ostdeutscher Einzelhandelsläden hätte es keine westdeutschen Waren geben dürfen, genau wie früher. Entsprechend hätten die Menschen ihren Verdienst aus eigener Sicht bewertet: als Lohn mit arg beschränkter Verwendung, nämlich nur für Produkte aus dem Osten, genau wie früher. Die Folge: Wegzug und Arbeitsaufnahme im Westen. Um dies zu verhindern, hätte nur eines geholfen: die Einschränkung der Freizügigkeit und des Freihandels, also eine neue Mauer. Das war zu Recht völlig undenkbar.

Der zweite Weg – das „free floating" der Mark (Ost) –

hatte gleichfalls eher abenteuerliche Züge und wurde auch nie ernsthaft erwogen. Denn die Währung eines Landes, dessen Wirtschaft nach Öffnung der Grenzen vor einer ungeheuer tief greifenden strukturellen Anpassung stand, hätte sicherlich kräftigen Wertschwankungen an den Finanzmärkten unterlegen. Schlimmer noch: Sie wäre höchstwahrscheinlich auf absehbare Zeit vom Markt extrem niedrig taxiert worden. Als Konsequenz wären die Löhne im Osten, gemessen in D-Mark, auch extrem niedrig ausgefallen. Die Folgen wären verheerend gewesen: entweder die massenhafte Abwanderung oder eine Lohn- und damit Preisinflation, die dann wieder weitere Abwertungen der Währung am Markt angeheizt hätte, ganz zu schweigen von dem Verlust an Glaubwürdigkeit eines jedweden Reformprogramms. Der Außenwert der Währung ist nun einmal bei flexiblen Paritäten der wichtigste Gradmesser für den Erfolg einer Stabilisierung. Tatsächlich hat praktisch kein Land Mittel- und Osteuropas nach 1989 diesen Weg beschritten, obwohl die dortigen Voraussetzungen für diese Politik ein Stück besser aussahen als in der DDR, denn die grenzüberschreitende Mobilität der Bevölkerung war eindeutig geringer.

Es blieb also nur der dritte Weg, die Bindung an eine Leitwährung, was nach Lage der Dinge natürlich nichts anderes sein konnte als die D-Mark. Genau dies war der Vorschlag, der seinerzeit die Diskussion beherrschte. Mit großer Autorität wurde er von den „Fünf Weisen", also dem Sachverständigenrat zur Begutachtung der gesamtwirtschaftlichen Entwicklung, in einem Sondergutachten vom 20. Januar 1990 vorgetragen.[5] Der Rat empfahl die Einrichtung einer unabhängigen DDR-Zentralbank, die für die Mark (Ost) einen festen Wechselkurs zur D-Mark anstreben sollte, mit schnellstmöglichem Übergang zur Konvertibilität. Mit der Bindung an die D-Mark würde die Notenbank der DDR einen wichtigen Anhaltspunkt für die Aufgabe erhalten, den Geldumlauf so zu steuern, dass die Geldwertstabilität gesichert sei.

So oder ähnlich lauteten im Wesentlichen alle Empfehlungen für eine neue Währungspolitik der DDR. Sie muten merkwürdig wirklichkeitsfremd an, und zwar sowohl ökonomisch als auch politisch. Ökonomisch stellt sich sofort die Frage: Wer sollte die Bindung des Wechselkurses garantieren? Wohl kaum die neu gegründete DDR-Zentralbank, denn die verfügte ja weder über die nötigen Devisenreserven noch über die stabilitätspolitische Glaubwürdigkeit einer lang etablierten Institution. Nur die Deutsche Bundesbank selbst wäre in der Lage gewesen, eine entsprechende Garantie zu schultern. Sie hätte, wenn nicht rechtlich, dann zumindest faktisch alle Marktoperationen übernehmen müssen, um einen festen Wechselkurs D-Mark zu Mark (Ost) zu sichern, egal auf welchem Niveau. Es wäre dabei ökonomisch gleichgültig gewesen, ob sie zur Kurspflege selbst direkt interveniert oder dies der DDR-Zentralbank überlässt (und über zwischenstaatliche Transfers oder Kredite dafür sorgt, dass diese stets über die nötigen Reserven verfügt).

Theoretisch war all dies denkbar. Man fragt sich allerdings, welchen Sinn eine solche Konstruktion gemacht hätte. Es wäre der krampfhafte Versuch gewesen, doch einen Weg zu finden, um die Glaubwürdigkeit der Deutschen Bundesbank zur Stabilisierung der DDR-Währung zu nutzen, ohne die Mark (Ost) aus dem Verkehr zu ziehen. Bei dem hohen Misstrauen der DDR-Bevölkerung in die eigene Währung hätte dies praktisch bedeuten müssen, dass von der Deutschen Bundesbank ein innerdeutscher „Currency Board" eingerichtet worden wäre: mit vollständiger oder zumindest sehr hoher D-Mark-Deckung der Mark (Ost), sodass jeder DDR-Bürger, der es will, jederzeit seine Mark (Ost) zum festen Kurs in D-Mark umtauschen kann. Eine merkwürdige Vorstellung, denn dann stellt sich ganz offensichtlich die Frage, warum nicht auch der letzte Schritt zur Währungsunion noch getan wird, mit dem großen Vorteil der höchsten Glaubwürdigkeit der Botschaft und der Irreversibilität des Ergebnisses.

Auch aus politischer Sicht wäre ein alimentiertes Fortbestehen einer DDR-Zentralbank völlig undenkbar gewesen. Die Deutsche Bundesbank hätte nämlich – wie auch bei der Währungsreform – eine enorme Verantwortung übernehmen müssen, ohne allerdings gleichzeitig die volle Kontrolle über die Geldversorgung in der DDR zu erhalten. Damit wäre die Tür geöffnet worden für unlösbare Konflikte innerhalb des Hauses: Entweder glaubwürdig auf Geldwertstabilität pochen und dann auch gegebenenfalls eine Abwertung der Mark (Ost) in Kauf nehmen oder konsequent den D-Mark-Wert der Mark (Ost) verteidigen, dadurch aber die Geldwertstabilität in West- und in Ostdeutschland gefährden. Dieser Konflikt hätte die Bundesbank auch mitten ins Kreuzfeuer künftiger politischer Auseinandersetzungen gezogen. Kurzum: Es wäre ein Kochrezept gewesen, um die Glaubwürdigkeit der Bank zu unterminieren. Und genau dies ließ sich nur verhindern durch eine klare Lösung: die Währungsunion.

Tatsächlich wurden diese unangenehmen Fragen der Ökonomie und Politik von den Kritikern der Währungsunion nie wirklich gestellt, geschweige denn befriedigend beantwortet. Immer wieder wurde von ihnen einfach angenommen, dass es irgendwie schon gelänge, den richtigen Wechselkurs zu finden und damit den Bedarf an Paritätsänderungen und massiven Stützungsaktionen zu vermeiden. So schlug der Sachverständigenrat vor, als geeigneten Orientierungspunkt für den richtigen festen Wechselkurs die Weltmarktpreise der handelbaren Güter auszuwählen, die von den DDR-Betrieben produziert wurden. Dies sollte mit Blick darauf geschehen, dass diese Güter nach Maßgabe des Wechselkurses im Weltmarkt wettbewerbsfähig sein sollten. Damit wäre dann eine Art außenwirtschaftliches Gleichgewicht zu erreichen gewesen, das nach Einführung der Konvertibilität auch nachhaltig sei.[6]

Im Nachhinein erscheint diese Sicht der Dinge fast

weltfremd. Immerhin stand die DDR 1990 vor einer totalen Neubewertung ihrer Industrieprodukte im Weltmarkt, bedingt durch das Öffnen der hermetischen Käseglocke des Sozialismus. Und diese Neubewertung musste nach unten gehen. Und damit würden auch die Löhne – in D-Mark gerechnet – einem kräftigen Druck nach unten ausgesetzt. Und soweit die Mobilität der Arbeitskräfte die Anpassung nach unten verhinderte, würde die Produktion der betreffenden Güter einfach vom Markt verschwinden. Ein außenwirtschaftliches Gleichgewicht zu einem Wechselkurs und zu einem Lohn, der die Menschen im Osten hielt, war deshalb reine Illusion.

Tatsächlich sind wir hier wieder bei dem wirtschaftlichen Grundproblem des Mauerfalls angelangt. Mit der Öffnung der Grenze wurden die ostdeutschen Arbeitskräfte mobil. Und ganz nebenbei zerstörten sie damit auch die Möglichkeit, durch einen niedrigen Außenwert der eigenen Währung jene Produkte wettbewerbsfähig zu machen, die sie selber in der DDR herstellten. Sie begannen, ihren eigenen Mark (Ost)-Lohn in D-Mark zu berechnen, zumal ein beträchtlicher Teil der Güter, die sie selbst konsumieren wollten, aus dem Westen stammte und in D-Mark bezahlt werden musste. Eine zu starke Senkung des D-Mark-Wertes ihres Mark (Ost)-Lohns über eine Währungsabwertung wäre mit der Abwanderung beantwortet worden. Insofern war die Abwertung als Instrument zur Herstellung der Wettbewerbsfähigkeit einfach stumpf geworden – durch die neu gewonnene Freiheit. Der Preis, ganz auf sie zu verzichten, war deshalb auch nicht sonderlich hoch.

Im Übrigen entspricht diese Erkenntnis genau den theoretischen Vorstellungen, die auch damals schon in der Wirtschaftswissenschaft gang und gäbe waren. So beschäftigt sich die sogenannte Theorie des optimalen Währungsraums seit den 1960er-Jahren mit der Frage, unter welchen Umständen es für ein Land sinnvoll ist, auf währungspolitische Souveränität zu verzichten.[7] Ein zentrales

Kriterium dafür liefert hierbei die Frage der Wirksamkeit von Paritätsänderungen auf die internationale Wettbewerbsfähigkeit der Wirtschaft und damit auch die Frage, wie flexibel die inländischen Arbeitskräfte auf eine Senkung des Außenwerts ihrer Löhne reagieren – durch Abwanderung und Lohnforderungen. Je größer diese Flexibilität, desto stärker das Argument für die Währungsunion. Die Situation Ostdeutschlands nach dem Mauerfall liefert geradezu ein Lehrbuchbeispiel für sehr hohe Flexibilität.

Es gehört zu den vielen Merkwürdigkeiten jener turbulenten Monate nach dem Mauerfall, dass selbst viele bestens geschulte Augen diese Zusammenhänge nicht sahen oder nicht sehen wollten. So schrieb der Sachverständigenrat am 9. Februar 1990 einen Brief an den Bundeskanzler, in dem er nachdrücklich vor einer Währungsunion warnte.[8] Er argumentierte dabei unter anderem, dass die Einheitlichkeit der Währung schlagartig den Abstand des Lebensstandards zwischen Ost und West verdeutlichen würde. Durch diese Transparenz würden dann erst Einkommenserwartungen geweckt, die es offenbar sonst nicht gäbe und die weit über die Arbeitsproduktivität hinausgingen. Diese Sichtweise, die sich bis heute zählebig hält, verwechselt Ursache und Wirkung. Denn längst war nach dem Fall der Mauer jene Transparenz hergestellt, die der Sachverständigenrat erst der Währungsunion zuschrieb. Jeder Ostdeutsche konnte doch mühelos im eigenen Kopf ausrechnen, was sein Mark (Ost)-Lohn in D-Mark bedeutete. Und genau darauf konnte er dann seine Entscheidungen aufbauen: Abwanderung, Lohnforderung oder was auch immer. Daran änderte die Einführung der D-Mark kaum etwas. Kurzum: Das Problem war schon da, und es ging nur noch darum, wie man damit politisch umgeht.

Genau bei der Frage nach der Richtung der Kausalität mag auch der Schlüssel dafür liegen, warum sich der Sachverständigenrat und andere Wissenschaftler so skeptisch

Eine deutsche Debatte

Der geistigen Elite missfiel die Währungsunion

„Behlendorf, am 29.6.90. Überschrift für eine noch zu schreibende Polemik: ‚Ein Schnäppchen namens DDR', wobei der neudeutsche Ausdruck ‚Schnäppchen' Pate zu sein hat für die gegenwärtige gedankenfreie Mentalität kapitalistischer Raffgier."

So lesen wir es in „Unterwegs von Deutschland nach Deutschland. Tagebuch 1990" von Günter Grass, veröffentlicht im Januar 2009. Der Auszug macht deutlich, wie der große Schriftsteller und Nobelpreisträger zum Zeitpunkt des Geldumtauschs die Währungsunion beurteilte: als einen neokolonialistischen Zugriff des westdeutschen Kapitalismus auf die DDR. Grass drückte damit aus, was viele Intellektuelle damals dachten und bis heute immer noch denken.

Dieses radikale Urteil ist mit Blick auf die Fakten eigentlich unhaltbar, wirtschaftlich und politisch. Es gehört in den Bereich der Mythen. Aber wie kam es zu diesem Mythos? Und warum hält er sich hartnäckig bis heute? Die Antwort hat nichts mit Ökonomie zu tun, sondern allein mit dem deutschen Geist und seinem idealistischen Hang zur Realitätsferne. Mit dem Fall der Mauer wurde eine ganze Klasse von deutschen Intellektuellen mit Tatsachen konfrontiert, die dem eigenen Weltbild zuwiderliefen. Plötzlich gab es Abertausende von Menschen, die bereit waren, ihrer Heimat den Rücken zu kehren, um ihr Schicksal und das ihrer Familien neu zu gestalten, und zwar im Westen. Vergleichbar den Auswanderern, die im 19. Jahrhundert ihre Sachen packten und nach Amerika aufbrachen – nicht weil sie Amerika liebten, sondern weil sie zu Hause keine Perspektive mehr sahen. Es war die elementarste Form, Freiheit zu nutzen. Und die brach sich jetzt ihre Bahn, und das mit ungeheurer Wucht.

Diese Situation war den Deutschen völlig neu. Sie fegte in wenigen Wochen alle fein ziselierten Gedanken zu Strategien der behutsamen, graduellen Anpassung vom Tisch. Sie verengte die politischen Entscheidungsräume in nie da gewesener Weise. Schlimmer noch: Sie entzog allen idealistischen Gedankenspielen die Grundlage. Eine traumatische Erfahrung für eine geistige Elite, die es gewohnt war, als moralische Instanz in der Öffentlichkeit überaus ernst genommen zu werden. Dies gilt übrigens für Ost und West, denn auf beiden Seiten verlor plötzlich die reine Idee an Wert. Sie wurde überrollt von der Realität. Dies erklärt den gereizten Ton in Günter Grass' Tagebuch, wann immer er auf die Deutsche Einheit zu sprechen kommt. Man spürt beim Lesen den Verdruss des Praeceptor Germaniae in Anbetracht des Unvermeidlichen. Und seine unverhohlene Verärgerung, dass selbst Willy Brandt, der langjährige Freund und politische Weggefährte, in allen wesentlichen Punkten mit Kanzler Helmut Kohl und Außenminister Hans-Dietrich Genscher übereinstimmt.

Von diesem Realitätsschock ist es nur ein kleiner Schritt zum Vorwurf des Neokolonialismus. Denn was soll aus diesem Blickwinkel die Einführung der D-Mark anderes sein als ein Lockmittel, um die handstreichartige Übernahme eines schwachen Ostens durch einen starken Westen vorzubereiten? Was anderes als eine Verführung der Menschen, um sie daran zu hindern, ihren eigenen Weg mit einem eigenen Wirtschaftssystem zu gehen, einen Weg zwischen Kapitalismus und Sozialismus? Nur wenige Intellektuelle – allen voran Monika Maron und Helga Schubert – haben dieser Sicht mit Nachdruck widersprochen. Sie wiesen zu Recht darauf hin, dass die Währungsunion nur deshalb zustande kam, weil sich die Menschen in Ostdeutschland weigerten, nochmals zum Gegenstand von Experimenten mit unsicherem Ausgang gemacht zu werden. Die Menschen nutzten ihre Freiheit. Sie wollten das Bewährte, nichts anderes. Und die Politik reagierte.

gegenüber der Währungsunion zeigten. Vielen akademischen Beratern konnte es sicher nicht gefallen, vor einer gesellschaftlichen Situation zu stehen, die eigentlich kaum noch wirklich große Handlungsspielräume ließ. Die Wissenschaftler hatten deshalb eine wenig attraktive Wahl. Sie konnten entweder der ungeliebten Realität frontal ins Auge sehen und das praktisch Unvermeidliche befürworten oder sie konnten ein Stück weit die Realität leugnen, dafür aber ihre Rolle als skeptische Stimmen der Mahnung bewahren. Der erste Weg barg das hohe Risiko, später – zusammen mit der Politik – in die Haftung genommen zu werden für all die gewaltigen Schwierigkeiten, die auch nach einer Währungsunion zu erwarten waren. Der zweite Weg brachte die Gefahr mit sich, später vielleicht als realitätsferne Akademiker betrachtet zu werden. Nicht alle, aber viele Wissenschaftler wählten den zweiten Weg.

Dies war sicherlich eine lebenskluge Entscheidung. Denn tatsächlich zog die Politik mit ihrer Verantwortung für die Währungsunion die Pfeile all jener Unzufriedenen auf sich, die sich eine günstigere wirtschaftliche Entwicklung wünschten, ohne allerdings aufzeigen zu können, wie diese konkret zu erreichen gewesen wäre. Zweifellos war die Politik dabei auch in hohem Maße selbst schuld. Das berühmte Wort Helmut Kohls zur Einführung der Währungsunion, es entstünden im Osten „blühende Landschaften", mag für die bevorstehende erste gesamtdeutsche Bundestagswahl viele Wählerstimmen mobilisiert haben. Und auch viel Energie und Euphorie, denn es gab den Menschen das Gefühl, für ein Ziel zu arbeiten, das am Horizont schon in den Umrissen erkennbar war. Langfristig wurde es allerdings zum Bumerang, denn nach wenigen Jahren stellte sich heraus, dass der Prozess der wirtschaftlichen Umgestaltung sehr viel tiefer ging und schwieriger ausfiel, als das Bild der Blüte von Landschaften glauben machte. Manche spätere Frustration in der Bevölkerung hat sicherlich ihre Wurzeln in dieser enttäuschten Erwartungshaltung.

Aber zurück zum Gang der Ereignisse. Mit der Volkskammerwahl am 18. März 1990 war der Weg zur Währungsunion politisch geebnet. Es folgten zwei Monate
weiterer intensiver Diskussion in der Öffentlichkeit, nun
allerdings nicht mehr über das Für und Wider der Währungsunion, sondern über die konkreten Bedingungen
ihrer Einführung. Insbesondere der Umstellungskurs zwischen der Mark (Ost) und der D-Mark rückte in das politische Rampenlicht.

Im Vordergrund standen dabei natürlich Verteilungs-
fragen. Vor allem ging es darum, ob und wie die Ersparnisse der DDR-Bürger als Teil ihrer Lebensleistung durch
den Umstellungskurs gewürdigt würden. Hier bildeten
sich – kaum überraschend – politische Fronten zwischen
den am stärksten Betroffenen: Die DDR-Regierung als
Advokat ihrer Bürger plädierte für eine Umstellung eins
zu eins, das Bundesfinanzministerium und die Bundesbank für eine niedrigere Bewertung der Mark (Ost).[9] Das
politische Ergebnis war ein Kompromiss: Alle „Strom-
größen" wie Löhne, Gehälter, Renten, Mieten und Ähnliches in laufenden Verträgen wurden im Verhältnis eins
zu eins umgestellt; die „Bestandsgrößen", also Schulden
und Guthaben je nach Höhe, Art und Zeitpunkt des Ent-
stehens, zu unterschiedlichen Verhältnissen von eins zu
eins, zwei zu eins oder drei zu eins. Insgesamt errechnete
sich ein Durchschnittssatz von 1,8 zu eins.

War das ein guter Kompromiss? In einem politischen
Sinn ist die Antwort Ja, denn die Diskussion in West und
Ost über die Verteilungswirkungen des Kompromisses
verebbten überall schnell und kamen später kaum wieder
auf – ein untrügliches Zeichen, dass keine Seite sich über
den Tisch gezogen fühlte. In einem ökonomischen Sinn
war die Frage natürlich erheblich komplexer. Insbesondere ging es darum, ob in Deutschland der gestiegene D-
Mark-Bestand zu einer Preisinflation führen würde und
wie die Wirtschaft im Osten mit der neuen Welt zurecht-
käme.

Was inflationäre Tendenzen betrifft, gab es sehr schnell Entwarnung. Die neu vorhandene D-Mark-Liquidität fiel zwar etwas größer aus als erwartet, weil die Mark (Ost)-Guthaben unterschätzt worden waren. Aber der Bundesbank gelang es ohne große Mühe, dies in der Folgezeit geldpolitisch abzufedern. Innerhalb Ostdeutschlands gab es allerdings starke Preisverschiebungen, doch die hatten vor allem mit dem Ende der Subventionierung von Grundnahrungsmitteln zu tun und mit den Absatzschwierigkeiten bei Industrieprodukten. Es waren Folgen der erwarteten Veränderungen der Marktbedingungen und nicht inflationäre Entwicklungen. Insgesamt also ein ruhiges Bild, zweifellos ein Erfolg.

Übrigens zeigten seinerzeit statistische Schätzungen der sogenannten Kaufkraftparität der beiden deutschen Währungen, dass der Wert der Mark (Ost) – gemessen in Konsumgütern – gar nicht so weit weg war vom Wert der D-Mark.[10] Das mag für den regelmäßigen Westbesucher der DDR merkwürdig klingen, fand er es doch immer schwierig, für den sogenannten Zwangsumtausch entsprechende Waren zum Kauf zu finden. Aus Sicht der Ostdeutschen war dies aber gar nicht abwegig. In der Welt des sozialistischen Konsums war das Geld durchaus knapp gewesen. Die Mark (Ost) hatte ja innerhalb des Landes stets ihre klassischen monetären Aufgaben erfüllt – als Zahlungsmittel und als Form der Wertaufbewahrung. Von einer massiven verdeckten Inflation wie etwa im Nachbarland Polen konnte seinerzeit trotz weitgehender Preiskontrollen nicht die Rede sein. Denn diese waren so gestaltet, dass es nicht nur Güter gab, die künstlich verbilligt waren, sondern auch solche, die sehr teuer ausfielen – vor allem langlebige Produkte der Haushaltsausstattung wie elektrische Geräte oder auch Autos. Insofern hatte der Umtauschkurs von durchschnittlich 1,8 zu eins keineswegs den Charakter einer großzügigen Geste, wie vielfach unterstellt wurde. Er war vielmehr auch eine Anerkennung des langjährigen Sparwillens der ostdeutschen

Bevölkerung, der sich im Mark (Ost)-Vermögen wider-
spiegelte. Dieses wäre zwar zu Weltmarktbedingungen
erheblich weniger wert gewesen, da die Währung bei Einführung der Konvertibilität zweifellos einen sehr viel niedrigeren Kurs erzielt hätte. Aber in realen Konsumgütern
gerechnet, wie sie die Sparer zum Zeitpunkt ihrer Vermögensanlage als Ziel vor Augen hatten, war der Wert respektabel.

Tatsächlich begegnet man in der Währungsreform erstmalig einem vertrackten sozialen Problem, das immer
wieder schwierige politische Entscheidungen verlangte:
Wie war der Aufbau von Vermögen und Ansprüchen der
DDR-Bürger im Nachhinein zu bewerten, wenn dieser
in der sozialistischen Zeit mit gutem Willen und Gewissen getätigt worden war, um später davon leben zu können, aber nun in der neuen Welt der Konvertibilität praktisch nichts mehr wert war? Was zählte? War es der tatsächliche Marktwert des Vermögens heute? Oder der Wert,
den sich die Menschen damals bei ihrer Sparentscheidung
versprachen? Oder gar der damalige Wert, aber „dynami-
siert", also hochgerechnet auf heutige Verhältnisse? Schier
unlösbare Fragen der Gerechtigkeit, die eine Gesellschaft
zum Zerreißen bringen können, wenn weite Teile der Bevölkerung das Ergebnis schließlich als unfair ansehen.
Die Währungsunion jedenfalls hinterließ in dieser Hinsicht keine Erblast an schlechten Gefühlen.

Trotzdem wurde die Währungsunion in der breiten
Bevölkerung überhaupt nicht als Erfolg empfunden. Das
lag allerdings an ganz anderen Umständen: Die ostdeutsche Wirtschaft war dabei, mit hohem Tempo in die Krise
zu rasen. Vom ersten zum zweiten Halbjahr 1990 halbierte sich die Industrieproduktion. Arbeitslosigkeit und
Kurzarbeit nahmen massiv zu. Der Sprung ins kalte Wasser des Wettbewerbs legte in einem ersten großen Ruck
praktisch alle Probleme der Industrie offen. Dies geschah
in einer Geschwindigkeit, wie es sie in der Geschichte der
Industrienationen nie gegeben hatte und vielleicht auch

nie wieder geben wird. Es war der erste große Tribut, den das Erbe der ostdeutschen Planwirtschaft beim Eintritt in die Marktwirtschaft verlangte.

Für die ostdeutsche Bevölkerung war es ein traumatisches Erlebnis, und zwar ein Erlebnis mit der neuen Marktwirtschaft. Es stand in auffallendem Gegensatz zu jener Erfahrung, die eine ältere westdeutsche Generation im zweiten Halbjahr 1948 gemacht hatte, nach der Währungs- und Wirtschaftsreform im Juni desselben Jahres. Die Westdeutschen 1948 erlebten einen kräftigen Aufschwung, eine Art Wunder nach Jahren der kriegs- und nachkriegsbedingten Entbehrungen. Die Ostdeutschen erlebten den völligen Zusammenbruch ihrer industriellen Welt. Natürlich war ihnen klar gewesen, dass die Dinge nicht so weiterlaufen konnten wie bisher, aber einen solchen freien Fall hatte sich praktisch keiner vorgestellt. Und die Hauptsache stand ja noch bevor, die eigentliche Sanierung der Unternehmen.

Man kann die Bedeutung dieses Zusammenbruchs als Urerlebnis der Marktwirtschaft kaum hoch genug einschätzen. Damals, 1948, wurde mit einem Schlag eine ganze Generation von Westdeutschen zu gefühlsmäßigen Freunden der Marktwirtschaft, egal was ihnen der Verstand diktierte: vom liberalen Apostel der Eigenverantwortung, der seinen und Ludwig Erhards Optimismus bestätigt sah, bis zum skeptischen Sozialisten, der sich verwundert umschaute, was es plötzlich für ein emsiges Treiben in den Betrieben und den Geschäften gab. Ganz anders 1990 in Ostdeutschland: Der industrielle Zusammenbruch sorgte für eine tiefe emotionale Distanz vieler Ostdeutschen zur Marktwirtschaft, egal was der Verstand sagte, und das galt wiederum nicht nur für eingefleischte Sozialisten, sondern auch für das liberale und konservative Bürgertum. Man kann dies an Umfragen ablesen, bis heute.

War der Zusammenbruch vermeidbar? Niemand kann das letztlich wissen, aber es fällt schwer, Alternativen zu ersinnen, die zu einem anderen Ergebnis geführt hätten. Noch heute wird zwar oft behauptet, die Wahl des Umrechnungskurses von eins zu eins bei den Löhnen (und Preisen) hätte das Ausmaß des Zusammenbruchs maßgeblich zu verantworten. So unter anderen Ex-Bundeskanzler Helmut Schmidt in einer Bilanz der Deutschen Einheit.[11] Seine Botschaft lautet im Rückblick: Währungsunion ja, aber mit niedrigerer Bewertung der Mark (Ost) gegenüber der D-Mark, um die Produktionskosten im Osten niedrig zu halten. Im Ergebnis hätte dies geheißen: zum Beginn der Wirtschafts- und Währungsunion Löhne noch deutlich unter einem Drittel des Westens, denn dies war ja bei einer Umstellung von eins zu eins das Startniveau. Also vielleicht ein Sechstel (bei einer Umstellung von zwei zu eins) oder noch weniger. Es dürfte allerdings klar sein, was dann passiert wäre: Innerhalb eines wiedervereinigten Deutschlands hätte es genau jene Welle der Abwanderung nach Westen gegeben, die es auch ohne Währungsunion bei niedriger Bewertung der Mark (Ost) gegeben hätte. Oder eben schnelle Lohnanpassungen genau auf jene Niveaus, die auch bei dem Umtauschkurs von eins zu eins zustande kamen.[12]

Wir sind hier einmal mehr bei dem Grundproblem der deutschen Wiedervereinigung: War einmal die Mauer geöffnet, erzwang die Mobilität der Menschen ein Lohnniveau im Osten, das höher lag als ein Drittel, wie sich schnell zeigte, und erst recht höher als ein Sechstel des Westens. Insofern gab es auch für den Umtauschkurs keine realistische Alternative, die den Zusammenbruch hätte verhindern können. Außer natürlich: Beschränkung der Freizügigkeit, damit Verzicht auf die Wirtschafts- und Währungsunion und letztlich Verzicht auf die Deutsche Einheit.

Der Vergleich mit Mittel- und Osteuropa ist wiederum wichtig. Auch dort musste gehandelt werden, aber es gab doch erheblich mehr Spielraum, den Prozess zeitlich zu steuern und zu strecken. Denn die Menschen hatten dort eben nicht die leichte Alternative abzuwandern. In Ostdeutschland dagegen drängte alles zum schnellen Handeln, und zwar zu Bedingungen, die keineswegs frei gewählt werden konnten. Bei allem Entsetzen über den industriellen Zusammenbruch blieb dann wenigstens die Erwartung, dass sich bald etwas Grundlegendes verändern würde. Und deshalb lohnte es sich vielleicht doch zu bleiben und mitzumachen.

2.2 | Treuhandanstalt

Der nächste Schritt nach der Währungsunion war die sogenannte Transformation der ostdeutschen Wirtschaft. Übrigens ein unglückliches Wort, denn es hat einen stark technischen Klang. Es erinnert allzu sehr an „Konversion", also die Überführung militärischer Anlagen in die zivile Nutzung. In Wirklichkeit ging es um ein zutiefst ökonomisches Problem. Es galt, eine Planwirtschaft zu einer Marktwirtschaft zu machen. Die erste und elementarste Aufgabe war dabei die Privatisierung von Staatseigentum, und die lag im wiedervereinigten Deutschland in der Verantwortung der Treuhandanstalt.

Die Treuhandanstalt war bereits Anfang 1990 entstanden, als rechtliches Sammelbecken für die volkseigenen Betriebe der DDR, eine Art nationale Holdinggesellschaft. Erst am 17. Juni 1990 wurde ihr durch das Treuhandgesetz eine konkrete Aufgabe übertragen, nämlich „die unternehmerische Tätigkeit des Staates durch Privatisierung so rasch und so weit wie möglich zurückzuführen". Und in Artikel 25 des Einigungsvertrags vom 31. August 1990 wurde die Treuhandanstalt „auch künftig damit beauftragt, gemäß den Bestimmungen des Treuhandgesetzes die früheren volkseigenen Betriebe wettbewerblich zu strukturieren und zu privatisieren".

So weit der politische Auftrag. Er betraf im Grundsatz alle ehemals volkseigenen Betriebe, und die deckten wahrlich ein breites Spektrum ab: von der Großindustrie bis zu Apotheken, Einzelhandelsläden und Kaufhäusern, Hotels und Gaststätten, um nur einige Typen zu nennen. Was die Dienstleistungsunternehmen betrifft, war man sich einig: Es konnte und musste schnell privatisiert werden, denn es ging ja in der Hauptsache um Immobilien und Grundstücke, und die ließen sich in der Regel zügig verkaufen oder zumindest verpachten. Tatsächlich wurde dieser Teil der Treuhandarbeit schon 1992 im Wesentlichen abgeschlossen. Er brachte, wie erwartet, kaum Arbeitsplatzverluste mit sich. Die persönlichen Dienstleistungen waren ja in der DDR-Zeit, wie jeder wusste, das Stiefkind der sozialistischen Planung gewesen. Man konnte also damit rechnen, dass sie expandieren und nicht schrumpfen würden. Und genau so kam es.

Ganz anders in der Industrie. Und es war dieser Teil der Treuhandprivatisierung, der denn auch von Beginn an kontrovers diskutiert wurde. Vor allem die Alternative „Privatisierung vor Sanierung" gegenüber „Sanierung vor Privatisierung" führte zu intensiven Auseinandersetzungen. Befürworter der vorrangigen Privatisierung argumentierten, es sei die Aufgabe der privaten Erwerber zu sanieren, einfach weil nur die künftigen Betreiber (und nicht die Treuhandanstalt!) nachhaltige Geschäftsmodelle entwickeln könnten. Denn jedem Kaufmotiv und Kaufpreis sollte ja ein unternehmerisches Konzept unterliegen, und eben dieses musste auch die Sanierung zum Inhalt haben. Die Treuhandanstalt selbst sei als Staatsholding völlig ungeeignet für diese Aufgabe, und ein allzu langer Prozess der Sanierung in Staatshand berge auch die Gefahr der massiven Verzögerungen der Privatisierung und des verstärkten politischen Drucks von regionalen Interessenvertretern in Richtung des dauerhaften Erhalts unrentabler Arbeitsplätze auf Kosten des Steuerzahlers. Gegner der vorrangigen Privatisierung hielten entgegen, ohne eine vorherige Sanierung durch die Treuhandanstalt seien Unternehmen nicht gut verkäuflich, zumindest nicht zu einem vernünftigen Preis. Das Risiko der Verzögerung sei demgegenüber gering zu veranschlagen. Gerade die Erfahrungen mit Privatisierungen im Großbritannien der 1980er-Jahre zeigten, wie wichtig es sei, den Kapitalbestand auf den Verkauf vorzubereiten. Plakativ formuliert: Die Braut müsse schön gemacht werden, bevor sie für die Ehe infrage kam.

Diese Debatte hielt lange an. Die Fronten verliefen dabei im Wesentlichen zwischen Volkswirten und bürgerlich-liberalen Politikern auf der Seite der schnellen Privatisierung und Sozialdemokraten, Sozialisten und Gewerkschaftsvertretern auf der Seite staatlicher Sanierung. Dabei gab es allerdings viele Schattierungen der Meinungen. Und auffallend unterschiedliche Motivationen für die Beteiligung an der Debatte, von harten Lobbyinteressen bis hin zur reinen Freude am wissenschaftlichen Diskurs, denn das Thema lieferte eine saftige Weide zur Anfütterung reizvoller theoretischer Modelle von Ökonomen, Juristen und Politologen. Wann hat die Wissenschaft schon einmal die Gelegenheit, im Anblick einer drängenden Praxis über ganz grundlegende Schritte der Schaffung einer neuen Wirtschaftsstruktur völlig neu nachzudenken?

Die Praxis der Treuhandanstalt war eindeutig. Sie setzte auf schnellstmögliche Privatisierung. Bis zu ihrer Auflösung Ende 1994, also in weniger als fünf Jahren Tätigkeit, verkaufte sie fast alle Unternehmen unter ihrer Kontrolle, die sie für privatisierbar hielt. Dies waren zunächst rund 8 500 Gesellschaften mit ursprünglich etwa vier Millionen Beschäftigten. Durch Unternehmensteilungen wurden es in der Folgezeit fast 14 000, von denen 3 700, also rund 26 Prozent, in Liquidation gingen. Die Privatisierung ergab Investitionszusagen in Höhe von 211 Milliarden D-Mark, mit denen 1,5 Millionen Arbeitsplätze verbunden waren, also etwa 140 000 D-Mark pro Arbeitsplatz. Ende 1994 verfügte die Treuhandanstalt nur mehr über knapp 400 Unternehmen, die als grundsätzlich privatisierungsfähig galten, aber noch nicht verkauft waren. Sie gingen auf mehrere Nachfolgeorganisationen über, unter denen die BVS (Bundesanstalt für vereinigungsbedingte Sonderaufgaben) wegen ihrer Zuständigkeit für die Industrie herausragte. Bei der BVS landeten unter anderem noch gut 20 Großunternehmen mit jeweils mehr als 1 000 Beschäftigten, zum Teil höchst schwierige Fälle, deren Zukunft in den betroffenen Regionen ein brisantes Politikum blieb. Auch diese wurden in der Folgezeit zum Großteil privatisiert.

So weit die reine Arbeitsbilanz der Treuhandanstalt.[13] Sie ist beeindruckend, zumindest was Zeit und Menge der Privatisierung betrifft. Bedenkt man, dass die Treuhand selbst auf dem Höhepunkt ihrer Tätigkeit nicht mehr als etwa 3 000 Mitarbeiter hatte, wird die Arbeitsbilanz noch beeindruckender. Wahrscheinlich war das, was die Treuhandanstalt tat, die kompakteste Privatisierung im großen Stil, die es in der Industriegeschichte bislang gegeben hatte und vielleicht jemals geben wird. Bereits Mitte der 1990er-Jahre zeichnete sich deshalb ab, dass zumindest eine von vielen Befürchtungen nicht zur Wahrheit wurde: In Ostdeutschland entstand kein schwarzes Loch von Dauersubventionen für unrentable Produktionsanlagen, die auf öffentlichen Druck in Betrieb blieben. Nichts dergleichen. Im Übrigen zeigte sich in den Folgejahren, dass die Unternehmen im Wesentlichen zu ihren vertraglichen Verpflichtungen standen.[14] Einige schafften sogar deutlich mehr Arbeitsplätze, andere weniger, aber insgesamt lag die Beschäftigungsbilanz schließlich über dem vertraglichen Minimum.[15]

Auffallend bei der Arbeit der Treuhandanstalt war die Einfachheit ihrer Strategie, bei aller Komplexität der Einzelentscheidungen und -verträge. Es wurde stets der Versuch unternommen, die Objekte an etablierte branchenkundige Unternehmen zu verkaufen, was der häufigste Fall war, oder an befähigte Manager der früheren Betriebe, das sogenannte Management-Buy-out, der allerdings seltener vorkam. Die typische Privatisierung lief dabei nach einem gängigen Schema ab: Prüfung der Substanz des Unternehmens; gegebenenfalls Zerlegung in wirtschaftlich sinnvolle Einheiten; Ausschreibung der entsprechenden Unternehmen beziehungsweise Unternehmensteile; Verhandlung mit Interessenten, gegebenenfalls mit weiterer Zerlegung des Objekts; schließlich Verkauf zu den ausgehandelten Bedingungen und später dann die Nachprüfung, ob die Vertragsbedingungen auch eingehalten wurden, und wenn nötig Nachverhandlungen. Kurzum: ein Standardverfahren, wie es bei Unternehmensverkäufen üblich ist, vielleicht mit Ausnahme der Nachkontrolle, die bei der Treuhandanstalt natürlich eine größere Rolle spielen musste als im normalen Geschäftsleben.

Gerade die Einfachheit der Methode erlaubte, bei einzelnen Schritten überaus pragmatisch und flexibel zu verfahren. Es gab Spielräume bei der Auswahl der Interessenten, da eine Vielzahl von Kriterien von Bedeutung waren: Seriosität, Bonität und Branchenkenntnis des Kaufinteressenten, Höhe des Kaufpreises, Nachvollziehbarkeit des Geschäftsmodells, Anzahl der geretteten oder neu geschaffenen Arbeitsplätze, Wachstumsperspektiven auf mittlere Sicht etc., etc. Allerdings sorgte genau diese Pragmatik und Flexibilität dafür, dass es im Nachhinein extrem schwierig ist, zu bewerten, ob zweckmäßig verfahren wurde oder nicht. Der Preis der Einfachheit des Ansatzes war die Intransparenz, und die ist auch im Nachhinein – bis heute – nicht verschwunden. Erst künftige Wirtschaftshistoriker werden vielleicht in der Lage sein, sich beim Studium der Akten im Detail ein verlässliches Bild machen zu können.

Es gibt allerdings zwei zentrale Ergebnisse, die herausragen und klar erkennbar sind: Die Privatisierung endete mit einem hohen Defizit, und sie führte zu einem drastischen Personalabbau. Beide Fakten haben tiefe Spuren hinterlassen, und zwar fiskalisch, wirtschaftlich und gesellschaftlich. Sie haben das Bild des Aufbaus Ost nachhaltig geprägt. Sie sind es deshalb wert, etwas gründlicher unter die Lupe genommen zu werden.

Zunächst zum Defizit. Es besteht kaum ein Zweifel, dass die Öffentlichkeit und die Beteiligten den Verkaufswert des Treuhandvermögens zu Beginn der Privatisierung massiv überschätzten. So brachte Detlef Carsten Rohwedder, nach der deutschen Vereinigung bis zu seiner Ermordung im April 1991 Chef der Treuhandanstalt, im Oktober 1990 einen Gesamterlös von 600 Milliarden D-Mark ins Gespräch.[16] Die Zahl erwies sich schnell als völlig unrealistisch. Der tatsächliche (Brutto-)Betrag lag dann schließlich mit rund 60 Milliarden D-Mark bei einem Zehntel von Rohwedders Schätzwert, und dem standen obendrein noch Aufwendungen in Höhe von 300 Milliarden D-Mark gegenüber. Das gesamte Defizit der Treuhandanstalt belief sich in der Summe also auf mehr als 200 Milliarden D-Mark. Kurzum: Rein fiskalisch war der Verkauf des Treuhandvermögens ein massives Verlustgeschäft, und dazu noch – zunächst zumindest – ein unerwartetes. Wie kam es dazu? Und wieso überschätzte man den Wert des Vermögens, nimmt man Rohwedders Zahl ernst, um die gigantische Summe von 800 Milliarden D-Mark?

Zumindest ein Grund für die schwachen Erlöse ist offensichtlich und unstrittig: die Höhe der Altschulden. Man hatte bei der Währungsunion auf eine Entschuldung der Unternehmen verzichtet und sie zum Verhältnis zwei zu eins von Mark (Ost) auf D-Mark umgestellt, sodass eine Summe von knapp 116 Milliarden D-Mark verblieb. Dies war geschehen, weil es sich bei den Altschulden bilanziell um die Gegenposition der Ersparnisse privater Haushalte handelte, deren Streichung politisch nicht zur Debatte stand. Es gab deshalb praktisch nur die Alternative, entweder die Schulden direkt dem Staat aufzubürden oder sie in den Unternehmen der Treuhandanstalt zu belassen. Man entschied sich für den zweiten Weg. Allerdings war eines von vornherein klar: Dieser Weg würde die Eröffnungsbilanzen belasten, damit auch die Verkaufspreise senken und schließlich das Ergebnis der Treuhandanstalt verschlechtern.

Damals wurde übrigens häufig behauptet, das Beibehalten der Altschulden sei ein schwerer Fehler gewesen, weil es die Privatisierung erschwert hätte. Dies war wohl nicht der Fall, denn es kann als sicher gelten, dass in den Vertragsverhandlungen die Belastung durch die Altschulden angemessen berücksichtigt wurde. Für das Innenverhältnis der Treuhandanstalt zu ihren Unternehmen mag es sogar durchaus zweckmäßig gewesen sein, die Altschulden in der Bilanz zu halten, denn es erlaubte ihr, als Holding einen gewissen Druck auf die jeweiligen Geschäftsleitungen auszuüben und auf mehr Effizienz und höhere Produktivität zu dringen.[17] Im Endergebnis jedenfalls, also nach der Privatisierung, fanden die Altschulden dann doch ihren Weg zum Staat, und zwar über entsprechend niedrigere Verkaufserlöse und damit ein höheres Abschlussdefizit, das dann im sogenannten Erblastentilgungsfonds auf Dauer zu Buche schlug.

Nicht nur die Wirkung der Altschulden wurde unterschätzt. Sicherlich gab es zunächst auch Illusionen über die rein physische Qualität des Kapitalbestands. In den meisten Industriebetrieben erwies sich der Maschinenpark als noch viel maroder, als gemeinhin erwartet worden war. Dies gilt insbesondere für jene Branchen und Produktionslinien, bei denen es im Zuge der Ölkrisen der 1970er- und 1980er-Jahre im marktwirtschaftlichen Westen einen gewaltigen Schub der Modernisierung gegeben hatte – mit massiven Investitionen in energiesparende Techniken, die veraltete Anlagen ökonomisch obsolet werden ließen. Hinzu kamen all die bundesdeutschen gesetzlichen Vorschriften aus dieser Zeit des Strukturwandels, die inzwischen dem Einsatz vieler älterer Maschinen aus Gründen der Ökologie und der Arbeitsplatzsicherheit sehr enge Grenzen setzten.

Tatsächlich stellt sich ganz ernsthaft die Frage, ob der Maschinenpark für sich genommen überhaupt noch irgendeinen positiven Vermögenswert hatte. Zweifel sind angebracht, zumindest im Nachhinein. Denn in den allermeisten Unternehmen wurde nach der Veräußerung der Kapitalbestand alsbald radikal erneuert, und es gab kaum noch einen Betrieb, der mit der alten Technik der DDR-Zeit weiterarbeitete. Offenbar nahmen fast alle Investoren an, dass es überhaupt keinen Sinn mache, zu versuchen, mit einem veralteten Maschinenpark in den Wettbewerb zu ziehen, zumindest bei den Marktbedingungen, die man für die Zukunft erwartete. Denn diese lauteten fast überall: Produktion von hochwertigen spezialisierten Gütern bei einem relativ hohen Niveau der Kosten, vor allem der Löhne. Gerade darin lag ja ein wesentlicher Unterschied zu der Entwicklung in Mittel- und Osteuropa. Dort konnte – und musste – man mit dem alten Maschinenpark weiterarbeiten, und zwar bei einem drastisch niedrigeren Lohnniveau als in Westeuropa. In Ostdeutschland war dagegen von vornherein klar, dass das Lohnniveau auf Dauer nicht allzu stark vom Westen nach unten abweichen konnte. Und dies bedeutete, dass der Einsatz massiv veralteter Technologie praktisch ausgeschlossen war, zumindest auf längere Sicht.

So sahen es offenbar die Unternehmen und auch die Politik. Und die faktische Entwicklung der Löhne nach der Einführung der Währungsunion gab ihnen anscheinend recht. Zwischen Januar 1990 und Oktober 1991 stieg die Ost-West-Relation der Industrielöhne von 31 auf 49 Prozent, trotz scharf zunehmender Arbeitslosigkeit. Über diesen Anstieg der Löhne wurde damals und später in der Wissenschaft viel gerätselt und viel geschrieben. Tatsächlich bleibt es ein merkwürdiges (und wohl weltweit einmaliges) Phänomen, dass ein Zusammenbruch der industriellen Beschäftigung einhergeht mit einer drastischen Erhöhung der Löhne.

Für diese Entwicklung werden bis heute die (westdeutschen) Gewerkschaften verantwortlich gemacht.[18] Historisch zu Recht. Sie waren wie alle Verbände dabei, ihre Organisation im Osten neu aufzubauen und zunächst im Wesentlichen mit erfahrenen Funktionären aus dem Westen zu besetzen. Deren erste Hauptaufgabe bestand nun darin, in der Industrie den Gewerkschaftseinfluss zu sichern und für die Beschäftigten Tarifverträge mit Tariflöhnen auszuhandeln und durchzusetzen. Dies schien nach Lage der Dinge der entscheidende Weg, um im Osten die eigene Position zu stärken, die Sympathien der ostdeutschen Arbeitnehmer zu erobern und dann auch mehr Mitglieder zu gewinnen. Dabei lag das Standardmotto auf der Hand: gleicher Lohn für gleiche Arbeit, also die gewerkschaftliche Grundphilosophie des Flächentarifvertrages, wie sie in Westdeutschland über vier Dekaden zwar nicht perfekt, aber doch annähernd umgesetzt war. Wenigstens innerhalb der jeweiligen Branchen sollte es auf Dauer kein zementiertes Lohngefälle zwischen West und Ost geben, und zwar natürlich auch mit Blick darauf, dass eine Konkurrenz aus einer Niedriglohnregion innerhalb Deutschlands für die große Zahl von Gewerkschaftsmitgliedern in Westdeutschland unzumutbar erschien. Und deren Interessen hatten in den großen Gewerkschaften, allen voran in der IG Metall, ein überaus großes Gewicht.

Für Tarifverhandlungen braucht eine Gewerkschaft einen Verhandlungspartner, und dies konnte für die ostdeutsche Industrie im Wesentlichen nur die Treuhandanstalt sein. Wer sonst? Dies hatte allerdings geradezu groteske Konsequenzen. Denn als Holdinggesellschaft, die am staatlichen Tropf hing, hatte die Treuhandanstalt kaum Veranlassung, wirklich hart zu verhandeln. Denn nach einer Privatisierung würde ohnehin ein neuer Eigentümer neue Daten setzen und bis dahin war es relativ leicht, etwaige Defizite dem Steuerzahler zu überantworten. Es kam deshalb so, wie es kommen musste: Die Gewerkschaften konnten kräftige Lohnsteigerungen durchsetzen. Und sie konnten dies ihren Mitgliedern oder Interessenten als einen beachtlichen Erfolg verkaufen. Zumindest kurzfristig, denn auf lange Sicht war keineswegs klar, wie genau das Lohnniveau und die Lohnstruktur nach einer Privatisierung aussehen würden und ob überhaupt ein Betriebserwerber tarifgebunden sein würde oder nicht.

So weit die historische Entwicklung, über die weitgehend Einigkeit herrscht. Namhafte Wirtschaftswissenschaftler, allen voran der spätere Präsident des Ifo Instituts München Hans-Werner Sinn, haben daraus den Schluss gezogen, dass die Gewerkschaften durch die Lohnerhöhungen in den frühen 1990er-Jahren maßgeblich zur Abwertung des industriellen Kapitalbestands in Ostdeutschland beitrugen.[19] Sie erschwerten, so die Sichtweise, die industrielle Umstrukturierung; und sie verstellten der ostdeutschen Wirtschaft den Weg in eine Entwicklung mit höherer Beschäftigung, einem bescheideneren Kapitaleinsatz pro Arbeitsplatz und niedrigeren Löhnen. Kurzum: Sie machten es der ostdeutschen Wirtschaft unmöglich, wenigstens ein Stück weit den mittel- und osteuropäischen Weg einzuschlagen.

Diese Sichtweise beruht auf theoretischen Überlegungen, die zum Standardrepertoire der Wirtschaftswissenschaft gehören. Sie ist insofern absolut nachvollziehbar.[20] Allerdings stellt sich die Frage, wie viel sie wirklich zur Erklärung der Realität in den frühen 1990er-Jahren beiträgt – zumindest jener Realität, die über die ganz kurze Frist hinausgeht. Zwar ist unstrittig, dass höhere Löhne bei den Treuhandunternehmen die Kosten nach oben trieben, und damit auch den Bedarf an Subventionen. Die Kernfrage ist allerdings, ob dies auf die Chancen der Privatisierung und die Pläne der Erwerber wirklich einen nachhaltigen Einfluss hatte.

Genau hier sind Zweifel angebracht. Um zu sehen, warum, ist es nützlich, sich die Situation eines potenziellen Investors zur damaligen Zeit nochmals ganz konkret vor Augen zu führen, je konkreter, desto besser. Stellen wir uns vor, ein Treuhandunternehmen des Maschinenbaus in Chemnitz steht 1991 zum Verkauf. Ein Kaufinteressent – sagen wir ein westdeutscher Unternehmer derselben Branche aus Bayern – plant eine neue Produktionsstätte in Ostdeutschland mit einem branchenüblichen Zeithorizont, sagen wir 15 Jahre. Er macht für diesen Zeitraum – explizit oder implizit – auch eine Schätzung der Kosten. Er macht auch eine grobe Prognose, mit welchem Lohnniveau er im Osten zu rechnen hat. Er wird in dieser Prognose natürlich maßgeblich beeinflusst von dem, was die öffentliche Meinung sagt, und die sieht auf mittlere Sicht den Trend zur Ost-West-Lohnangleichung, und zwar in erster Linie wegen der hohen innerdeutschen Mobilität. Was auf kurze Sicht passiert, ist mit Blick auf den langen Zeithorizont der Investitionsentscheidung für ihn nur von sehr geringer Bedeutung. Ob 30 oder 50 Prozent des Westniveaus, es handelt sich ohnehin um eine vorübergehende Situation; und ob diese dann in zwei, drei oder vier Jahren vorübergeht, beeinflusst wohl kaum die Technologie und die Art des Maschinenparks, die er auf lange Sicht für die künftige Produktion wählt.

Genau hier stoßen wir wieder auf die grundlegende Signalwirkung der Deutschen Einheit: Mit dem Fall der Mauer, der Wirtschafts- und Währungsunion sowie der politischen Wiedervereinigung wurde es auch für Unternehmer völlig abwegig zu unterstellen, dass eine Ost-West-Lohndifferenz von eins zu drei auch nur annähernd Bestand haben konnte. Diese Erwartungshaltung war einfach da. Sie konnte nicht mehr aus der Welt geschafft werden, völlig gleichgültig, wie hoch oder niedrig der prozentuale Tariflohnanstieg in den Treuhandunternehmen ausfiel. Tatsächlich ließ ja selbst dieser Anstieg noch ein hohes Maß an Freiräumen für die spätere Anpassung. Es gab ja für Investoren grundsätzlich die Möglichkeit, auf eine Mitgliedschaft im Arbeitgeberverband zu ver-

zichten und eigene Lohnhöhen und Lohnstrukturen auf
betrieblicher Ebene oder für Einzelverträge auszuhandeln. Genau dies geschah ja dann auch, und möglicherweise hatten dies viele Unternehmer ohnehin schon vor.
Es führte schließlich zum faktischen Ende des Flächentarifvertrags in Ostdeutschland. Und es ist ein Teil der Erklärung für die Tatsache, dass bis heute das Lohnniveau
in der ostdeutschen Industrie fast ein Drittel unter dem
westdeutschen Niveau liegt.

All dies deutet übrigens darauf hin, dass die Rechnung
der Gewerkschaften auf lange Sicht überhaupt nicht auf-
ging. Es gelang ihnen keineswegs, durch die schnellen
Lohnerhöhungen auf Dauer in Ostdeutschland eine starke Kraft zu werden. Im Gegenteil, die neuen Investoren
entwickelten zunehmend eine Tendenz, vor Ort eigene
Wege zu gehen. Und die Beschäftigten machten mit, no-
lens volens und nicht zuletzt infolge der schwierigen Lage
am Arbeitsmarkt. Sie taten eben alles, um ihren Arbeitsplatz zu sichern, und dazu gehörte auch der Verzicht auf
aggressive Lohnforderungen, als die umstrukturierten
Unternehmen begannen, wieder am Markt Fuß zu fassen.
Gewerkschaftsforderungen aus dem Westen Deutschlands, man müsse härter auftreten, fanden da kaum Ge-
hör.

Aber wir eilen der Zeit voraus. Noch sind wir in den
Jahren der Treuhandanstalt. Und da haben die Lohnerhöhungen das laufende Defizit zweifellos beträchtlich erhöht. Der Wert des Kapitalbestands blieb davon aber
weitgehend unberührt, zumal er ohnehin schon extrem
niedrig lag. Man muss sich wohl von dem Gedanken lösen, das Kaufinteresse von Investoren an den Treuhandunternehmen habe sich jemals wirklich auf den vererbten
Bestand an Sachkapital gerichtet. Bauten, Ausrüstungen
und Anlagen, also die klassischen Komponenten des physischen Kapitalbestands eines Industriebetriebs, waren als
Objekte unternehmerischer Pläne weitgehend uninteres-
sant. Sie waren bestenfalls Beiwerk zu jenen viel wichti-

geren Aktiva, die mit einem Unternehmen verbunden sind: Produktqualität und Markenname, Kundenstamm und ein Netz von Lieferanten, qualifizierte Mitarbeiter und technisches Wissen. Kurzum: Was zählte, war die Gesamtheit des Ertrags der Tätigkeit, die mit einem Unternehmen und dessen Produktpalette zu erwirtschaften ist. Und die bestimmt den Wert eines Unternehmens und den Preis, den der Verkäufer erwarten kann und den ein Käufer zu zahlen bereit ist.

Wie sah es nun bei der Treuhandanstalt aus mit all diesen Unternehmensaktiva jenseits des Bestands an Sachkapital? Waren die alle – bis auf die Arbeitskräfte – in der DDR-Zeit genauso heruntergewirtschaftet worden wie der Sachkapitalbestand? Keineswegs. Und es ist genau an dieser Stelle, an der eine sorgfältige Interpretation der damaligen Ereignisse ansetzen muss. Es gibt nämlich Fälle der Treuhandprivatisierung, die anschaulich belegen, welche ungeheure Bedeutung einzelne Aktiva hatten. Diese Fälle zeigen aber auch, weshalb es in der Breite der Industrie an genau diesen Aktiva fehlte.

Ein Paradebeispiel ist die Brauindustrie, konkret: die Privatisierung von Brauereien. Wohlgemerkt: Die Brauindustrie ist eine Branche, die in Westdeutschland in den frühen 1990er-Jahren keineswegs florierte, sondern einen langen und schwierigen Prozess der Konsolidierung hinter sich hatte. Seit Jahrzehnten stagniert der Bierumsatz, und die Märkte sind überall hart umkämpft. Kurzum: Eine Branche, in der eigentlich das Interesse hätte groß sein müssen, das Auftauchen weiterer Konkurrenten und Produkte auf dem Markt zu unterbinden.

Das Gegenteil war der Fall, die Privatisierung lief bei einigen ostdeutschen Brauereien sehr zügig und erfolgreich. So wurde die sächsische Radeberger Brauerei von der Bielefelder Oetker-Gruppe gekauft, Köstritzer Schwarzbier aus Thüringen von der Bitburger Getränkegruppe, Hasseröder in Sachsen-Anhalt von der Gilde Brauerei Hannover und Lübzer in Mecklenburg von der

Holsten-Brauerei AG Hamburg. In allen Fällen gab es anschließend eine umfassende Modernisierung der Produktionsanlagen, eine professionelle Werbekampagne zur Marktausweitung und im Ergebnis eine zügige und nachhaltige Umsatzsteigerung, die Hasseröder sogar bis in die Spitzengruppe der Pils-Produzenten im wiedervereinigten Deutschland hineinführte. Also: rundum Erfolgsgeschichten.

Wo lag das Erfolgsgeheimnis? Ganz einfach: Es handelte sich durchweg um Markenprodukte, die bereits vor der DDR-Zeit einen fest etablierten Ruf hatten und diesen über die DDR-Zeit retten konnten, bei Radeberger sogar durch Export in den Westen. Hinzu kam ein (vor allem ostdeutscher) Kundenstamm, der mit professionellem Marketing noch erweiterbar war. Die Herausforderung für das Management bestand jeweils darin, der spezifischen Marke einen zeitgemäßen Anstrich zu geben, der sie auch über den traditionellen Markt hinaus attraktiv machte. Eine durchaus lösbare Aufgabe. So warb zum Beispiel Radeberger als ehemaliger Hoflieferant des sächsischen Königshauses mit der typischen Dresdner Atmosphäre der Barock- und Residenzstadt; und Hasseröder aus der Harzstadt Wernigerode beschwor den „harzhaft frischen Biergenuss" mit gezielt rustikalem Image, geschickt kombiniert mit bundesweitem Sponsoring von Sportübertragungen – etwas für echte Männer!

Natürlich sind dies extreme Beispiele aus einer ungewöhnlichen Branche. Aber gerade dadurch zeigen sie, was ein Unternehmen attraktiv machte: ein vorhandenes Produkt, dem mit etwas unternehmerischem Geschick ein eigenes zukunftsweisendes Profil gegeben werden konnte; und möglichst ein Kundenstamm, auf dem aufzubauen war. Dazu natürlich sicherlich auch einiges Weitere: Produktqualität, Lieferantennetz, eine qualifizierte Belegschaft, technisches Wissen. Doch bleibt der Eindruck, dass vor allem die Marke und der Kundenstamm überragende Bedeutung hatten. Denn nur sie erlauben es, ohne

Kein Märchen: Rotkäppchen

Eine traditionsreiche Marke meldet sich zurück

Ausgerechnet Sekt. Es ist wirklich eine Ironie der Wirtschaftsgeschichte: Der gesamtdeutsche Markt für prickelnden Schaumwein, ein klassisches Lifestyle-Produkt der bürgerlichen Genusskultur, wird heute von einem ostdeutschen Unternehmen aus der ländlichen Provinz angeführt. Es ist die Rotkäppchen Sektkellerei in Freyburg an der Unstrut.

Wie kam es dazu? Startpunkt war das Management-Buyout eines Treuhandunternehmens: Gunter Heise, seit 1991 Geschäftsführer, stieg im Frühjahr 1993 als Teilhaber in das Unternehmen ein. Damit endete die Durststrecke, die das traditionsreiche Unternehmen auf gerade mal 66 Mitarbeiter hatte schrumpfen lassen. Ein erster Privatisierungsversuch war gescheitert: Niemand schien mehr an die Marke „Rotkäppchen" zu glauben, schon gar nicht die großen westdeutschen Sekthäuser, die alle abwinkten. Nicht so Heise, der seit 1973 als Diplom-Ingenieur für Verfahrenstechnik in der Sektkellerei arbeitete, damals noch VEB Rotkäppchen. Er sah die Chance, die Marke in neuem Gewand wiederaufleben zu lassen.

Kaum ist er am Ruder, geht es tatsächlich schnell bergauf. Massive Investitionen, aber vor allem ein selbstbewusster Markenauftritt sorgen dafür, dass im Osten wieder wie zu DDR-Zeiten mit Rotkäppchen gefeiert wird. Der Umsatz steigt rapide, und die Zahl der Beschäftigten auch. In den Jahren 2002 und 2003 kauft Rotkäppchen traditionsreiche westdeutsche Marken und Produktionsstätten hinzu: Mumm und MM Extra im Rheingau und Geldermann im badischen Breisach. Mit ihnen kommen neue Vertriebsnetze, und das Unternehmen wird deutschlandweit Marktführer mit über 40 Prozent Marktanteil.

Auch Historisches zählt für Heise. Er sorgt für die Renovierung des Betriebsgebäudes, einschließlich des berühmten Lichthofs aus dem Jahr 1893, einem Industriedenkmal ersten Ranges. Und 2006 erwirbt Rotkäppchen die Rechte an der

Sektmarke Kloss & Foerster, die 150 Jahre früher die Grundlage für das Unternehmen schuf. „Evolution statt Revolution"
ist seither einer der Leitsätze des Unternehmens, nachzule-
sen in der Broschüre, die 2006 zum großen Firmenjubiläum
erscheint. Sie spannt mit spürbarem Stolz einen weiten historischen Bogen. Es ist eine mitteldeutsche Erfolgsgeschichte
von Preußen über Kaiserreich, Weimarer Republik, Nazizeit,
DDR zum wiedervereinigten Deutschland.

Wer ist der Mann hinter diesem Erfolg? Gunter Heise ist
der Prototyp des bodenständigen Ingenieur-Unternehmers:
Sohn eines Bäckers, zurückhaltend und bescheiden, aber
gleichzeitig verschmitzt und zielstrebig, mit schneller Auffas-
sungsgabe und guter Intuition. Es fällt nicht schwer, sich vorzustellen, wie es ihn als Geschäftsführer schier zur Verzweiflung
brachte, als nach 1990 die Kaufinteressenten aus dem Westen in Freyburg reihenweise aufliefen, aber von den strategi-
schen Chancen „seiner" Marke Rotkäppchen nichts begriffen.
„Klingt zu sehr nach Rotbäckchen", schallte es ihm entgegen.
Das ärgerte ihn. Und es stachelte ihn an. Es machte ihn zum
Unternehmer aus Leidenschaft, und der ist er geblieben.

Couragiert hat Heise in jüngster Zeit die Expansion vor-
angetrieben, und zwar jetzt auch außerhalb des Kerngeschäfts
mit Sekt. So kaufte sein Unternehmen den Spirituosenher-
steller Eckes und brachte erstmals Markenweine unter dem
Label „Rotkäppchen" auf den Markt. Darin liegen Risiken, gerade in konjunkturell schwierigen Zeiten. Und der Ausflug in
den Bereich des (stillen) Weines wird in der neu erstarkten
Weinbauregion Saale-Unstrut gar nicht so gerne gesehen,
denn dort hat eine neue Generation von Winzern längst wieder weithin beachtete Standards gesetzt, und zwar durch die
Qualität ihrer Lagen und nicht die Masse der abgefüllten Fla-
schen. Zu viele rote Käppchen könnten da dem Ruf der Region eher schaden.

Aber so ist das nun mal in der Marktwirtschaft, auch unter mitteldeutschen Mittelständlern. Wer erfolgreich ist, der
nutzt die Chancen des Wettbewerbs.

radikalen (und extrem teueren) Neuanfang einen Ansatz-
punkt zu finden, um ein spezifisches Produkt im marktwirtschaftlichen Umfeld gezielt zu platzieren.

Tatsächlich ließe sich die Geschichte der Privatisierungen der Treuhandanstalt recht gut im Lichte dieser zentralen unternehmerischen Fragestellungen aufrollen. Dort,
wo Marke und Kundenstamm einigermaßen gesichert
waren, gelang der Verkauf zügig und zumeist auch mit
positiven Erlösen. Dort, wo dies nicht der Fall war, ge-
stalteten sich die Verkaufsversuche langlebig, zäh und
verlustreich. Dies lässt sich auch an Branchen festmachen,
zumindest in ganz groben Zügen. Die Verbrauchsgüter-
industrien konnten sich relativ früh stabilisieren, allen
voran die Ernährungswirtschaft. Es gibt eine lange Liste
von Markenprodukten, die sich nach einer vorübergehenden Schwächeperiode sehr gut im neuen gewachsenen
Markt zurechtfanden, von der Halloren Schokolade bis
zu Halberstädter Würstchen. Die Investitionsgüter- und
Grundstoffindustrien hatten es dagegen erheblich schwerer. Es ist denn auch kein Zufall, dass bei der Auflösung
der Treuhandanstalt Ende 1994 praktisch alle Großunternehmen, die noch nicht privatisiert waren, aus diesen
Industrien stammten, so unter anderem Deutsche Waggon-
bau, Gröditzer Stahlwerke, VEM Elektroantriebe, Mansfelder Kupfer und Messing, Leuna, Buna, Sächsische Ole-
finwerke, SKET Schwermaschinenbau, Eko Stahl.[21] Sie
wurden dann auch durchweg zu besonders problema-
tischen Fällen, in denen nur mit einem Höchstmaß an politischer Priorität und extrem hohen Startsubventionen
überhaupt tragfähige Lösungen gefunden werden konnten.

In jedem Fall macht das Defizit der Treuhand nur allzu deutlich, wie wenig an vermarktbaren Marken und
Kundenstämmen nach 40 Jahren der Abschottung vom
Weltmarkt in der DDR noch übrig war. Warum wurde
dies nicht gleich erkannt? Die Antwort darauf muss spekulativ bleiben. Sie ist am ehesten in den Biografien und

in der Psychologie der führenden Treuhandmanager zu finden. Denn die waren fast alle Kinder der Industriegesellschaft, aufgewachsen und sozialisiert in der westdeutschen Welt des „Werkstor-Kapitalismus", und dort auch über Jahre erfolgreich tätig. Ihr Blick fiel zunächst stärker auf Bauten, Ausrüstungen und technische Anlagen als auf Kundenbeziehungen und Absatzmärkte. Praktisch alle unterlagen deshalb, zunächst jedenfalls, einer Art kollektiver Wertillusion. Man hatte eben nicht wirklich intensiv darüber nachgedacht, was genau zum Verkauf stand: Nicht in erster Linie physische Fabrikanlagen, sondern immaterielle Werte wie Marken und Kundenstämme, und davon gab es eben in der DDR nicht mehr allzu viel. Es war übrigens eine völlig verständliche Illusion, eine Art letztes Echo der alten Industriegesellschaft. Und man muss den Treuhandmanagern auch zugestehen, dass sie die Illusion sehr schnell überwanden. Schon nach wenigen Monaten stellte niemand mehr hohe Erlöse in Aussicht.

Zur verbreiteten Wertillusion gehört übrigens auch das Überschätzen des sogenannten Osthandels. Zunächst bestand überall die Neigung, der künstlichen Integration der ostdeutschen Wirtschaft in die Arbeitsteilung Mittel- und Osteuropas doch eine gewisse Nachhaltigkeit beizumessen. Viele glaubten, dass allein schon aus Gründen der geografischen Nähe die Märkte des Ostens fortbestehen könnten. Was Belgien, Frankreich und die Niederlande im Westen waren, das sollten doch wohl auch Polen, die Tschechoslowakei und Ungarn im Osten bleiben, nämlich natürliche Handelspartner. Es kam ganz anders: Ab 1991 brachen die Handelsströme innerhalb der früheren RGW-Länder zusammen. Überall ging man zur Marktwirtschaft über, und zwar durchaus konsequent, und dies bedeutete ein völlig neues Geflecht von wirtschaftlichen Beziehungen bei konvertibler Währung. Es bedeutete auch, dass für die traditionellen Kunden der DDR-Industrie die neuen Waren Ostdeutschlands viel zu

Schaufeln für Schüttgut

Wie Förderanlagen den Weltmarkt erobern

Absetzer, Bagger, Bandwagen, Brecher, Brückenkratzer – so lauten in alphabetischer Reihenfolge die ersten fünf Einträge zum Produktangebot der Firma FAM Magdeburg. Das hört sich nicht unbedingt nach der neuen Welt der Hochtechnologie an. Eher schon nach ganz traditioneller Industrie.

Und das ist es auch. Es geht um ein Herzstück deutscher Industriegeschichte: den Schwermaschinenbau. Das ist die raue Welt hartgesottener Ingenieure, nichts für sanfte Gemüter, auch nichts für Sunnyboys des flotten Marketings. Und es ist genau die Branche, die der Treuhandanstalt nach 1990 das meiste Kopfzerbrechen bereitete. Eine Branche nämlich, die nicht mehr so recht in die Zeit zu passen schien. Im Westen war sie längst durch einen radikalen Strukturwandel gegangen – und dabei drastisch geschrumpft. Nichts mehr erinnerte im Ruhrgebiet an die große Zeit von Eisen und Stahl, als überall in der Welt schweres Gerät aus deutscher Hand bestellt wurde, um industrielle Produktionsprozesse in Gang zu setzen. Das schien längst Vergangenheit zu sein. Und genau da kommt die Wiedervereinigung. Und mit ihr die riesige veraltete Kapazität des ostdeutschen Maschinenbaus. Und daran hängen Zigtausende von Arbeitsplätzen, ein großer Teil davon in einer einzigen Stadt: Magdeburg.

Die Herstellung von Förderanlagen für Großbaustellen, Bergwerke und Häfen war da keine Ausnahme. Die Zukunft sah zunächst düster aus für den „VEB Förderanlagenbau 7. Oktober" als Teil des riesigen DDR-weiten TAKRAF-Kombinats („TAKRAF" für Tagebau-Ausrüstungen, Krane und Förderanlagen). Der traditionsreiche Betrieb mit mittelständischen Wurzeln in der Zwischenkriegszeit wurde 1993 durch ein Management-Buy-out als GmbH privatisiert, zunächst noch mit einer Minderheitsbeteiligung der Deutschen Beteiligungsgesellschaft (DBG). Die wirtschaftliche Zukunft war völlig offen. Unter der umsichtigen Geschäftsführung von

Lothar Petermann, dem Vater, und seit einigen Jahren Lutz Petermann, dem Sohn, entwickelte sich der Betrieb vom reinen Zulieferer zum ausgewachsenen Anlagenbauer, der als Generalunternehmer maßgeschneiderte Lösungen der Fördertechnik liefert. Es geht dabei um Engineering der höchsten Qualität, präzise zugeschnitten auf die jeweiligen Bedingungen vor Ort. Dafür stehen die Petermanns, promovierte Diplom-Ingenieure klassisch-deutscher Prägung.

Dabei ist FAM zu einem Global Player geworden, und zwar weit stärker als so manches Unternehmen in modischen Hightechbranchen. Die Schüttgutanlagen und Verladesysteme, die Tagebau-, Lagerplatz- und Hafentechnik des Unternehmens sind weltweit gefragt. Die Liste von Ländern mit Tochterfirmen und Außenstellen ist lang, und fast alle großen sind dabei – von Brasilien, Kanada und den USA bis zu Australien, China und Südafrika. Die Kunden kommen praktisch aus allen Regionen der Welt, wo die Förderung von Rohstoffen oder der Ausbau von Hafenanlagen eine Rolle spielen. Dabei erwies sich die weltwirtschaftliche Entwicklung lange Zeit als überaus günstig: Steigende Energie- und Rohstoffpreise machten überall neue Großprojekte rentabel und erleichterten das Erschließen neuer Märkte. Mit fast 1 000 Mitarbeitern hat FAM inzwischen eine Größe erreicht, die nur wenige mittelständische Unternehmen in Ostdeutschland vorweisen können.

Die FAM-Geschichte zeigt eines ganz deutlich: Auch in den schwierigsten Branchen hat es Erfolge gegeben. Der richtige Mann zur richtigen Zeit an der richtigen Stelle konnte, wie im Fall Petermann, eine Menge ausrichten – und zwar auch dann, wenn der Weltmarkt schon recht gut besetzt schien mit leistungsfähiger Konkurrenz. Sicherlich war dies bei Weitem nicht überall möglich, sodass Zentren des Maschinenbaus wie Magdeburg durch eine besonders tiefe Krise gingen. Aber eine gewisse Zahl von hochwertigen Arbeitsplätzen im modernen Engineering konnte erhalten werden. Es bleibt zu hoffen, dass sie auch den derzeitigen Einbruch der Konjunktur und des Welthandels überstehen.

teuer wurden. Die meisten Kundenkontakte, die durchaus überlebten, nutzten da nichts mehr. Sie waren für einige entscheidende Jahre ökonomisch wertlos geworden. Erst viel später – in einer neuen Welt der Globalisierung – würden sie vielleicht wieder an Bedeutung gewinnen können.

Neben der kollektiven Wertillusion lassen sich noch viele andere mögliche Gründe finden, warum der Treuhanderlös geringer ausfiel, als erhofft. Vor allem natürlich: der enorme Zeitdruck. So wies von volkswirtschaftlicher Seite vor allem Hans-Werner Sinn schon früh darauf hin, dass das hohe Tempo der Privatisierung eine Ursache für die niedrigen Erlöse sein könnte.[22] Damit hatte er grundsätzlich recht, denn ein massives zusätzliches Angebot an Vermögensobjekten kann den Kapitalmarkt und über den Finanzierungsbedarf die Zinsen nach oben treiben (und entsprechend die Vermögenswerte nach unten). Allerdings stellt sich die Frage, wie gewichtig diese Diagnose für die konkrete historische Situation wirklich war. Es gab ja schon wegen der massiven kreditfinanzierten Investitionen des Staates in den Jahren 1990 bis 1992 einen Zinsanstieg, aber der führte zu Kapitalimporten und einem vorübergehenden Defizit in der Leistungsbilanz. Diese Situation war für Deutschland ungewöhnlich, aber nützlich. Sie erlaubte, einen großen Teil der Finanzierungslast der Deutschen Einheit für einige Zeit ins Ausland zu verschieben. Eine allzu starke volkswirtschaftliche Bremse für ein schnelles Handeln gab es deshalb wohl nicht.

Im Übrigen war die typische Treuhandmethode der Privatisierung außerordentlich gut geeignet, die Belastung des Kapitalmarkts möglichst gering zu halten. Denn es wurde stets versucht, durch Ausschreibung strategische Investoren in den betreffenden Branchen zu finden, und nicht Portfolioinvestoren, die strikt renditeorientiert arbeiteten und deshalb nur schwer zu gewinnen gewesen wären. Die Investoren waren stets auch die Sanierer. Und

als solche waren sie besonders gut positioniert, ihren
Hausbanken sowie sonstigen Kapital- und Kreditgebern
den betriebswirtschaftlichen Sinn und das strategische
Ziel ihrer Investitionen deutlich zu machen. Dies war
eigentlich auch die bestmögliche Konstellation, um möglichst viel Kapital möglichst schnell zu möglichst niedrigen Kosten zu mobilisieren.

Daneben stellt sich natürlich die Frage, ob ein zeitli-
ches Strecken der Verkäufe die Bewertung der Objekte
durch die Unternehmen überhaupt verbessert hätte. Große Zweifel sind angebracht: Jedes erfahrene Unternehmen, das seine Branche gut kennt, wird nicht dadurch
zu anderen Bewertungsergebnissen einer Investition kommen, dass es einfach ein paar Jahre wartet. Ganz im
Gegenteil: Gerade in der Frühzeit nach der Wiedervereinigung war allseitig die Bereitschaft groß, über Investitionen in Ostdeutschland strategisch nachzudenken, denn
es ging für fast jedes Industrieunternehmen um eine neue
Aufstellung im gesamtdeutschen Markt. Und für die
Treuhandanstalt galt es, genau diese Bereitschaft zu nutzen, bevor sie dahinschwinden würde.

Kurzum: Selbst im Nachhinein fällt es schwer, im
schnellen Handeln der Treuhandanstalt einen wirtschaftlichen Fehler zu erkennen. Ganz im Gegenteil: Es gab
vielleicht sogar nur ein recht kleines „window of oppor-
tunity", also ein Fenster, das nur kurzfristig offen stand:
mit massiven Kapitalimporten, denn das Ausland hatte
offenbar Vertrauen in Deutschlands Potenzial für Investitionen; und mit Kaufinteressenten, die strategisch neu
nachdachten und zusammen mit ihren Hausbanken und
Kapitalgebern zu recht großzügigen Engagements bereitstanden. Der Preis der Schnelligkeit war deshalb vielleicht
wirklich nicht sehr hoch, zumindest was die Belastung
der Finanzmärkte betrifft.

Die Schnelligkeit hatte indes ganz andere Nachteile.
Sie begünstigte menschliche Fehler; und sie eröffnete
Spielraum für kriminelle Machenschaften. Davon gab es

genug. Und sie erhielten damals viel Medienresonanz, die den Ruf der Treuhandanstalt nachdrücklich schädigte. Sie lesen sich heute zum Teil wie Kriminalgeschichten, die ein fantasiebegabter Romanautor erfunden hat.[23] Sie waren aber bittere Realität. Und es ist sicherlich zu vermuten, dass es eine große Dunkelziffer an Korruptionsfällen gab, die nie aufgedeckt wurden. Sicherlich haben Betrügereien und Schlampereien mit dazu beigetragen, dass nicht immer und überall Erlöse erzielt wurden, wie sie in einem sorgfältig angelegten Prozess der Privatisierung über einen langen Zeitraum möglich gewesen wären.

Allerdings muss man dabei auch das schiere Ausmaß der Aufgaben bedenken, die von der Treuhandanstalt unter Zeitdruck zu bewältigen waren. Und dies in einem Bereich des wirtschaftlichen Lebens, der besonders anfällig ist für Korruption. Die Erfahrung lehrt, dass es beim Verkauf von Grundstücken, Bauten, Anlagen und sonstigen Objekten sehr leicht zu Unregelmäßigkeiten kommen kann; und dies gilt vor allem dann, wenn massiv öffentliches Geld und Insiderwissen im Spiel sind. Viele erinnern sich noch mit Schrecken an die sogenannte Ganoven GmbH Halle, bei der es um Ausschreibungsbetrug in großem Stil ging. Oder an die Ausschlachtung von Unternehmen durch unseriöse Investoren wie im Fall des VEB Wärmeanlagenbau Berlin. Oder an den erst 2008 gerichtlich geklärten Fall des Aufbau Verlags Berlin, der von der Treuhandanstalt verkauft wurde, obwohl er ihr gar nicht gehörte und sie dies eigentlich hätte wissen müssen (oder vielleicht auch tatsächlich wusste). Ein Untersuchungsausschuss des Deutschen Bundestags „DDR-Vermögen" bezifferte im Jahr 1998 den Schaden durch kriminelle Delikte mit einer Summe von drei bis zehn Milliarden D-Mark. Allerdings zeigt schon die große Spannbreite dieser Schätzung, wie schwer es ist, zu diesem Thema Präzises festzustellen. Künftige Historiker mögen auch hier das Bild noch präzisieren.

So viel zum Defizit der Treuhandanstalt. Was die Öf-

fentlichkeit noch weit mehr bewegte, war der Abbau
von Arbeitsplätzen. Im Zuge der Privatisierung verloren
2,5 Millionen Menschen ihren Arbeitsplatz in der Industrie, also rund 60 Prozent der ursprünglich vier Millionen
Beschäftigten aller Unternehmen, die unter dem Dach der
Treuhand zusammengefasst wurden. Und dies geschah in
kürzester Zeit. In den urbanen Zentren von Chemnitz,
Dresden, Erfurt, Halle, Leipzig, Magdeburg und Rostock
verschwanden Hunderttausende industrieller Arbeitsplätze, und zwar im Zeitraum von gerade mal drei bis vier
Jahren. Es gibt in der Wirtschaftsgeschichte Deutschlands
keine einzige industrielle Strukturkrise, die in ihrer Wirkung auf die Beschäftigung auch nur annähernd die
gleiche Wucht hatte. Selbst die schlimmsten Zeiten im
Ruhrgebiet und im Saarland in den 1970er- und 1980er-
Jahren waren im Vergleich dazu moderate Anpassungen
und nicht wirklich schwere Krisen.

Die Welle der Arbeitsplatzverluste war das zweite traumatische Erlebnis der ostdeutschen Bevölkerung mit der
Marktwirtschaft, wenige Monate nach dem Zusammenbruch der Produktion 1990. So unvermeidlich diese Anpassung im Wesentlichen auch war, sie hinterließ eine
schwere Hypothek an Bitterkeit, vor allem gegen die
Treuhandanstalt, der die Hauptverantwortung für die
Katastrophe zugeschrieben wurde. Dazu trug auch bei,
dass in vielen Fällen der Privatisierung die Erwerber den
Personalabbau noch der Treuhandanstalt selbst überlie-
ßen, um den Neuanfang des Unternehmens nicht gleich
mit Massenentlassungen zu belasten. Ergebnis war häufig,
dass die Treuhandanstalt öffentlich auch dann als böser
Sanierer erschien, wenn in Wahrheit der Erwerber dafür
die wirtschaftliche Verantwortung trug.

Zu allem kam noch eine menschliche Seite, die mit
dem eigenen Personal der Treuhandanstalt zusammen-
hing. Es mussten ja in kürzester Zeit Fachleute her, die
überhaupt die vielen einzelnen Privatisierungen beglei-
ten konnten. Die mussten dafür in großer Zahl bei der

Treuhandanstalt neu eingestellt werden. Und dies geschah auch, aber es blieb natürlich nicht aus, dass viele junge westdeutsche Betriebswirte in den Stäben auftauchten, gewissermaßen frisch aus dem Hörsaal. Und die erschienen dann in den alten DDR-Produktionsstätten und mussten über deren Zustand und Zukunftsperspektive befinden. Sicherlich waren viele von ihnen gute Betriebswirte, aber mit der menschlichen Seite und mit der historischen Dimension des Problems waren sie völlig überfordert. Sie stießen nämlich in den Produktionsstätten auf eine ältere Generation von erfahrenen Facharbeitern und Ingenieuren, die in einer Welt der Industrietechnik aufgewachsen waren, zwischen Werkbänken und Fräsmaschinen. Dort hatten sie jahre- oder jahrzehntelang ihr Bestes gegeben, natürlich im Rahmen der Möglichkeiten, die ein sozialistisches System der zentralen Planwirtschaft ihnen übrig ließ. Und jetzt kamen ein paar junge westdeutsche Betriebswirte und erzählten ihnen im Ergebnis, das sei eigentlich alles für die Zukunft unbrauchbar. Dies schuf Verletzungen, die nur schwer vernarben.

Ob all dies vermeidbar war, muss dahinstehen. Klar ist jedoch, dass diese menschliche Erfahrung den Ruf der Treuhandanstalt nachhaltig beschädigt hat. Eine ganze Generation von entlassenen Industriebeschäftigten sah sich um ihre persönliche Lebensleistung betrogen und machte nicht mehr die sozialistische Misswirtschaft dafür verantwortlich, sondern das marktwirtschaftliche Aufräumkommando, das anschließend erschien. Dies hinterließ tiefe Wunden. Und die sind auch 20 Jahre nach dem Mauerfall nicht vernarbt.

Gerade die menschliche Erfahrung mit der Treuhandanstalt macht eines nochmals deutlich: Die erste große Transformation der ostdeutschen Wirtschaft nach 1990 war ein Projekt von wirklich historischer Tragweite. Praktisch alles fiel bei der Treuhandanstalt einmalig aus: die Höhe des Defizits, das Ausmaß der Entlassungswelle, die Spannbreite der Irrtümer, die Risiken der Kapitalbewertung, die Knappheit des Fachpersonals, die Enge des Zeitrahmens, die Gefahren der Korruption.[24] Die Wirtschafts- und Währungsunion zur Jahresmitte 1990 war dagegen fast ein Kinderspiel gewesen: extrem wichtig für die künftige Entwicklung, aber mit Fachkompetenz und wenigen entschlossenen Weichenstellungen in die richtige Richtung zu lenken. Ganz anders die Privatisierung durch die Treuhandanstalt: Sie steckte überall voller politischer, wirtschaftlicher und sozialer Fallstricke. Sie war randgefüllt mit gesellschaftlicher Sprengkraft. Dass sie insgesamt doch einigermaßen geordnet ablief, ist nicht hoch genug einzuschätzen – als eine gemeinsame Leistung der Deutschen in Ost und West.

Es ist völlig unvermeidlich, dass ein solches Projekt anschließend zum Gegenstand vieler Legenden wird. Nichts ist leichter, als im Nachhinein zu behaupten, die Treuhandanstalt habe massiv Vermögenswerte verschleudert und Unternehmen „plattgemacht".[25] Oder umgekehrt: Sie habe massiv Geld in Fässer ohne Boden geschüttet und den Steuerzahler völlig unnötig Milliarden gekostet. In durchaus zahlreichen Einzelfällen mögen Vorhaltungen dieser Art einen wahren Kern haben. Aber es fällt doch schwer, sie als historische Gesamtbewertung zu akzeptieren. Man muss sich doch ganz ehrlich fragen: Lag eigentlich das Ergebnis der Treuhandarbeit wirklich so weit außerhalb dessen, was man bei realistischer Betrachtung wirtschaftlich erwarten musste? Waren nicht genau diese überzogenen Erwartungen der eigentliche Kern des Problems? Eine gigantische Selbsttäuschung in West und Ost, die dann Stück für Stück entlarvt wurde?

Werfen wir noch einmal einen Blick zurück, und zwar aus der volkswirtschaftlichen Vogelperspektive. Ostdeutschland, eine Region mit industrieller Tradition, wird 40 Jahre vom Weltmarkt isoliert. Es wird dann wirtschaftlich mit einem viermal so großen Nachbarland vereinigt, und dort hat ein Erwerbstätiger eine durchschnittliche Wertschöpfung von etwa 80 000 D-Mark pro Jahr. Glaubt man der Volkswirtschaftlichen Gesamtrechnung, arbeitet er dabei an einem Kapitalstock, dessen Wert pro Arbeitsplatz bei rund 480 000 D-Mark liegt, also etwa bei dem Sechsfachen der Wertschöpfung. Um dieses Niveau der Kapitalausstattung in Ostdeutschland zu erreichen, hätte der Kapitalstock dort bei etwa sechs Millionen Erwerbstätigen rein rechnerisch 2,9 Billionen D-Mark betragen müssen. Diese Zahlen sind zwar nicht mehr als Beispielrechnungen, aber sie machen die Dimension der Aufgabe klar. Um überhaupt auch nur annähernd eine vernünftige marktwirtschaftliche Perspektive zu haben, war ein massiver Kapitaleinsatz pro Arbeitsplatz nötig. Ist es da wirklich verwunderlich, dass die Privatisierung der Treuhand ein Defizit von über 200 Milliarden D-Mark erbrachte, gerade mal ein Zehntel der Summe, die rechnerisch als Kapitalstock pro Arbeitsplatz nötig wäre, um den westdeutschen Standard zu erreichen? Ist das wirklich zu viel als Weltmarkt-Starthilfe für ein Land der Größe Ostdeutschlands nach 40 Jahren sozialistischer Abschottung und Misswirtschaft?

Andererseits ist natürlich auch klar, dass der industrielle Kapitalbestand des Ostens in der Summe nichts erbringen konnte, um den Menschen in Ostdeutschland eine Art „Dividende" aus der Privatisierung auszuschütten. Gerlinde und Hans-Werner Sinn unterlagen deshalb einem Irrtum, als sie 1991 in ihrem zum Klassiker gewordenen Buch „Kaltstart" annahmen, dass der Verkauf des Volksvermögens, wie er vollzogen wurde, die Menschen in Ostdeutschland um die Früchte ihrer jahrzehntelangen Arbeit brachte.[26] Entsprechende Vorschläge, Anteilsscheine oder Ähnliches an diesem (vormals volkseigenen) Vermögen breit zu verteilen, entbehrten schon daher jeder ökonomischen Grundlage. Sie hätten im Übrigen wohl überall zu Frustration geführt: Im Osten, weil sie letztlich nichts wert gewesen wären, und im Westen, weil man sich schnell die Frage gestellt hätte, wie es sein könne, dass die Deutsche Einheit massiv aus allgemeinen Steuergeldern und damit weitgehend aus dem Westen finanziert wird, ein etwaiger Ertragserfolg aber allein den Ostdeutschen zufließen sollte.[27]

Bei alldem darf man nicht übersehen, dass die Deutsche Einheit ja auf einer Art von implizitem Vertrag zwischen West und Ost beruhte. Die Westdeutschen sagten: Wir helfen euch, zügig in die Marktwirtschaft voll einzusteigen. Und die Ostdeutschen sagten: Wir sind dafür bereit, massive persönliche Anpassungslasten zu tragen. Währungsunion und Treuhandanstalt sind im Wesentlichen zu verstehen als zentrale Elemente dieses impliziten Vertrags. Und die Bilanz zeigt im Übrigen, dass beide Seiten Wort gehalten haben.

2.3 | Eigentumsfragen

Eine Marktwirtschaft funktioniert nur, wenn das Privateigentum gesichert ist. Vor allem muss klar sein, wem was gehört. Es war deshalb nach vier Jahrzehnten sozialistischer Ordnung mit vielen rechtlichen und wirtschaftlichen Veränderungen und Verwerfungen der Eigentumsverhältnisse zwingend nötig, dem Einigungsvertrag vom 31. August 1990 ein Gesetz zur Regelung offener Vermögensfragen (Vermögensgesetz) folgen zu lassen. Dies geschah wenige Tage vor der staatlichen Wiedervereinigung, am 23. September 1990.

Mit dem Gesetz wurden wesentliche Weichen für die rechtliche Handhabe von strittigen Eigentumsfragen gestellt. Zwei davon wurden lange Zeit intensiv und kontrovers diskutiert: der Grundsatz „Rückgabe vor Entschädigung" sowie der Ausschluss der Rückgabe für die Enteignungen in der Zeit der sowjetischen Besatzung zwischen 1945 und 1949. Die Diskussion hatte dabei neben der rechtlichen eine wirtschaftliche Dimension. Und es ist diese, die uns hier vor allem interessiert.

Der Grundsatz „Rückgabe vor Entschädigung" gehört zu den elementaren Prinzipien des Rechtsstaats. Denn es gibt ohne weitere Erwägungen keinen Grund, eine rechtswidrige Enteignung nicht wieder rückgängig zu machen, wenn dies möglich ist. Es war deshalb zunächst einmal absolut nachvollziehbar, eben dies auch so festzuschreiben. Nach § 3 des Vermögensgesetzes waren Vermögenswerte, die in der DDR-Zeit ohne oder mit zu geringer Entschädigung enteignet wurden, grundsätzlich auf Antrag zurückzuübertragen. Natürlich ist kein Grundsatz ohne Ausnahme. Und so gab es im Gesetz von vornherein eine Reihe von besonderen Umständen, die eine Rückgabe ausschließen konnten. Diese reichten von der Natur der Sache bei allgemeinen Vermögenswerten über den sogenannten redlichen Erwerb bis zu wesentlichen Veränderungen des wirtschaftlichen Zwecks bei Unternehmen.

Es zeigte sich schnell, dass die gesetzlichen Regelungen zu einer Flut von Anträgen auf Rückübertragung führten. Die mussten alle rechtlich geprüft werden. Die betroffenen Objekte waren dann für neue wirtschaftliche Verwendungen nicht verfügbar. Das Problem erreichte beeindruckende Dimensionen, zumindest quantitativ. Schon bis Anfang 1990 lagen über eine Million Anträge auf Rückübertragung vor, und die bezogen sich auf etwa 1,5 Millionen Vermögensgegenstände. Es drohte anscheinend eine massive Blockade von Investitionen, und zwar allein wegen der mangelnden Verfügbarkeit von Grundstücken und Gebäuden.

Dies alarmierte die Wissenschaft und die Politik. So plädierte der Wissenschaftliche Beirat beim Bundeswirtschaftsministerium schon im Februar 1991 für eine gänzliche Neuregelung – mit einer Bestandsgarantie für sämtliche Enteignungen, aber mit einer entsprechenden Entschädigung unter Berücksichtigung von Aspekten der Finanzierbarkeit und des Lastenausgleichs.[28] Ob dies mit Blick auf den Einigungsvertrag überhaupt rechtlich möglich und ethisch vertretbar gewesen wäre, ist bis heute umstritten. Immerhin hätte es bedeutet, dass eine riesige Zahl von Enteignungsfällen einfach anerkannt worden wäre, auch wenn ihre moralische Verwerflichkeit völlig außer Frage stand und auch kein Investitionshemmnis vorlag. Man braucht keine große Fantasie zu haben, um sich auszumalen, wie solche Fälle krasser Ungerechtigkeit in der öffentlichen Meinung diskutiert worden wären: als würdeloses Einknicken des Gesetzgebers vor dem Erbe der Diktatur, als Schandfleck auf der Weste des vereinigten Deutschland, als schreiendes Unrecht in einer zivilisierten Nation. Es kann deshalb kaum überraschen, dass die Politik davor zurückschreckte, diesen Weg zu gehen. Dies sah wohl auch der Wissenschaftliche Beirat, und er empfahl deshalb von vornherein als (zweitbeste) Alternative eine gesetzliche Regelung, die im Konfliktfall eine Art Vorfahrt für Investoren garantieren sollte.

Entlang dieser Linie waren auch bereits politische Initiativen angelaufen. Schon im März 1991 folgte nämlich das sogenannte Hemmnisbeseitigungsgesetz und im Juli 1992 das umfassende Investitionsvorranggesetz, das im Kern eine durchaus weitgehende Abweichung vom Prinzip „Rückgabe vor Entschädigung" ermöglichte, und zwar dann, wenn es um die Sicherung oder Schaffung von Arbeitsplätzen oder Wohnraum oder um Maßnahmen der Infrastruktur ging. Man sprach in solchen Fällen von einem besonderen Investitionszweck, der auf Antrag durch einen behördlichen Investitionsvorrangbescheid festgestellt werden konnte.

So weit der gesetzliche Rahmen, der nach 1992 nicht mehr wesentlich verändert wurde. Wie sah nun die anschließende Erfahrung aus? Haben die ungeklärten Eigentumsfragen die wirtschaftliche Entwicklung in Ostdeutschland maßgeblich behindert? Die vorsichtige Antwort lautet: wahrscheinlich nicht, zumindest nicht auf lange Sicht. Denn es fällt schon auf, dass die öffentliche Diskussion über das Problem recht schnell abflaute. Hatten noch im Frühjahr 1992 in der sogenannten Mag-

deburger Erklärung die Bürgermeister mehrerer Großstädte in Ostdeutschland eine Kehrtwende in der Rück-
gabepolitik gefordert, so verschwand das Thema nach
Verabschiedung des Investitionsvorranggesetzes relativ
zügig von der öffentlichen Tagesordnung. Im Übrigen
stellte sich schnell heraus, dass die Problemlage doch
wirtschaftlich enger begrenzt war, als die riesige Menge
von Anträgen auf Rückgabe suggerieren mochte. Denn
sie betraf vor allem die Entwicklung der Innenstädte und
viel weniger die Wirtschaft als Ganzes.

Um sich dies klarzumachen, ist es nützlich, die Wirtschaft gedanklich in zwei Teile zu zerlegen: zum einen
Unternehmen, die Güter für den nationalen oder internationalen Markt produzieren, also vor allem die verarbeitende Industrie; zum anderen Unternehmen, die lokale
Güter anbieten, die nur im unmittelbaren räumlichen
Umfeld nachgefragt werden, vom Einzelhandel bis zum
Handwerk und den persönlichen Dienstleistungen, also
vom Supermarkt und der Sparkassenfiliale bis zu Bäcker
und Friseur. Wie wir gesehen haben, zeigt die Geschichte
der Treuhandanstalt eines klar: Es waren vor allem die
Unternehmen der Industrie, deren Privatisierung schwer-
fiel und besonders teuer wurde. Und dies lag in erster
Linie an der veralteten Produktpalette und nicht an gewaltigen Problemen der Verfügbarkeit des Eigentums. Es
sind kaum Fälle bekannt, in denen ein Investor liebend
gerne einen Industriebetrieb übernommen hätte, dies aber
nicht oder nicht schnell genug tun konnte, weil es an klar
definierten Eigentumsrechten fehlte.[29] Hinzu kam, dass
viele Investoren von vornherein gar nicht an die Übernahme des vorhandenen (und maroden) Kapitalstocks dachten, sondern ihre Produktionsstätten in neu erschlossenen
Gewerbegebieten planten. Und diese lagen zumeist „auf
der grünen Wiese", das heißt am Rande von Städten oder
Gemeinden, unbelastet von Streit um Eigentumsfragen.

Tatsächlich konzentrierten sich die lähmenden Rechtsstreitigkeiten im Wesentlichen auf das Eigentum von

Wohnhäusern, Grundstücken und gegebenenfalls auch kleinen Gewerbeflächen in den Innenstädten. Deshalb überrascht es auch nicht, dass es in den frühen 1990er-Jahren in erster Linie die Kommunen waren, die politisch versuchten, eine Aufweichung des Rückgabegrundsatzes zu erwirken. Denn die Entwicklung von bevorzugten Citylagen wurde tatsächlich durch Rechtsstreitigkeiten zum Teil massiv behindert und verzögert.

Allerdings bleibt die Frage, ob dadurch wirklich ein nachhaltiger gesamtwirtschaftlicher Schaden entstanden ist. Zweifel sind angebracht. Denn zum einen gelang es Banken, Einzelhandel, Handwerk und Dienstleistungsunternehmen trotz dieser Probleme, in fast allen Städten genügend lokale Verkaufsstellen aufzubauen, und sei es zunächst noch in vergleichsweise provisorischer Form, in Containern oder Baracken. Und schon nach wenigen Jahren hatte sich in den meisten Städten die Situation erkennbar normalisiert. Die Probleme der lokalen Anbieter waren dann ganz andere: Sie litten gar nicht mehr unter zu kleiner Verkaufsfläche, sondern eher unter dem genauen Gegenteil, denn es gab zunehmend Überkapazitäten. Und dies hatte seinen Grund vor allem darin, dass die Anzahl industrieller Arbeitsplätze nicht wuchs, sondern schrumpfte, und mit den Menschen lokale Kaufkraft abwanderte. Kurzum: Der maßgebliche Engpass für das Wachstum der ostdeutschen Volkswirtschaft lag schon nach einigen Jahren nicht mehr bei ungeklärten Eigentumsfragen, sondern bei der industriellen Entwicklung mit ihren weitreichenden Konsequenzen, auch und gerade für Handel und Dienstleistungen.

Natürlich führte der Streit um das Eigentum vor Ort zu viel Ärger und einigem Verlust an Lebensqualität. So manche attraktive Neugestaltung öffentlicher Räume musste allzu lange warten, bis endlich die Eigentumsfragen alle geklärt waren – trotz rechtlicher Verbesserungen durch das Investitionsvorranggesetz. Dies galt vor allem für jene Städte, die besonders zahlreiche und komplexe Eigentumsstreitigkeiten aufwiesen. Dies waren typischerweise Großstädte, deren Erscheinungsbild durch die Bombardierung des Zweiten Weltkriegs und den anschließenden sozialistischen Wiederaufbau schwer gelitten hatte. Sie waren doppelt gestraft: durch Plattenbauten in historischen Stadtzentren und durch eine Justiz, die sich über Jahre im Geflecht von komplizierten Ansprüchen verhedderte. Auf der einen Seite standen die Alteigentümer, die ihre Forderungen auf Grundlage der alten kleinteiligen Grundstücke aus der Wilhelminischen Zeit erhoben; und auf der anderen Seite die genossenschaftlichen Besitzer von Plattenbausiedlungen, die auf die großräumige Struktur aus DDR-Zeiten pochten.

Gutes Anschauungsmaterial dafür boten Großstädte wie Chemnitz, Dresden und Magdeburg. Deren Innenstädte waren im Krieg besonders schwer zerstört worden. Und es erforderte von den zuständigen Stadtverwaltungen ein enormes Maß an Geduld, Geschick und Zähigkeit, trotz aller juristischen Hindernisse die Stadtentwicklung Schritt für Schritt voranzubringen. So gelang es zum Beispiel erst Ende der 1990er-Jahre, am historisch bedeutsamen Magdeburger Domplatz einen ausladenden Plattenbau durch eine zeitgemäße Gestaltung zu ersetzen. Aber immerhin: Es gelang.

Alles in allem ist es bis heute nicht leicht, über den damaligen Weg in der Eigentumsfrage eindeutige Urteile zu fällen. Einmal mehr stößt man auf eine pragmatische politische Haltung, die charakteristisch ist für viele Einzelfragen im Zusammenhang mit der Deutschen Einheit. Der Grundsatz „Rückgabe vor Entschädigung" blieb im Wesentlichen gewahrt, aber er wurde – nach anfänglichem Zögern – ein Stück weit aufgeweicht, um nicht Gefahr zu laufen, unhaltbare Zustände zu konservieren. Im Großen und Ganzen gibt es wohl keinen Anlass, diese politische Vorgehensweise als einen Fehler mit schwerwiegenden wirtschaftlichen Folgen anzusehen. Großer dauerhafter Schaden ist jedenfalls nicht zu erkennen.

Es gab bei der Wiedervereinigung allerdings einen Bereich von Eigentumsfragen, bei dem die pragmatische Grundsatztreue gerade nicht zur Leitlinie wurde: die Enteignungen zur Zeit der sowjetischen Besatzung 1945 bis 1949. Hier hieß der Weg von vornherein: Abkehr vom Grundsatz der Rückgabe. In einer gemeinsamen Erklärung vom 15. Juni 1990, die dann rechtlich zu einem Teil des Einigungsvertrages wurde, stellten die deutschen Regierungen fest, dass diese Enteignungen nicht mehr rückgängig zu machen seien. Die Regierung der Bundesrepublik Deutschland nahm dabei zur Kenntnis, dass die Regierungen der Sowjetunion und der Deutschen Demokratischen Republik keine Möglichkeit sähen, die damals getroffenen Maßnahmen zu revidieren.

Es gibt kaum einen Teil des Einigungsvertrages, der so viel Bitterkeit von Betroffenen hervorgerufen hat wie die faktische Anerkennung der Enteignungen in der sowjetischen Besatzungszeit. Und dies umso mehr, als später bekannt wurde, dass die sowjetische Regierung wohl gar keine entsprechenden Vorbedingungen für die Deutsche Einheit gemacht hatte. Allerdings entschied das Bundesverfassungsgericht in seinem zweiten Urteil zur Bodenreform, dass selbst dann die politische Entscheidung kein Verfassungsbruch wäre, weil die Rücksichtnahme der Bundesregierung auf die Wünsche der (demokratisch gewählten) letzten DDR-Regierung als legitim zu betrachten sei. Es machte damit deutlich, dass unter den besonderen Umständen der Wiedervereinigung eine Art Primat der Politik galt, selbst wenn die Enteignung nach üblichen rechtsstaatlichen Kriterien nicht akzeptabel war.

Damit herrschte jedenfalls Rechtssicherheit, und zwar spätestens mit diesem Urteil aus dem Jahre 1996, aber weitgehend auch schon zuvor mit dem (inhaltlich identischen) ersten Bodenreformurteil des Bundesverfassungsgerichts von 1991. Wie immer man die juristische und ethische Seite bewerten mag, der landwirtschaftlichen Nutzung von Grund und Boden stand nichts im Wege.

Es ging dabei um sehr viel Fläche, denn alle Betriebe mit mehr als 100 Hektar waren bis 1949 zwangskollektiviert worden, insgesamt rund 1,3 Millionen Hektar, also fast 70 Prozent der gesamten landwirtschaftlichen Nutzfläche der späteren DDR. Diese wurden durch die Treuhandanstalt nach 1990 zügig verkauft beziehungsweise verpachtet, parallel zur Rückgabe jener Flächen, die nach 1949 enteignet worden waren.

Es entstand recht schnell eine landwirtschaftliche Struktur, die sich auch fortan vom Westen stark unterscheiden sollte. Sie wird – anders als im Westen – dominiert von den Nachfolgern der landwirtschaftlichen Produktionsgenossenschaften (LPGs), wobei daneben auch viele bäuerliche Familienbetriebe neu entstanden sind, in der Regel durch Alteigentümer, die als sogenannte Wiedereinrichter auf gepachteten, rückerworbenen oder rückerstatteten Flächen wirtschaften. Überall folgte dabei nach 1990 ein zügiger und massiver Beschäftigungsabbau (siehe Schaubild 1, oberer Teil). Denn zu DDR-Zeiten hatte die Landwirtschaft – ganz wie die Industrie – völlig veraltete Technik eingesetzt, und die Produktivität der Arbeitskräfte lag deshalb extrem niedrig.

Insgesamt zeigte sich schnell, dass es der Landwirtschaft erheblich leichter fiel, sich an die neuen Weltmarktbedingungen anzupassen, als der Industrie. Der wichtigste Grund dafür liegt auf der Hand: Die Landwirtschaft produziert im Wesentlichen Rohstoffe und Nahrungsmittel, die zwar feste Qualitätsstandards erfüllen müssen, dabei aber relativ einheitlich ausfallen. So macht es keinen großen Unterschied, ob eine bestimmte Weizensorte in der Hildesheimer oder Magdeburger Börde oder in der Kölner oder Leipziger Bucht angebaut und geerntet wird. Es genügt, durch fachkundige Bewirtschaftung die nötigen Qualitätsstandards zu erfüllen, um anschließend am Weltmarkt den gleichen Preis zu erzielen wie der Landwirt im Westen. Es kommt deshalb eigentlich nur darauf an, den Produktionsprozess technisch und ökonomisch zu opti-

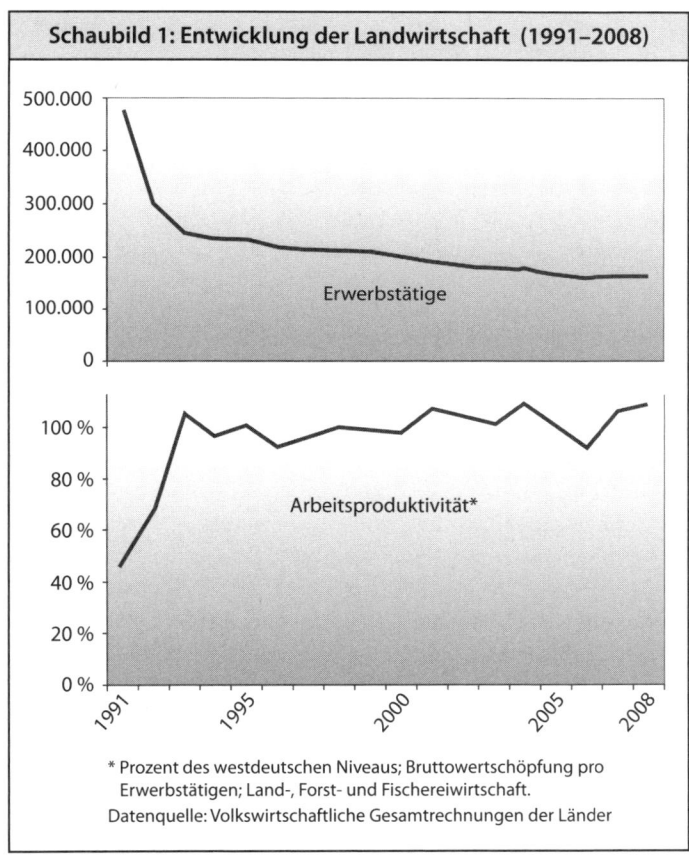

Schaubild 1: Entwicklung der Landwirtschaft (1991–2008)

Erwerbstätige

Arbeitsproduktivität*

* Prozent des westdeutschen Niveaus; Bruttowertschöpfung pro
Erwerbstätigen; Land-, Forst- und Fischereiwirtschaft.
Datenquelle: Volkswirtschaftliche Gesamtrechnungen der Länder

mieren – mit modernen Maschinen und modernem Management. Tatsächlich erwies sich die Struktur der Betriebsgrößen in der ostdeutschen Landwirtschaft sogar
als ein Wettbewerbsvorteil gegenüber der Konkurrenz,
die zumindest in Süddeutschland noch bis heute an allzu
kleinteiliger Zerstückelung leidet und es damit versäumt,
beim Maschineneinsatz die nötigen Größenvorteile zu
realisieren.

Kurzum: Das Gefälle der Arbeitsproduktivität zwischen West und Ost schrumpfte in der Landwirtschaft
schnell, weit schneller als in der Industrie. Schon Mitte

Mittlerer Westen in Deutschlands Osten

In der Landwirtschaft herrschen amerikanische Verhältnisse

An einem Tag im August. Spätabends, 23 Uhr, meine Frau und ich fahren mit dem Wagen auf der Bundesstraße 81 zurück von Halberstadt nach Magdeburg, quer durch die Börde. Was für ein gespenstischer Anblick: In der leicht gewellten Landschaft der Weizenfelder sind grelle Scheinwerferpaare zu sehen. Sie gehören zu riesigen Erntefahrzeugen, die wie träge Leuchtkäfer ihre Spur durch die warme Sommernacht ziehen. Überall entdecken wir welche – bis zum Horizont, und der ist weit in der baumlosen Börde.

Es ist ein merkwürdiges Bild. Es erinnert mich an Amerika: an den Weizengürtel, an die gewaltigen Flächen im Mittleren Westen, irgendwo zwischen Indiana und Wisconsin. Diese Riesenfahrzeuge gehören doch eigentlich in eine andere Welt: nicht nach Deutschland mit seiner kleinteiligen Landwirtschaft, sondern viel eher in die USA, wo ein einzelner Farmer Tausende von Hektar bewirtschaftet. Und da kommen sie auch meistens her. Es sind fast alles amerikanische Maschinen – voll klimatisiert, extrem effizient für das großräumige Abernten gigantischer Flächen, und zwar zu jeder Tages- und Nachtzeit.

Aber passen sie nicht genau deshalb besonders gut in die neue Welt der Landwirtschaft im Osten Deutschlands? Ist hier nicht als Folge von vier Jahrzehnten sozialistischer Planwirtschaft eine Flächenstruktur entstanden, die eben nichts mehr zu tun hat mit der traditionellen Kleinteiligkeit? So ist es. Und wer bei gutem Wetter Deutschland überfliegt, der kann den Unterschied zwischen West und Ost mit dem bloßen Auge erkennen. Daran hat die Wiedervereinigung nur wenig geändert. Warum auch? Weder den Nachfolgebetrieben der LPGs aus DDR-Zeiten noch den Wiedereinrichtern kam es in den Sinn, die alten Größenstrukturen wiederherzustellen. Denn das wäre vollkommen unwirtschaftlich gewesen.

Eine denkwürdige Ironie der Geschichte: Die Landwirtschaft im Osten hat durch den Sozialismus einen kräftigen Sprung gemacht, und zwar vom traditionell kleinteiligen mitteleuropäischen Bauern zum Farmer der Neuen Welt. Hocheffizient, wie die Statistiken der Produktivität belegen, aber natürlich mit erheblich weniger romantischen Elementen des Landlebens, wie sie sich noch hier und da in Süddeutschland und in den Alpen finden.

Doch halt: In Amerika gibt es ja auch eine Landromantik, mit Cowboys und Countrymusic, mit Lagerfeuer und Gitarre, mit Barbecue und Dosenbier. Genau dies würde eigentlich gut passen zur Melancholie der Landschaften des Ostens: der baumlosen Börde genauso wie den sandigen Flächen Ostelbiens. Aber dazu ist Amerika bisher zu weit weg, und zwar nicht nur geografisch, sondern eher noch psychologisch. Das lässige individualistische Freiheitspathos, was gerade in den weiten Landschaften des Mittleren Westens gedeiht, das ist der postsozialistischen Gesellschaft noch recht fremd.

Aber warten wir es ab. Vielleicht wird eine neue Generation von selbstbewussten Landwirten dies bald ändern. Den wirtschaftlichen Erfolg hat sie schon, das lässt sich an allen Statistiken ablesen. Eine wichtige Branche ist die Agrarwirtschaft im Osten allemal, mit rund 150 000 Arbeitsplätzen und noch weit mehr, die von ihr indirekt abhängen. Und Einfluss in den Bundesverbänden hat diese neue Generation auch. Immerhin ist Carl-Albrecht Bartmer, der Präsident der Deutschen Landwirtschafts-Gesellschaft (DLG), einer von ihnen: ein moderner Farmer aus dem Osten.

Also, Jungs, auf geht's. Ihr wart die Ersten, die den Aufbau Ost erfolgreich abgeschlossen haben, lange vor der Industrie. Jetzt fehlt nur noch das richtige Image. Denn vergesst nicht: Auch die nächste Generation muss für die Landwirtschaft begeistert werden. Nur Mut: Cowboy go east!

der 1990er-Jahre gab es kein West-Ost-Gefälle mehr, nur noch das übliche Auf und Ab der jährlichen Ertragsschwankungen, die mal den Westen, mal den Osten stärker trafen (siehe Schaubild 1, unterer Teil). Und verbleibende regionale Unterschiede ließen sich alsbald nur mehr auf die besonderen Bodenbedingungen an einzelnen Orten zurückführen. In gewisser Weise liefert die Landwirtschaft ein Musterbeispiel für jene einfache Vorstellung vom Aufbau Ost, die auf die umfassende Modernisierung von Menschen, Maschinen und Land abzielte: neue Technik, ein Stück Weiterbildung der Arbeitskräfte und effizienter Einsatz von Maschinen und Düngemitteln, das war im Wesentlichen alles, was man brauchte, um den Aufholprozess zu bewältigen. Auch dies macht wieder deutlich, wo genau in der Industrie der wichtigste Engpass lag: bei der Produktpalette. In der Landwirtschaft, wo eben dieser Engpass weitgehend fehlte, waren die Anpassungsprobleme relativ leicht zu lösen.

Alles in allem zeigt sich, dass die Regelung der Eigentumsfragen keineswegs zu unüberwindlichen wirtschaftlichen Problemen bei der Privatisierung führte. Dies gilt für den Handel und die Dienstleistungen in den urbanen Großräumen genauso wie für die Landwirtschaft in der Fläche. Soweit es Verzögerungen gab, führten diese nur sehr punktuell zu einem Investitionsstau, und auch dieser löste sich nach wenigen Jahren auf. Der pragmatische Weg, der gewählt wurde, hat sich insofern bewährt. Allerdings heißt dies noch lange nicht, dass der Weg in seiner langfristigen volkswirtschaftlichen Gesamtwirkung optimal war. Denn in dieser Hinsicht gibt es eine Vielzahl von Unwägbarkeiten, die sich nur schwer einschätzen lassen.

Dies gilt insbesondere für die Frage, ob andere als eng ökonomische Gesichtspunkte nicht auch eine wesentliche Rolle spielten bei der Entscheidung, sich in Ostdeutschland mitsamt Familien und Vermögen anzusiedeln. Vor allem für viele Alteigentümer von Grund und Boden aus vorsozialistischer Zeit waren Erwägungen dieser Art von Bedeutung. So hätte möglicherweise eine andere Regelung der Enteignungen zwischen 1945 und 1949 noch mehr Alteigentümer motiviert zurückzukehren und dabei gerade in die ländlichen Räume noch mehr unternehmerische Fähigkeiten mitzubringen. Es ging gerade bei dieser Frage ja ganz offensichtlich nicht nur um Finanzielles, sondern um die Verbundenheit von Familien mit einer Region, die über Jahrhunderte zurückreichte.

Andererseits zeigte sich auch, dass trotz juristisch bestätigter Enteignungen viele Alteigentümer schließlich doch den Weg in ihre alte Heimat fanden und zum Teil nicht nur ihre alten heruntergekommenen Gutshäuser, sondern auch land- und forstwirtschaftliche Nutzflächen zurückerwarben. Offenbar überdauerte gerade bei den Vertretern des preußischen Landadels, den Hauptbetroffenen der Enteignung, die historische Bindung an das Land ihrer Familien den persönlichen Schmerz über den Verlust des Besitzes. Tatsächlich sind viele von ihnen heute angesehene Bürger entlegener Dörfer, die längst wieder engagiert am Leben in der Gemeinde und darüber hinaus teilnehmen.[30] In dieser Hinsicht besteht jedenfalls Anlass zur Hoffnung, dass der Respekt vor den persönlichen Leistungen der Betroffenen vor Ort so manches Missverständnis und Vorurteil der Zeit von Mauerfall und Wiedervereinigung mit der Zeit verblassen lässt.

Preußens Junker bei der Arbeit

Eine Klasse kehrt heim

„Was sind schon 40 Jahre Sozialismus, wenn man im zwölften Jahrhundert belehnt wurde."

So Christoph von Katte in einem Interview des Rundfunks Berlin-Brandenburg vor einigen Jahren. Er ist einer von denen, die nach 1990 in ihre alte Heimat zurückkamen, auch ohne Rückgabe der Güter seiner Familie, die zwischen 1945 und 1949 von der sowjetischen Besatzungsmacht enteignet wurde. Er wohnt heute mit seiner Familie in Hohenkamern bei Havelberg, als Rechtsanwalt und Landwirt. Er passt in das preußisch-herbe Naturparadies des Havelwinkels. Wie er sieht das Klischeebild des Junkers aus: hochgewachsen, gesunde Gesichtsfarbe, große Hände. Ein Mann der Praxis, der zupackt und nicht herumphilosophiert. Stück für Stück kaufte er alten Familienbesitz zurück: Gutshaus, Land, Wald. Das war er seiner Familientradition schuldig.

Wie Katte denken viele Abkömmlinge der alten preußischen Familien. Und es sind gar nicht so wenige, die zurückgekommen sind. Fast alle mit absolut bürgerlichen Berufen – als Juristen, Banker, Ministerialbeamte, aber die meisten auch mit land- oder forstwirtschaftlicher Nebentätigkeit. Und mit sozialem und christlichem Engagement, allen voran bei den Johannitern, deren Ritterschaft seit der Wiedervereinigung einen enormen Aufschwung genommen hat. Eine beachtliche Zahl von Krankenhäusern und Altenheimen wird wieder von ihnen geleitet.

Hat die Rückkehr der Junker etwas verändert? Aus volkswirtschaftlicher Sicht nicht allzu viel, denn dafür ist ihre Zahl doch zu klein. Und ihre wirtschaftliche Ausstrahlung als Land- und Forstwirte hält sich in Grenzen. Die allermeisten sind eben keine Industriellen, die Hunderte von Arbeitsplätzen schaffen können. Und kaum eine ländliche Region kann heute davon leben, dass ein Gutsbesitzer den ein oder anderen Auftrag an Handwerker vergibt oder, wie die Familie Katte,

Produkte aus ökologischer Tierhaltung herstellt und verkauft.

Aber es geht auch gar nicht um das Wirtschaftliche. Vielmehr geht es um ein Stück deutsche Geschichte. Es hat noch nie einer Region gut getan, wenn sie ihre eigene Vergangenheit leugnet und all die historischen Spuren beseitigen will, die den politisch Verantwortlichen nicht passen. So geschah es lange Zeit in der DDR, als in den 1950er- und 1960er-Jahren in den Städten Kirchen beseitigt und auf dem Lande Gutshäuser dem Verfall preisgegeben wurden. Ein grotesker Höhepunkt war eine Nacht-und-Nebel-Aktion im Jahr 1958: die Sprengung eines schlichten Gutshauses in Schönhausen im Jerichower Land, der Heimat des Reichskanzlers Otto von Bismarck. Dort ist heute eine intakte Parkanlage zu besichtigen, und alles ist fein säuberlich ausgerichtet auf ein Phantom: das fehlende Gutshaus.

Die Rückkehr vieler alter Familien hat einen lebendigen Nachklang der Geschichte gebracht. Nicht in Gestalt feudaler Grundherren, sondern engagierter Bürger, die aufbauen und mit ihren Familien Wurzeln schlagen. Und die nicht, wie viele Glücksritter der frühen 1990er-Jahre, schnell wieder verschwinden, wenn es geschäftlich nichts mehr zu holen gibt. Die alten Familien bleiben in den kleinen Dörfern und Städtchen, wo sie über Generationen waren: die Arnims in Brandenstein, die Engelbrechtens in Lüderitz, die Hagens in Möckern, die Wulffens in Wüstenjerichow etc., etc.

Werden auch die Kinder bleiben, obwohl es vor Ort wenig berufliche Perspektiven gibt und die Landflucht weitergeht? Niemand weiß das, aber wer von den Eltern lernt, dass 40 Jahre Sozialismus nicht reichen, die Wurzeln zur Heimat zu kappen, der wird sich auch durch das, was kommen mag, nicht abschrecken lassen. Eigentlich egal, was es sein wird. Treue war eben immer ein hoher Wert in Preußen.

3 | Forcierte Entwicklung

3.1 | Wirtschaftsförderung

Nach 1990 gab es im wiedervereinigten Deutschland politisch viel Kontroverses. Aber über ein Ziel waren sich praktisch alle einig: Ostdeutschland musste in wenigen Jahren zu einem attraktiven Wirtschaftsstandort gemacht werden. Die Politik wählte zwei Wege zum Ziel: Sie verbesserte die Rahmenbedingungen für die Wirtschaft – von den Verkehrswegen bis zur Verwaltung – und sie förderte private Investitionen, und zwar mit Steuererleichterungen und Subventionen. Beide Wege wurden massiv verfolgt. Sie sind bis heute die beiden wirtschaftspolitischen Säulen des Aufbaus Ost geblieben. Und sie haben dauerhafte Spuren hinterlassen.

Bei den Rahmenbedingungen war die Aufgabe recht klar umrissen: Nahezu das gesamte Angebot öffentlicher Leistungen musste rundum erneuert werden. Verschlissenes war zu ersetzen, Veraltetes zu renovieren, Unzeitgemäßes zu modernisieren und noch nicht Vorhandenes überhaupt erst zu schaffen. Dabei gab es kaum eine Maßnahme, die allein auf die Belange und Interessen der privaten Wirtschaft abzielte. Fast immer ging es gleichzeitig auch um eine Verbesserung der Lebensqualität für die Bürger insgesamt. Insofern waren auch die allermeisten Projekte politisch kaum strittig.

Die Liste der staatlichen Investitionen ist lang und beeindruckend. Sie reicht von der Erneuerung der Verkehrswege und Kommunikationsnetze, des Schul- und Hochschulwesens, des Städte- und Wohnungsbaus, der öffentlichen Verwaltung und des Rechtsstaats bis hin zur Erschließung von Gewerbegebieten, zum Ausbau der wirtschaftsnahen Infrastruktur und zur Sanierung von ökologischen Notstandsgebieten. Es war in der Tat eine riesige Zahl von einzelnen Vorhaben, die auf der Tagesordnung stand, zumindest in der Frühphase des Aufbaus Ost in den 1990er-Jahren. Die öffentlichen Hände von Bund, Ländern und Gemeinden schufen – weithin sichtbar – innerhalb weniger Jahre eine Art renovierte Welt, die sich vom Westen nicht mehr wesentlich unterschied, jedenfalls nicht im Erscheinungsbild und in den inneren Strukturen. Es ging um Vorhaben der unterschiedlichsten Art und Größe. In der Summe addieren sie sich zu dem vielleicht umfassendsten und kompaktesten Großprojekt der Modernisierung, das es in der Geschichte bisher gegeben hat.

Schon ab Mitte der 1990er-Jahre ließen sich die ersten Ergebnisse dieses Aufbaus überall bewundern: neue Straßen, sanierte Gebäude, erschlossene Gewerbegebiete, etc., etc. Die Erfolge waren nicht zu übersehen, vor allem auch im Vergleich zu den mitteleuropäischen Nachbarn im Osten, die nach Ende des Sozialismus keinen vergleichbaren Zugriff auf staatliche Unterstützung von außen hatten und deshalb natürlich im Umfang der öffentlichen Investitionen im Vergleich zu Ostdeutschland weit zurückblieben. Dies hatte allerdings auch eine psychologische Kehrseite: Es nährte in den neuen Ländern das Gefühl, schon sehr viel geschafft zu haben. Die glänzende öffentliche Fassade verstellte für einige Jahre den Blick auf die Schwäche der industriellen Basis. Wir werden darauf im vierten Kapitel zurückkommen.

Es ist oft diskutiert worden, ob der damalige Kraftakt an öffentlichen Investitionen nicht auch Fehlentwicklungen und Verschwendungen mit sich brachte. Mit Sicherheit war dies der Fall. Und es ist nicht allzu schwierig, auch fragwürdige öffentliche Projekte aufzuzählen, von nutzlosen Flugplätzen bis zu überdimensionierten Kläranlagen. Aber wenn man sich das Gesamtbild der damaligen Prioritäten im Rückblick nochmals nüchtern vor Augen führt, so spiegelt es doch im Wesentlichen eine vernünftige Rangordnung der Dringlichkeit wider. Ein gutes Beispiel ist der Ausbau der Ost-West-Verkehrsverbindungen, wie er bereits im April 1991 vom Deutschen Bundestag als das Paket Verkehrsprojekte Deutsche Einheit (VDE) verabschiedet wurde, mit einem Finanzvolumen von rund 75 Milliarden D-Mark. Der Großteil dieses riesigen Projektpakets hat sich als sinnvoll erwiesen. Was den Verkehr betrifft, ist Ostdeutschland heute großräumig angebunden und erschlossen. Ähnlich erfolgreich war der Ausbau der Kommunikationsnetze, genauso wie die Schaffung von Gewerbegebieten durch die Gemeinden und die Beseitigung ökologischer Schäden.

Auch die Modernisierung des öffentlichen Dienstes kam zügig voran: Schulen und Hochschulen, Justiz und Verwaltung – alles erreichte schnell einen hohen Grad an Arbeitsfähigkeit, und zwar im Wesentlichen auf dem gewohnten westdeutschen Niveau. Zu einem großen Teil ist dies auch das Verdienst jener Partnerschaften von Bundesländern in West und Ost, die damals einen recht reibungslosen und schnellen Transfer von Verwaltungskompetenz erlaubten. So wurden zum Beispiel die drei mitteldeutschen Länder von ihren unmittelbaren Nachbarn unterstützt: Sachsen von Bayern, Thüringen von Hessen und Sachsen-Anhalt von Niedersachsen. Diese Partnerschaften funktionierten. Es gibt bis heute eine starke Affinität des öffentlichen Dienstes zwischen den jeweiligen Nachbarländern, und die geht weit über persönliche Beziehungen hinaus.

Dabei ist es fast schon eine Ironie der Geschichte: Gerade Beamte und Angestellte des öffentlichen Dienstes, sonst immer als unflexibel und bürokratisch gescholten, spielten eine ganz zentrale Rolle beim Aufbau Ost. Dies wurde auch von den Menschen selbst so empfunden, in Ost und West. Wer sich heute beim abendlichen Gespräch mit damals Beteiligten über die frühe Zeit nach 1990 unterhält, der wird ganz schnell auf nostalgische Erinnerungen stoßen an jene mythischen Jahre des gemeinsamen Aufbruchs. Westdeutsche Ministerialbeamte erzählen dann mit leuchtenden Augen, wie sie in wenigen Wochen und Monaten zusammen mit den ostdeutschen Kollegen eine neue Verwaltungsstruktur auf die Beine stellten. Es war die Zeit, als Minister, Staatssekretäre und Ministerialbeamte in Bauarbeiterhotels übernachteten und morgens beim Rasieren den Arbeitstag planten, der bis tief in die Nacht ging. Man arbeitete unter extremem Zeitdruck und unter schwierigen Bedingungen, aber man fühlte sich am Ende als erfolgreicher Pionier. Und die ostdeutschen Kollegen sehen dies im Nachhinein kaum anders. Klagen über westdeutsche Bevormundung gibt es kaum, dafür Dank für sach- und fachkundige Unterstützung. Es ist bis heute eine der positivsten Seiten des Aufbaus Ost.

Im Rückblick wird oft beklagt, dass mit dem West-Ost-Transfer von Verwaltungswissen natürlich auch ein Transfer bürokratischer Auswüchse verbunden war. Denn spätestens seit den frühen 1980er-Jahren hatte es im Westen eine intensive öffentliche Diskussion gegeben, inwieweit ein Übermaß an gesetzlichen Regulierungen die Dynamik der Wirtschaft beschränke. Liberale Wirtschaftswissenschaftler und Politiker waren damals – und sind noch heute – der Meinung, dass viele Verfahren der behördlichen Genehmigung und Kontrolle effizienter und wirtschaftsfreundlicher gestaltet werden könnten. Diese Diskussion unter der Überschrift „Deregulierung" war seinerzeit in vollem Gange, hatte aber noch kaum zu greifbaren Ergebnissen geführt, sieht man einmal von der Liberalisierung des Telekommunikationsmarktes ab. Es kam deshalb auch politisch die Forderung auf, die Gelegenheit des Aufbaus Ost zu nutzen, um mit vielen unnützen Vorschriften aufzuräumen und damit gerade den neuen Ländern in ihrer Wirtschaftsentwicklung zu helfen.

Dieser Gedanke hatte vieles für sich. Deregulierung und Abbau von Bürokratie waren und sind wichtige Anliegen, vor allem in einem Land, dessen Verwaltung weltweit den Ruf hat, besonders detailverliebt und pedantisch zu sein. Es lag deshalb nahe zu empfehlen, eine historische Gelegenheit zu einer grundlegenden Reform zu nutzen. Allerdings stellt sich ganz praktisch die Frage, ob es möglich gewesen wäre, eine vernünftig durchdachte, professionell vorbereitete Gesetzgebung zur Wirtschaftsliberalisierung zu einer Zeit auf den Weg zu bringen, in der sich alle politischen Energien auf die Deutsche Einheit konzentrierten. Tatsächlich war es gerade in einer Phase des Wandels im Zeitraffer überaus wichtig, auf die langjährigen Erfahrungen mit vorhandenen Gesetzen, Verordnungen und Gerichtsentscheidungen zurückgreifen zu können. Denn jede rechtliche Neuerung, auch das schlichte Streichen von Vorschriften, bringt juristische und wirtschaftliche Risiken mit sich, und die hätten zunächst einmal abgeschätzt werden müssen. Dies alles waren eigentlich Hausaufgaben für ruhigere Zeiten. Und es ist kaum der Wiedervereinigung anzulasten, dass diese Hausaufgaben nicht vorher erledigt worden waren (und bis heute noch nicht wirklich erledigt sind!). Im Übrigen versuchte die Politik vor Ort, die behördlichen Genehmigungsverfahren zu beschleunigen. Dies geschah durchaus mit einem hohen Maß an Pragmatismus. Tatsächlich war der politische Druck in diese Richtung sehr groß. Manchmal sogar zu groß, was unbedarfte Kommunalpolitiker gelegentlich dazu verführte, den Rahmen des rechtlich Möglichen allzu großzügig auszulegen. So mancher lokale Akteur musste später vor Gericht die Zeche dafür teuer bezahlen.

So weit die rein öffentliche Seite des Aufbaus Ost: die Verbesserung der wirtschaftlichen Rahmenbedingungen durch staatliche Investitionen. So zügig sie auch vorankam, so herrschte doch von vornherein Einigkeit darüber, dass sie begleitet sein müsse von Anreizen für private Investitionen. Der Staat kann den Aufbau Ost nicht alleine schultern, das war Konsens. Und neben der reinen

Privatisierung der früher volkseigenen Betriebe würde es noch gewaltiger zusätzlicher Investitionen von privater Seite bedürfen, um auch nur annähernd an die wirtschaftliche Leistungskraft Westdeutschlands heranzurücken.

Die Politik handelte schnell und entschlossen. Es wurde ein ganzes Arsenal von Programmen zur Förderung von Investitionen aufgefahren. Vages Vorbild war dabei – einmal mehr – die Erfahrung in Westdeutschland nach der Währungs- und Wirtschaftsreform 1948. Damals hatte es großzügige steuerliche Regelungen gegeben, um die Rentabilität von Investitionen für den Wiederaufbau nach oben zu treiben – trotz zunächst hoher Steuern.[31] Jetzt ging es darum, die Rentabilität von Investitionen in Ostdeutschland zu erhöhen, dadurch zusätzliche Investitionen anzuregen, Existenzgründungen zu ermöglichen und Standortentscheidungen von in- und ausländischen Unternehmern in Richtung Osten zu lenken.

Was wurde im Einzelnen getan?[32] Im Wesentlichen verlief die Förderung auf vier verschiedenen Wegen. Erstens wurde eine Investitionszulage gewährt, das heißt eine allgemeine steuerliche Vergünstigung für jede Investition in der gewerblichen Wirtschaft der neuen Länder, zunächst in Höhe von acht oder zwölf Prozent, je nach Termin der Investition. Die Zulage hatte den Charakter eines Rechtsanspruchs, der mit der Steuererklärung geltend gemacht werden konnte. Zweitens wurden Sonderabschreibungen erlaubt, und zwar in Höhe von 50 Prozent der Kosten für die Anschaffung oder Herstellung von Ausrüstungsgütern – bei unveränderter normaler Abschreibung, aber zusätzlich besonders großzügigen Möglichkeiten des Verlustvortrags. Drittens wurde die Möglichkeit eröffnet, im Rahmen der Gemeinschaftsaufgabe zur Verbesserung der regionalen Wirtschaftsstruktur (GA) Investitionszuschüsse auszuzahlen und diese noch durch Mittel aus dem Europäischen Fonds für regionale Entwicklung (EFRE) aufzustocken. Im Einzelfall konnte die Förderungshöhe bis zu 35 Prozent betragen (plus Investitionszulage!). Die Entscheidung über die genaue Ausgestaltung lag bei den Bundesländern, die damit einen beträchtlichen Spielraum für eigene Prioritäten hatten. Schließlich wurden Kredite, Darlehen oder Zuschüsse für Existenzgründungen gewährt, und zwar aus dem European Recovery Program (ERP). Diese wurden von ländereigenen Förderinstituten oder Förderbanken vergeben, unterlagen also ebenfalls dem landespolitischen Zugriff.

Dieses Spektrum an Wirtschaftsförderung hat sich bis heute in zentralen Punkten gehalten. Allerdings gab es in späteren Jahren einige wichtige Korrekturen. Völlig verschwunden sind dabei nur die Sonderabschreibungen. Dafür wurde die Investitionszulage erhöht (sie steht aktuell bei 12,5 beziehungsweise 15 Prozent), in mehreren Gesetzesnovellen allerdings immer strikter begrenzt auf Investitionen im verarbeitenden Gewerbe und bei produktionsbezogenen Dienstleistungen. Diese Tendenz war generell zu beobachten: Auch im Bereich der Mittel aus Gemeinschaftsaufgabe und Europäischem Regionalfonds sowie bei ERP-Krediten wurde versucht, die zentrale Stoßrichtung der Förderung immer mehr auf die überregional tätige Industrie und die mit ihr verzahnten Dienstleistungsbranchen zu verschieben.

Wie hoch fiel die Förderung bei einer normalen Investition aus? Wie viel Pfennig einer D-Mark oder wie viel Cent eines Euros wurden im Durchschnitt vom Staat finanziert? Es ist schwierig, diese Frage präzise zu beantworten, zumal eine Reihe von Förderinstrumenten gleichzeitig, also kumulativ, genutzt werden konnten. Allerdings dürfte es realistisch sein anzunehmen, dass in den frühen Jahren nach der Wiedervereinigung die Förderhöhe in der gesamten ostdeutschen Wirtschaft irgendwo zwischen 30 und 50 Prozent lag. In jüngerer Zeit ist die Größenordnung sicherlich im Durchschnitt erheblich niedriger, da praktisch weite Bereiche der Bauwirtschaft, des Handwerks, des Handels und der Dienstleistungen von der Förderung ausgeschlossen sind. Bei Investitionen

im verarbeitenden Gewerbe allerdings liegt auch heute
noch der Förderanteil sehr hoch, vermutlich in der Größenordnung von 25 bis 30 Prozent.

In jedem Fall steht zweifelsfrei fest, dass alle Förder-
wege massiv genutzt wurden.[33] An Investitionszulagen zur
Einkommen- und Körperschaftsteuer wurden von 1991
bis 2008 insgesamt 29 Milliarden Euro gewährt. Dahinter
stand – bei Zulagesätzen zwischen acht und 15 Prozent –
ein gewerbliches Investitionsvolumen irgendwo zwischen
250 und 300 Milliarden Euro. Die Gemeinschaftsaufgabe
(GA) lieferte im gleichen Zeitraum Zuschüsse in Höhe
von 35 Milliarden Euro, womit Investitionen in Höhe
von 172 Milliarden Euro gefördert wurden (allerdings
wahrscheinlich zum Großteil solche, die auch die Investitionszulage erhielten). In ähnlicher Größenordnung
(etwa 34 Milliarden Euro) lag die Förderung über die
Regionalfonds der Europäischen Union. Für ERP-Kre-
dite standen im Jahr 2007 kumulierte Kreditzusagen von
51 Milliarden Euro zu Buche – bei Investitionen von
121 Milliarden Euro. Insgesamt geht es also um geför-
derte Investitionen in einer Größenordnung von über
400 Milliarden Euro, eine in der Tat hohe Summe, bei
weniger als sechs Millionen Erwerbstätigen pro Arbeitsplatz etwa 70 000 Euro. Da sich die Förderung seit Langem auf das verarbeitende Gewerbe konzentriert, geht es
dort wahrscheinlich um noch erheblich höhere Beträge.
Eine Investitionssumme pro Arbeitsplatz von 300 000 Euro
ist da wohl als Schätzung nicht zu hoch gegriffen.

Schon früh war die Art der Wirtschaftsförderung für
die ostdeutschen Länder umstritten.[34] Die Kontroverse
entzündete sich zunächst vor allem an der Frage, was
konkret gefördert werden sollte. Die Meinungen gingen
dabei weit auseinander. Es ging vor allem darum, ob nicht
besser – statt der Investitionen in Sachkapital – die Entstehung von Arbeitsplätzen oder die Wertschöpfung
selbst unterstützt werden sollte. Die Politik entschied sich
durchgängig für die Investitionsförderung. Entscheidend

war dabei ein eher pragmatisches Argument: Eine steuerliche Vergünstigung, eine Zulage, ein Zuschuss oder
eine Kreditverbilligung für Investitionen konnte in einem
einzigen Schlag gewährt werden. War dies geschehen,
musste die weitere Produktion ohne Subventionen auskommen. Es entstanden keine weiteren Ansprüche an
den Staat. Insofern hatte die Investitionsförderung den
Charme der Anschubfinanzierung, die den Weg in den
Wettbewerb unterstützte, aber nicht den laufenden Markt-
prozess beeinflusste. Dies war bei einer Subventionierung
der Beschäftigung oder der Wertschöpfung ganz anders,
denn diese hängen von Entwicklungen ab, die sich erst in
der Zukunft zeigen, nicht schon zum Zeitpunkt der Investition.[35]

Aus praktischer Sicht hat diese Argumentation einiges
für sich. Vor allem zieht sie eine klare und unmissver-
ständliche Trennungslinie zwischen der Mitverantwor-
tung des Staates für den Aufbau von Produktionsstätten
und der rein unternehmerischen Aufgabe, diese Stätten
dann auch zu betreiben. Allerdings wären – rein technisch – durchaus auch Modelle der Förderung denkbar
gewesen, in denen Unternehmen die erwartete Anzahl
der Arbeitsplätze und der Wertschöpfung im Vorhinein
abschätzen und dann Subventionen erhalten, die genau
daran gebunden sind. Ganz ähnlich wurde ja auch bei der
Treuhandprivatisierung verfahren, allerdings dann mit
der unvermeidlichen Notwendigkeit einer Vertragskon-
trolle nach einigen Jahren. Tatsächlich war bei der Investitionsförderung aus der Gemeinschaftsaufgabe ebenfalls
eine Nachprüfung erforderlich, sodass der Mehraufwand
sich hätte in Grenzen halten können.

Die Politik hielt indes durchgängig an ihrer Linie fest.
Bis auf wenige kleine Ausnahmen blieb die direkte Wirtschaftsförderung eine reine Investitionsförderung. Es
gab wohl ein tiefes instinktives Unbehagen, gezielt die
Entstehung von Arbeitsplätzen oder die laufende Produktion zu subventionieren, denn damit hätte bei der

Von BASF zu Infraleuna

Ein Industriestandort wird wiedergeboren

Die Chemie muss stimmen. Mit diesem unschuldigen Sprüch-
lein wirbt heute der Industriepark Infraleuna. Er befindet sich
auf historischem Grund. Hier baute 1916 die Ludwigshafener
BASF ein Zweigwerk zur Herstellung von Ammoniak nach
dem Haber-Bosch-Verfahren. Hier produzierte ab 1925 der
größte Chemiekonzern der Welt, die I. G. Farben. Hier standen in der DDR-Zeit die VEB Leuna-Werke Walter Ulbricht
mit 30 000 Mitarbeitern. Und hier brach nach der Wiedervereinigung fast alles zusammen. Leuna, die kleine Gemeinde in
dem dicht besiedelten Industriegebiet Halle-Leipzig-Merse-
burg, wurde zum Symbol für ein riesiges Problem. Plötzlich
stimmte sie nicht mehr, die Chemie. Wie sollte es weitergehen mit ihr?

Es folgte ein gigantischer politischer und finanzieller Kraftakt: der Neubau eines Herzstücks der Anlage, der Ölraffine-
rie, durch den französischen Staatskonzern Elf Aquitaine
(heute: Total), offenbar auf politischen Druck von deutscher
Seite, den der Ludwigshafener Kanzler Kohl auf Staatspräsi-
denten Mitterrand ausübte. Es war die größte einzelne Investition eines französischen Unternehmens, die es in Deutschland jemals gegeben hatte: rund vier Milliarden Euro, subventioniert mit rund 1,4 Milliarden Euro durch den deutschen
Steuerzahler, noch über Jahre Gegenstand von Genehmigungsverfahren in Brüssel und von Prozessen wegen vermeintli-
cher oder tatsächlicher Schmiergeldzahlungen. Ein Politikum
erster Güte.

Hinzu kamen weitere Großinvestitionen von Chemiefir-
men in dem Gewerbegebiet, das Mitte der 1990er-Jahre zum
Industriepark Infraleuna vereinigt wurde. Heute liest sich das
Verzeichnis der Firmen vor Ort wie ein Querschnitt durch
die globalisierte Chemiebranche: von den amerikanischen
Konzernen Dow Chemical und Hexion bis zu Kartogroup
aus Italien, Quinn Chemicals aus Irland und Taminco aus Belgien. Rund 5,5 Milliarden Euro wurden investiert, 9 000 Ar-

beitsplätze sind entstanden. Also: 600 000 Euro pro Arbeitsplatz. Teurer geht es kaum. Aber: Das riesige Areal von 13 Qua-
dratkilometern ist gut gefüllt. Ein paar Freiflächen gibt es
noch, insgesamt 70 Hektar, aber das sind gerade mal fünf
Prozent des Gebiets.

Vor allem: Der Chemiestandort ist gesichert, der industrielle Kern erhalten. Denn es ist ein regionaler Stoffverbund
entstanden, der die Firmen recht fest an den Standort bindet.
So einfach die Koffer packen und irgendwo anders investie-
ren, so wie der Handyhersteller Nokia vor einiger Zeit in
Bochum, das funktioniert in der Chemie nicht. Hier geht es
wirklich um das, was das Modewort Cluster beschreibt: eine
eng verzahnte Arbeitsteilung vor Ort. Hier zählt nicht nur der
Autobahnanschluss, sondern der standortinterne Stoffverbund von H_2, CO_2, H_2S, O_2, Ethylen, Propylen, Methanol, Mo-
nomethylamin und wie sie sonst noch alle heißen. Solche
Chemiestandorte gibt es nur ganz wenige in Europa. Und das
hilft natürlich, weitere Investitionen in Richtung Leuna zu lenken. Vor allem die etablierten Unternehmen haben ihre Kapazitäten erweitert, bis in die jüngste Vergangenheit.

Die Menschen in der Region lieben ihre Chemie. Und
zwar nicht nur, weil sie Arbeitsplätze schafft und die Kassen
der Kommunen füllt (und das nicht zu knapp!). Es geht um viel
mehr, nämlich ein Stück stolzer Industriegeschichte, das hier
in Leuna fortgesetzt wird. Man spürt es beim Gang durch das
kleine Chemiemuseum auf dem nahe gelegenen Campus der
Fachhochschule Merseburg. Die Chemie war in Deutschland
immer ein Flagschiff der Industrie: innovativ, weltmarktorien-
tiert und weltoffen. Genau das, was der Osten braucht.

schwierigen Arbeitsmarktlage das Risiko zugenommen, einen populistischen Druck zu provozieren, und zwar in Richtung auf immer mehr Förderung. Unterstützt wurde die Politik in ihrem Festhalten an der Investitionsförderung von den wirtschaftspolitischen Beratungsgremien wie dem Sachverständigenrat und dem Wissenschaftlichen Beirat beim Bundeswirtschaftsministerium. In die gleiche Richtung argumentierten die drei Forschungsinstitute, die regelmäßig die Anpassungsfortschritte in Ostdeutschland begutachteten: das Deutsche Institut für Wirtschaftsforschung Berlin, das Institut für Weltwirtschaft Kiel und das Institut für Wirtschaftsforschung Halle.[36] Allerdings räumten alle Wirtschaftswissenschaftler ein, dass die reine Förderung von Investitionen natürlich die Tendenz haben könnte, zu einem übermäßigen Einsatz von Kapital beizutragen.

Es bleibt bis heute eine offene Frage, ob die Art der Förderung tatsächlich die ostdeutsche Wirtschaft – und besonders die Industrie – auf einen zu „kapitalintensiven" Pfad der Entwicklung geführt hat. Einige Wirtschaftswissenschaftler haben dies bis in die jüngste Zeit hin behauptet.[37] Ihre Überlegungen sind theoretischer Art: In einer ostdeutschen Industriewelt, in der die Politik über Jahre systematisch die Investitionen in Sachanlagen, aber nicht den Arbeitseinsatz fördert, verbilligt sich das Kapital gegenüber der Arbeit, so dass im Vergleich zum Westen mehr Kapital pro Arbeitsplatz eingesetzt wird. Soweit das Argument. Es übersieht allerdings, dass die Arbeitskosten in der ostdeutschen Industrie seit Mitte der 1990er-Jahre noch immer um fast ein Drittel unter dem westdeutschen Niveau liegen.[38] Insofern stellt die Förderung des Kapitaleinsatzes, die sich ja auch in der Größenordnung von einem Drittel bewegt, wirtschaftlich nur mehr das Verhältnis von Arbeits- und Kapitalkosten wieder her, das in Westdeutschland ohnehin herrscht. Es ist deshalb auch theoretisch keine übermäßig hohe Kapitalintensität der Produktion im Osten zu erwarten.[39]

Die Statistiken bestätigen genau dies: Der Kapitalstock pro Arbeitsplatz (gemessen als Wert der Ausrüstungen pro Erwerbstätigen) lag im Jahr 2006 im Westen
noch immer um 13 Prozent höher als im Osten. Für die
Industrie war in etwa ein gleich hohes Niveau erreicht.
Von einem allgemeinen Trend zu einem ungewöhnlich
hohen Kapitaleinsatz kann also bis heute nicht die Rede
sein, zumindest nicht im Vergleich zum Westen.[40] Allerdings fällt auf, dass in einigen wiedererstandenen industriellen Kernen wie dem sogenannten Chemiedreieck
Bitterfeld-Halle-Merseburg tatsächlich außerordentlich
kapitalintensive Produktionsanlagen entstanden sind. Inwieweit dies auf die Branchenstruktur oder die Art der
Förderung zurückzuführen ist, lässt sich im Nachhinein
nicht mehr klären.

3.2 | Bauboom und Binnenmarkt

Der Aufbau Ost begann mit einem beispiellosen Boom
der Bauwirtschaft. Er war das erste vorzeigbare Ergebnis
der politischen Weichenstellungen. Auch im Rückblick
sind die Zahlen atemberaubend: Zwischen 1991 und 1994
stieg die Bruttowertschöpfung im ostdeutschen Baugewerbe im Jahresdurchschnitt um 22 Prozent, und zwar
real, also bereinigt um die Preisinflation. Innerhalb von
drei Jahren hatte sie sich fast verdoppelt. Wahrscheinlich
ist dies ein Weltrekord, zumindest für Friedenszeiten.
Man muss schon zurückgehen auf die frühe Zeit des
westdeutschen Wirtschaftswunders nach der Kriegszerstörung ab 1948 oder auf die besten Wachstumsphasen
der südostasiatischen Tigerländer, um überhaupt historische Beispiele ähnlicher Entwicklungen zu finden. Und
selbst diese bleiben, was das Tempo der Expansion betrifft, deutlich hinter dem zurück, was sich in den neuen
Ländern in der ersten Hälfte der 1990er-Jahre zutrug.
Dieser Bauboom war einmalig.

Keine Frage also, der politische Entschluss zum Aufbau Ost wirkte. Man könnte fast sagen: Er wirkte wie ein Signal zu einer Generalmobilmachung aller Kräfte, um die Modernisierung des Baubestands in Ostdeutschland voranzutreiben. Immer war dabei der Staat mit von der Partie, sei es als Auftraggeber oder als Förderer privater Bauherren. In kürzester Zeit sah man in den Städten Kräne und Gerüste, so weit das Auge reichte. Und Planierraupen. Dampfwalzen und Presslufthämmer lärmten auf den Straßen. Eine geradezu fieberhafte Aktivität, die rasend schnell einsetzte und all jene Lügen strafte, die Deutschland als eine jämmerliche Wüste bürokratischer Inflexibilität ansahen. Sie sorgte auch für Beschäftigung: In den Jahren von 1994 bis 1996 gab es in den fünf neuen Ländern ungefähr eine Million Erwerbstätige im Baugewerbe, 300 000 mehr als noch 1991. Fast 17 Prozent aller Erwerbstätigen im Osten waren Mitte der 1990er-Jahre in der Bauwirtschaft beschäftigt. Zum Vergleich: Im Westen waren es seinerzeit gerade mal 5,4 Prozent, noch nicht einmal ein Viertel der Beschäftigten im verarbeitenden Gewerbe!

Hinzu kamen, wie stets, eine Vielzahl von Tätigkeiten in Handwerken und Dienstleistungen, die mit dem Baugewerbe eng verzahnt sind: von Dachdeckern, Klempnern, Malern und Tischlern bis zu Architekten, Ingenieuren und Immobilienmaklern. Sie alle profitierten massiv von den Aufträgen, die sie aus der Bauwirtschaft erhielten. Wie überhaupt das Bauen einen großen Vorzug hat: Es stützt den Binnenmarkt, vielleicht mehr als jede andere wirtschaftliche Tätigkeit. Denn alles Wesentliche muss vor Ort oder in der Nähe erledigt werden: Baumaterialien sind schwer und teuer zu transportieren, Baustellen sind notorisch für Pannen und Zwischenfälle, Bauplanungen sind anfällig für Korrekturen und Kostenüberschreitungen. All dies spricht für eine lokale Organisation und Kontrolle. Und genau dies gibt der Bauwirtschaft eine Art natürlichen Schutz vor überregionaler Konkurrenz.

Dies half in Ostdeutschland in den 1990er-Jahren enorm. Zwar kamen viele große Baufirmen letztlich doch aus dem Westen, und sie brachten dabei ihre modernste Bautechnik mit, was in einem Schlag die Produktivität kräftig erhöhte. Aber sie mussten sich fast immer viele Geschäftspartner vor Ort suchen. Erstmalig entstand so in den neuen Ländern eine Art marktwirtschaftliches Netzwerk der Arbeitsteilung rund um eine Branche. Und es entstand eine erste Generation von Geschäftsleuten, die sich in diesem Geflecht rund um den Bau bestens auskannten. In gewisser Weise wurde die Bauwirtschaft zur ersten praktischen Schule für viele Unternehmer und Freiberufler.

Es war ein merkwürdiger Zustand. Ganz anders als das, was man vom Westen Deutschlands kannte: Nicht das verarbeitende Gewerbe mit seinem Netz von Zulieferern trieb die Binnenwirtschaft an, sondern das Baugewerbe, der erste Motor der ostdeutschen Wirtschaft nach 1990. Es war allerdings ein Motor, der nicht ewig auf vollen Touren weiterlaufen konnte. Irgendwann waren die größten und dringlichsten Bauvorhaben abgeschlossen. Und irgendwann konnte das, was an Aufträgen neu dazukam, die auslaufenden Projekte nicht mehr ausgleichen, und zwar weder was die Höhe der Wertschöpfung noch was den Erhalt der Arbeitsplätze betrifft.

Dieser Wendepunkt wurde erstaunlich früh erreicht, und zwar schon im Jahr 1995, ein weiterer Beleg für den überaus schnellen Start des Aufbaus Ost. Von diesem Zeitpunkt an schrumpfte die Bauwirtschaft, zunächst noch langsam, dann ab 1998 beschleunigt (siehe Schaubild 2). Bis zu ihrem vorläufigen Tiefpunkt im Jahr 2006 hatte sich die Wertschöpfung mehr als halbiert und die Beschäftigung ebenso. Rund 600 000 Bauarbeiter hatten bis dahin ihren Job (wieder) verloren. Erst dann, nach elf Jahren Schrumpfung, kam es zu einer leichten Erholung. Damit dürfte vorläufig eine Art Normalzustand erreicht sein. Allerdings: Selbst heute noch liegt der Anteil der

Erwerbstätigen, die in der Bauwirtschaft arbeiten, im Osten mit etwa acht Prozent höher als im Westen mit fünf Prozent.

Wie ist diese gesamte Entwicklung im Rückblick zu bewerten? War sie erfolgreich oder war sie es nicht? Waren der Aufstieg und der Fall der Bauwirtschaft eine gute oder eine schlechte Sache? Die Antwort darauf hängt vor allem davon ab, welches Kriterium man anlegt. Ist es die Menge und Schnelligkeit der Bautätigkeit selbst, hatte die Politik einen geradezu grandiosen Erfolg. Innerhalb weniger Jahre wurden die Schwächen des Baubestands und die Rückständigkeit der Infrastruktur beseitigt oder zumindest stark gemildert. Was heute noch an Engpässen bleibt, lässt sich eigentlich kaum mehr unterscheiden von dem, was im Westen der Republik gelegentlich an Bedarf zu Renovierung und Erweiterung anfällt. Insofern hinterließ der Bauboom des Ostens ein tragfähiges Erbe an physischer Substanz – von Straßen über Gewerbegebiete bis zu Büro- und Wohnflächen.

Ökonomisch sehen die Dinge im Rückblick allerdings anders aus. Denn alle wirtschaftlichen Indikatoren deuten darauf hin, dass des Guten zu viel getan wurde, zumindest im Bereich der Immobilien. Seit den späten 1990er-Jahren gab es massive Leerstände, die für einige Jahre und zum Teil noch immer deutlich über das Niveau hinausgehen, was in westdeutschen Städten normal ist. Schon 1998 lag der Anteil der leer stehenden Wohnungen im Osten mit 13,2 Prozent mehr als doppelt so hoch wie im Westen (6,1 Prozent). Erst in jüngster Zeit hat sich dieser Abstand ein Stück weit verringert, ist aber immer noch groß (2006: 12,4 gegenüber 6,8 Prozent). Die Preisentwicklung bestätigt dieses Bild: Seit Mitte der 1990er-Jahre nahm im Osten der Wert von Wohnimmobilien bis 2005 um etwa 15 bis 20 Prozent ab, während er sich im Westen in etwa konstant halten konnte. Bei innerstädtischen Büroflächen war der Trend noch viel dramatischer: Im selben Zeitraum gab es eine Abnahme um 30 bis

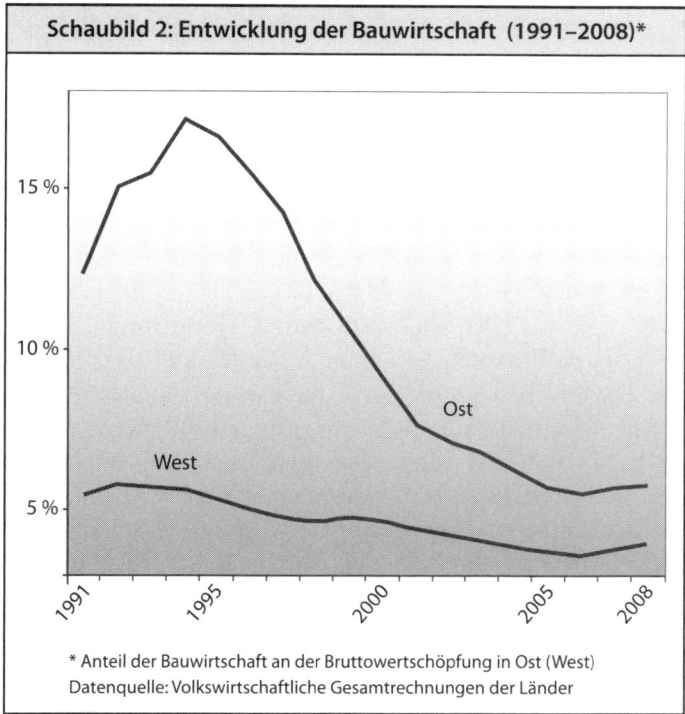

Schaubild 2: Entwicklung der Bauwirtschaft (1991–2008)*

15 %

10 %

Ost

West

5 %

1991   1995   2000   2005   2008

* Anteil der Bauwirtschaft an der Bruttowertschöpfung in Ost (West)
Datenquelle: Volkswirtschaftliche Gesamtrechnungen der Länder

40 Prozent, im Vergleich zu etwa 15 bis 20 Prozent im Westen. Erst in jüngster Zeit lässt sich, wie bei vielen anderen Statistiken, eine gewisse Stabilisierung beobachten.[41]

All dies deutet darauf hin, dass die allermeisten Investoren im Immobilienbereich nicht annähernd die Renditen erreichen konnten, die sie sich ursprünglich versprochen hatten. Dies gilt selbst dann, wenn die steuerlichen Vergünstigungen mit in Rechnung gestellt werden. Und es gilt insbesondere für die zweite Hälfte der 1990er-Jahre, als der Preisverfall besonders drastisch war und wahrscheinlich auf breiter Front sogar zu negativen Renditen führte. Offenbar hatten viele Investoren Erwartungen über die künftige Preisentwicklung, die sich im Nachhinein als völlig überzogen erwiesen. Und durch die massive staatliche Förderung wurden sie in dieser verzerrten Sicht noch bestärkt.

Genau deshalb gilt heute der ostdeutsche Immobilienboom der 1990er-Jahre bei vielen als klassisches Beispiel für massive Fehlinvestitionen. Journalisten lieben es, die „Wiedervereinigungsblase" zu zitieren, wenn es darum geht, ein passendes historisches Beispiel für eine staatlich befeuerte Fehleinschätzung der Märkte zu finden. Tatsächlich hat der kritische Rückblick darauf in jüngster Zeit sogar an Aktualität gewonnen. Denn im Zuge der weltweiten Finanzkrise schlugen bei der Sächsischen und der Bayerischen Landesbank nicht nur riskante Subprime-Geschäfte in den USA negativ zu Buche, sondern auch das massive Alt-Engagement der 1990er-Jahre in den Immobilienmärkten Ostdeutschlands.

Und es ist natürlich wahr: Aus einzelwirtschaftlicher Sicht waren große Teile der damaligen Anlagen in Immobilien ganz einfach Fehlinvestitionen, im Ergebnis eine massive Kapitalverschwendung. Allerdings kann die einzelwirtschaftliche Sicht beim Aufbau Ost – wie sonst auch – schwerlich der alleinige Gesichtspunkt sein. Daneben gibt es eine gesamtwirtschaftliche Bilanz, und die fällt komplizierter aus, und wohl auch günstiger. Denn der Boom der Bauwirtschaft hatte ganz wichtige wirtschaftliche und gesellschaftliche Konsequenzen.

Zunächst einmal sorgte er wie nichts Zweites für eine schnelle und radikale Aufwertung des Ostens in Optik und Substanz. Dies gilt vor allem für die Städte. Sie wandelten sich in kurzer Zeit von grauen Mäusen der postsozialistischen Tristesse in vorzeigbare urbane Zentren, die sowohl moderne Wohngebiete und Geschäftszentren aufwiesen als auch eine zunehmend gepflegte historische Bausubstanz. Ohne Frage war dies psychologisch von größter Bedeutung. Es schuf Lebensqualität und Bürgerstolz. Und beides war dringend nötig, um die Menschen in der Region zu halten und weitere von außen anzuziehen. Man muss sich nur ganz konkret die Alternative vorstellen: Geschichtsträchtige Städte wie Dresden, Erfurt, Halle, Leipzig oder Magdeburg hätten Jahrzehnte gebraucht, um endlich wieder ein Erscheinungsbild zu haben, das mit dem westdeutscher Städte konkurrieren kann. Das war einfach undenkbar, denn das Erscheinungsbild ist keineswegs ein Luxus, sondern notwendige Bedingung, um überhaupt eine vielversprechende wirtschaftliche Entwicklung einschlagen zu können.

Ebenso wichtig war die Wirkung der Bautätigkeit auf den Arbeitsmarkt. In einer Zeit, in der das verarbeitende Gewerbe tief in der Krise steckte, hätte ohne den Bauboom die ohnehin hohe Arbeitslosigkeit noch einmal ganz andere Dimensionen erreicht. Tatsächlich war die Lage am Arbeitsmarkt ja gerade Mitte der 1990er-Jahre auf einem deprimierenden Tiefpunkt, mit einer offiziellen Arbeitslosenquote um 15 Prozent und weiteren zehn Prozent der Erwerbspersonen in Maßnahmen der Arbeitsbeschaffung und Umschulung. Zu keinem Zeitpunkt in den 1990er-Jahren waren weniger als zwei Millionen Menschen in Ostdeutschland „unterbeschäftigt", also arbeitslos oder in staatlichen Arbeitsprogrammen. Ohne den rettenden Anker der Bauwirtschaft und der baunahen Handwerke und Dienstleistungen wären vielleicht nochmals eine Million dazugekommen. Ein Horrorszenario.

Arbeit in der Bauwirtschaft fanden übrigens vor allem viele junge Männer, weshalb in dieser Zeit die Arbeitslosigkeit unter Frauen besonders hoch ausfiel. Immerhin blieb damit, was sozial überaus wichtig war, in vielen Familien wenigstens einer, der Geld verdiente und einer geregelten Arbeit nachging. Unter diesen Männern gab es Facharbeiter, die sonst früher oder später abgewandert wären. Aber es gab auch viele ungelernte Arbeitskräfte. Sie wurden durch den Bauboom davor bewahrt, im riesigen Heer der Langzeitarbeitslosen zu landen, mit den üblichen negativen Folgen für Motivation und Selbstwertgefühl. In diesem Sinn ging es auch um eine gigantische Maßnahme der Arbeitsbeschaffung, und zwar in

Ein bürgerlicher Gruß aus dem Kaiserreich

Der Mangel war ein guter Konservator

In der Architektur hatte der DDR-Sozialismus klare Ziele: Einheitlichkeit statt Individualismus, Funktion statt Form, Nüchternheit statt Schnörkel. Politisch bedeutete dies in der Planwirtschaft: höchste Priorität für den Plattenbau, Verzicht auf Renovierung der Bauten aus Wilhelminischer Zeit.

Diese Politik hatte weitreichende Konsequenzen: Alte ansehnliche Wohnviertel aus den Jahren vor dem Ersten Weltkrieg schienen dem Verfall preisgegeben. Die Dresdner Neustadt, das Paulusviertel in Halle, das Magdeburger Stadtfeld und viele andere Quartiere des aufstrebenden Bürgertums zu Beginn des 20. Jahrhunderts mussten bis 1990 auf Investitionen warten. Und dies, nachdem auch in der Zwischenkriegszeit praktisch nichts für den Substanzerhalt übrig geblieben war, weil zunächst die Hyperinflation, dann die Weltwirtschaftskrise und schließlich die nationalsozialistische Aufrüstung die wirtschaftlichen Bedingungen eintrübten.

Aber das Wunder geschah: Die Bausubstanz überlebte. Allein diese Tatsache ist eine Reverenz an die handwerkliche Qualität des Bauens in der Kaiserzeit. Wahrscheinlich kam die Wiedervereinigung 1990 gerade noch rechtzeitig, um nach einem Dreivierteljahrhundert mangelnder Pflege den drohenden Kollaps zu vermeiden. „Dächer dicht" – so lautete Mitte der 1980er-Jahre eine sozialistische Losung in der DDR. Und sie macht klar, wie ernst zwischenzeitlich die Lage geworden war.

Heute ist dies vergessen. Wer durch die wilhelminischen Wohnviertel der ostdeutschen Großstädte flaniert, den grüßen die Bauten des Kaiserreichs noch viel eindrucksvoller, als dies in den meisten westdeutschen Städten der Fall ist. Darin liegt eine Ironie der Geschichte. Im Westen wurde nämlich der Verfall frühzeitig verhindert, vor allem in den 1960er- und frühen 1970er-Jahren. Damals geschah dies aber ganz im Stile der Zeit: Ohne viel Hemmungen wurden Parkettböden herausgerissen, Fassaden von alten Schnörkeln befreit und die Stuckornamente in Treppenhäusern und Wohnzimmern abgeklopft. Viel Geld, wenig Geschmack – dies war über Jahre der Grundzug der üblichen Renovierung. Und manchmal wurde auch einfach gleich alles abgerissen und neu gebaut. Ganz anders in Ostdeutschland. Dort fehlte zu jener Zeit alles, was zur Renovierung nötig gewesen wäre: die finanziellen Mittel und die politische Priorität. Der Mangel wurde dadurch zum Konservator.

Geblieben sind deshalb bürgerliche Stadtviertel der Gründerzeit und der Wilhelminischen Jahre, die in ihrer Geschlossenheit in Deutschland ihresgleichen suchen. Mit der Deutschen Einheit wurden sie renoviert und restauriert. Die erneuerte Bausubstanz dieser Viertel ist heute ein steinernes Symbol dafür, dass es dem DDR-Sozialismus doch nicht gelang, die städtischen Spuren des Bürgertums zu beseitigen. Puristen mögen über den stilistischen Eklektizismus der Bauten die Stirn runzeln. Aber niemand bezweifelt die urbane Gestaltungskraft, die diese großartigen bürgerlichen Viertel bis heute ausstrahlen und zu bevorzugten Wohnlagen machen. Wohlgemerkt: auch zu bevorzugten Standorten jener Architekturbüros, die in ihrer Arbeit die strenge Klarheit der Moderne zur Leitlinie erheben.

Manche der Quartiere erinnern dabei auch an einen Abschnitt der deutschen Wirtschafts- und Sozialgeschichte, der leider vergangen ist: an die prominente urbane Rolle des jüdischen Bürgertums. So wurde das überaus prachtvolle Waldstraßenviertel in Leipzig in der späten Kaiserzeit vor allem von wohlhabenden jüdischen Kaufleuten, Rechtsanwälten und Ärzten bewohnt. Es ist heute auch ein Symbol für eine untergegangene Welt in einer Messe- und Handelsstadt von internationalem Rang.

einem Bereich, der wirtschaftlich viel sinnvoller war als die üblichen Randfelder der aktiven staatlichen Arbeitsmarktpolitik.

Kurzum: Der Bauboom war übersteigert, aber er trieb die Modernisierung sichtbar voran, er dämmte die Abwanderung ein und er bremste das Entstehen einer verlorenen Generation, die später kaum noch am Arbeitsmarkt zu integrieren sein würde. Es bleibt selbst dann natürlich die Frage, ob nicht beides zu haben gewesen wäre: Bauboom, ja bitte, aber mit Maß und Ziel und ohne anschließende Leerstände und Preisverfall bei Immobilien. Vor allem: Hätte der Staat nicht viel früher umsteuern können, um ein allzu gewaltiges Auf und Ab der Bauwirtschaft zu vermeiden und im Übrigen Steuergelder zu sparen?

Tatsächlich setzte schon Mitte der 1990er-Jahre eine politische Diskussion über neue Förderschwerpunkte ein. Im Jahr 1997 beschloss dann der Bundestag, die Förderung für die Bauwirtschaft ab 1999 stark einzuschränken und stärker als bisher auf das verarbeitende Gewerbe zu konzentrieren. Dies geschah unter anderem durch vollständige Abschaffung der Sonderabschreibungen. Insofern hat die Politik schließlich doch reagiert, wenn auch mit einem gewissen zeitlichen Abstand zur Sättigung am Immobilienmarkt, die eigentlich schon seit 1996 deutlich erkennbar war.

Im Rückblick lässt sich allerdings auch fragen, ob der Staat überhaupt die Investitionen in ostdeutsche Immobilien hätte umfassend fördern müssen. Anscheinend waren ja die Erwartungen von Investoren in den frühen 1990er-Jahren recht euphorisch, was die Renditen betrifft. Und vieles von dem, was der Staat an Steuervergünstigungen und Subventionen draufpackte, übersteigerte vielleicht nur einen ohnehin einsetzenden Boom und führte zu massiven Mitnahmeeffekten. Dies mag tatsächlich so gewesen sein. Genau wissen können wir es aber selbst im Rückblick nicht. Den damaligen Entscheidungsträgern ist jedenfalls eines zugutezuhalten: Sie kannten die Zukunft nicht. Sie wussten nicht, inwieweit Investoren bereitstanden, um ihr Geld auch ohne staatliche Anreize in ostdeutsche Immobilien zu stecken. Sie hatten wie so oft die Wahl zwischen dem Risiko, zu viel zu schnell zu tun, und dem Risiko, zu wenig zu langsam zustande zu bringen. Sie wählten das erste Risiko. Sie taten dies wahrscheinlich aus dem Gefühl heraus, dass der politische Preis höher sein würde, wenn der Aufbau allzu schleppend verliefe.

Dieses Gefühl war begründet. Man muss sich nur vorstellen, wie die öffentliche Meinung geurteilt hätte, wenn auch nach Jahren in den ostdeutschen Innenstädten die Bausubstanz auf breiter Front weiter verrottet wäre. Fernsehen und Presse hätten schnell reagiert: hier ein Blick auf den tristen Zustand der Gründerzeitvillen in Görlitz, dort ein Schnappschuss von spielenden Kindern vor verwahrlosten Plattenbauten in Hoyerswerda. Klar ist: Auch nach dem Bauboom gab es passende Motive, um ein Versagen der Politik dingfest zu machen. Jetzt waren es eben die Potemkinschen Dörfer, die der staatlich befeuerte Bauboom hinterließ: hier ein Blick auf die prahlerischen Glasfassaden einer leer stehenden Ladenzeile, dort ein Blick in gähnend leere Flure frisch renovierter Mietshäuser. Deshalb müssen die Politiker von damals heute mit dem Vorwurf leben, viel Kapital in viel Beton verschwendet zu haben. Allerdings gilt auch da wie stets: Im Nachhinein ist man klüger. Besonders bei Ereignissen, die historisch einmalig sind.

3.3 | Sozialstaat in Aktion

Das Baugewerbe war in den 1990er-Jahren der Motor der ostdeutschen Binnenwirtschaft. Aber damit konnte es nicht genug sein. Es musste Weiteres hinzukommen, um wenigstens fünf bis sechs Millionen Menschen in Beschäftigung zu halten. Vor allem stellt sich die Frage: Wo kam die Nachfrage der privaten Verbraucher her – zu einer Zeit, als die verarbeitende Industrie in einer tiefen Krise steckte und eine extrem hohe Arbeitslosigkeit herrschte? Die einfache Antwort lautet: durch Transfers. Sie waren der zweite Motor des Binnenmarkts. Und sie kamen vor allem aus den Kanälen des Sozialstaats. Um die Tragweite dieser Entwicklung zu ermessen, müssen wir an dieser Stelle einen kleinen Umweg nehmen – von der Wirtschafts- zur Sozialpolitik, und dann wieder zurück.

Zuerst kam 1990 die Währungs- und Wirtschaftsunion. Es folgte dann, wie geplant, die Sozialunion der beiden deutschen Staaten. Also praktisch die Übernahme des westdeutschen Sozialsystems in den neuen Ländern. Dies geschah zügig, mit einer generalstabsmäßigen Effizienz, wie sie typisch ist für die frühen 1990er-Jahre. Es wurden die nötigen Behörden aufgebaut, Gesetze verabschiedet und Verordnungen herausgegeben. Schon wenige Monate nach der deutschen Wiedervereinigung waren alle wesentlichen Weichen gestellt. Und nach wenigen Jahren funktionierten fast alle Verwaltungen mindestens ordentlich, wenn nicht gar sehr gut. Pannen waren fortan die Ausnahme, verlässliche Arbeit war die Regel. Fraglos eine große Aufbauleistung.

Allerdings: Die Sozialunion hatte auch eine wirtschaftliche Seite, und die hat die weitere Entwicklung maßgeblich mitbestimmt. Denn durch die Sozialunion wurden umfangreiche Transfers zementiert, die bis heute das öffentliche Bild der Deutschen Einheit nachhaltig prägen. Politisch war dafür vor allem das Bundesministerium für Arbeit und Soziales verantwortlich – unter der damaligen Leitung von Norbert Blüm (CDU). Spätere sozialgeschichtliche Forschungen haben gezeigt, dass es Blüm unter dem Druck der Ereignisse ein ums andere Mal gelang, sozialpolitische Forderungen gegenüber seinen Kabinettskollegen im Machtkampf der Ministerien durchzusetzen. Das Ergebnis war eine außerordentlich umfassende soziale Flankierung der Deutschen Einheit.[42] Von herausragender wirtschaftlicher Bedeutung waren dabei vor allem die Rentenversicherung und das System der Arbeitslosenunterstützung. Auf beide müssen wir etwas näher eingehen.

Mit dem Rentenüberleitungsgesetz vom 1. August 1991 wurde im Wesentlichen die Rentenversicherung des Westens auf den Osten übertragen. Kernproblem war dabei die Einbindung der ostdeutschen Rentner in ein Umlagesystem, an dem sie sich überhaupt nicht oder erst sehr spät als Erwerbstätige mit Einzahlungen beteiligen konnten. Es ging vor allem um die Frage, inwieweit die im DDR-Rentensystem erworbenen Ansprüche übertragen werden sollten und wer gegebenenfalls die damit verbundenen Kosten zu tragen hatte. Die Politik entschied diese Fragen eindeutig, und zwar im Sinne der weitgehenden Anerkennung der Ansprüche und der Finanzierung aus der Gemeinschaft der Rentenversicherten, also praktisch der abhängig Beschäftigten des gesamten Landes. Beide Entscheidungen hatten weitreichende Konsequenzen.

Zunächst zur Anerkennung der Ansprüche. Sie ist im Einzelnen extrem kompliziert, wie alles im deutschen Rentenrecht. Im Kern lief sie darauf hinaus, drei Fragen zu beantworten: Welche Zeiten der Beschäftigung werden für die Rente anerkannt? Wie wird die damalige Tätigkeit im Vergleich Ost zu West eingestuft? Und wie wird die Rente generell, also bei gleichen Anspruchsvoraussetzungen, zwischen Ost zu West gewichtet? Die Antworten auf diese drei Fragen enthielten enormen politischen und sozialen Sprengstoff. Denn sie liefen darauf hinaus, dass der gesamtdeutsche Gesetzgeber die Lebensleistungen von DDR-Bürgern im Nachhinein beurteilte, und zwar mit Blick darauf, welches Anrecht auf ein aktuelles Ruhestandsgehalt sich daraus ableiten lässt.

Das Ergebnis war zweifellos ein Höhepunkt an innerdeutscher Solidarität. Ab 1995 übertraf die durchschnittlich gezahlte Altersrente im Osten die des Westens, und dabei ist es bis heute geblieben.[43] Seit einigen Jahren liegt der Vorsprung bei rund 15 Prozent. Dafür sind vor allem strukturelle Unterschiede in den Erwerbsbiografien zwischen Ost und West verantwortlich. Sie wirken sich durchweg zugunsten des Ostens aus. In der DDR gab es praktisch keine Arbeitslosigkeit; und am Arbeitsplatz lag die berufliche Einstufung nach westlichen Maßstäben relativ hoch. Den stärksten Unterschied gab es bei Frauen. Sie waren zumeist fast durchgängig beschäftigt gewesen, ohne längere Kinderpausen, die wegen der lückenlosen staatlichen Kinderbetreuung nicht anfielen. Deshalb fällt bei ihnen der Ost-West-Rentenabstand mit fast 40 Prozent noch sehr viel höher aus als bei Männern (mit fünf Prozent).

Bei diesen Zahlen ist allerdings eines zu beachten: Bis heute liegt der Bemessungswert der Rentenversicherung, also der „Rentenwert" eines Anspruchs zwischen Ost und West bei identischen persönlichen Voraussetzungen, im Osten niedriger als im Westen, zuletzt (2008) bei knapp 88 Prozent. Er hatte 1992 noch 57 Prozent betragen und war bis 2002 an das heutige Niveau herangeführt worden. Es gibt also, rein formal, bis heute keine volle West-Ost-Angleichung, was allerdings wegen der enormen Bedeutung der strukturellen Unterschiede zugunsten der ostdeutschen Erwerbsbiografien nicht mehr sichtbar auf die tatsächlich gezahlten Renten durchschlägt. Jedenfalls vorerst nicht, bis sich eines Tages die persönlichen Merkmale der westlichen und östlichen Rentnergenerationen angeglichen haben werden, was allerdings noch Jahrzehnte dauern kann.

Wichtig ist natürlich auch, dass die gesetzliche Rente nicht allein über den Lebensstandard im Alter entscheidet. Andere Quellen kommen hinzu: Erträge aus privatem Finanzvermögen, Vermietung und Verpachtung, Betriebskassen, Zusatzversicherungen etc. Statistische Erhebungen wie etwa die Einkommens- und Verbrauchsstichproben zeigen dann auch immer, dass es im Westen trotz eines Rückstands bei der gesetzlichen Altersrente noch einen ziemlich stabilen Vorsprung in der gesamten Altersversorgung gibt. Er liegt, je nach Haushaltstyp, in etwa bei zehn bis 20 Prozent.[44]

Kurzum: Der Rentenvergleich ist hochkomplex. Ein Umstand übrigens, der in der Öffentlichkeit regelmäßig zu einem heillosen Durcheinander führt. Gelegentlich wird die Verwirrung dann auch noch bewusst geschürt. In Anbetracht der hohen Emotionalität des Themas ist dies natürlich nicht verwunderlich. Es lässt sich eben mühelos mit einem flotten Cocktail aus gezielt ausgewählten Statistiken das Bild der ausgesaugten Wessis oder der übervorteilten Ossis darstellen. Den Boulevardzeitungen gibt das Thema jedenfalls hervorragende Gelegenheiten, von Zeit zu Zeit ihre Auflage zu steigern, indem sie die üblichen Neidgefühle ansprechen – mal in die eine und mal in die andere Richtung.

Alles in allem ist es berechtigt festzustellen, dass die Lebensleistung der ostdeutschen Rentner durch die Deutschen Einheit in fairer Weise anerkannt wurde. Es geht ja ziemlich genau um jene Generation, deren Erwerbstätigkeit zur Gänze oder zum Großteil in die DDR-Zeit fiel. Sieht man von den politisch Verantwortlichen unter ihnen ab, so waren es genau die Menschen dieser Generation, die durch den Sozialismus daran gehindert wurden, ihre berufliche Qualifikation in eine hohe weltmarkttaugliche Wertschöpfung umzusetzen. Wirtschaftlich waren sie deshalb die Hauptleidtragenden der deutschen Teilung. Insofern hat die weitgehende Anerkennung ihrer Lebensleistung auch den Charakter einer Wiedergutmachung.

Wie hat sich die schnelle Angleichung der Renten auf die ostdeutsche Wirtschaft ausgewirkt? Quantitativ ist die Antwort einfach. Seit 1991 liegt das Verhältnis von Renten zu Wirtschaftsleistung (Bruttoinlandsprodukt) zwischen 16 und 20 Prozent, zuletzt (2007) bei knapp 18 Prozent. Das ist durchweg deutlich mehr als im Westen, wo es im gleichen Zeitraum von neun auf etwa elf Prozent (2007) anstieg. Das heißt: Über das Rentensystem fließen Jahr für Jahr hohe Transfers indirekt von West nach Ost und erlauben dort eine höhere wirtschaftliche Nachfrage, als sie mit gegebener Produktionsleistung möglich wäre.

Die Frage ist: Um wie viel höher? Mit einer einfachen Rechnung lässt sich zumindest die Größenordnung ermitteln: Nimmt man das westdeutsche Verhältnis von Renten zu Wirtschaftsleistung als Normalzustand, so flossen 2007 rund 21 Milliarden Euro an zusätzlichen Rentenzahlungen in den Osten, also 7,4 Prozent des ostdeutschen Bruttoinlandsprodukts.[45] Das ist viel. Es macht heute rund Zweidrittel der verbleibenden jährlichen Nettotransfers von West nach Ost aus. Dies wird in der Öffentlichkeit kaum zur Kenntnis genommen. Es ist aber für die richtige Deutung der Finanzströme zwischen Ost und West von größter Bedeutung. Wir werden im fünften Kapitel darauf zurückkommen.

Mitte der 1990er-Jahre war die Situation allerdings etwas anders. Damals überwogen die transferbedingten Investitionen, vor allem im Baubereich. Die gezahlten Renten lagen im Osten in der Größenordnung von 35 bis 45 Milliarden Euro. Davon waren etwa rund 15 bis 20 Milliarden Euro nach unserer Definition „zusätzlich", gingen also über das normale Westniveau hinaus. Dies lag immerhin noch in der Größenordnung von sechs bis acht Prozent der Wirtschaftskraft. Eine kräftige Belebung des ostdeutschen Binnenmarkts war sicherlich die Folge. Und dies umso mehr, als Rentner einen relativ hohen Anteil ihres Einkommens tatsächlich verbrauchen und dabei typischerweise eine relativ starke Vorliebe für regionale

Güter und Dienstleistungen haben. Kurzum: Das deutsche Rentensystem hat maßgeblich dazu beigetragen, dass der ostdeutsche Binnenmarkt in den 1990er-Jahren vor einem Zusammenbruch bewahrt wurde.

Und wer hat das alles finanziert? Die Antwort war Anfang der 1990er-Jahre klar: Laut Rentenüberleitungsgesetz sollten die Mittel für die Aufnahme der ostdeutschen Rentner in die gesetzliche Rentenversicherung allein von der Gemeinschaft der Beitragszahler aufgebracht werden. In seltener Einigkeit wurde diese Entscheidung von akademischen Volkswirten kritisiert, denn es handelte sich nach den finanzwissenschaftlichen Lehrbüchern um einen klassischen Fall für die Steuerfinanzierung: eine unvorhergesehene Änderung der gesellschaftlichen Geschäftsgrundlage, deren Kosten auf alle Steuerzahler einschließlich Beamten und Selbständigen überwälzt werden sollte, und nicht nur auf die abhängig Beschäftigten.

Es kam nicht so, wie die Wissenschaft wollte, und zwar vor allem deshalb, weil im Machtpoker zwischen Bundesfinanzminister Theo Waigel und Bundessozialminister Norbert Blüm ausnahmsweise der Verwalter der Staatsfinanzen die Oberhand behielt.[46] Darin lag neben der demographischen Entwicklung einer der wichtigsten Gründe, warum die Rentenversicherung schon bald in große Finanzierungsnöte kam. Spätere Bundesregierungen gingen dann doch dazu über, den Steuerzahler an der Rechnung zu beteiligen, und zwar über Zuschüsse aus dem Bundeshaushalt an die Rentenversicherungsanstalt. Wie häufig – man denke zurück an die Altschulden der Treuhandunternehmen – landeten die Kosten der Einheit auf verschlungenen Wegen schließlich doch beim Steuerzahler.

So viel zur Rentenversicherung. Kommen wir nun zum zweiten Bereich der Sozialunion, der für die weitere wirtschaftliche Entwicklung große Bedeutung hatte: das System der Arbeitslosenunterstützung. Mit dem Einigungsvertrag und einigen nachfolgenden Übergangsregeln wurde praktisch das bundesdeutsche System auf Gesamtdeutschland übertragen. Also: befristete Zahlung eines Arbeitslosengeldes als fester Anteil (etwa zwei Drittel) des zuletzt gezahlten Nettolohns und, bei längerer Arbeitslosigkeit, unbefristete Zahlung einer Arbeitslosenhilfe auf etwas niedrigerem Niveau, nämlich gut der Hälfte des vormaligen Nettolohns. Darüber hinaus, wenn nötig, Kurzarbeitergeld und das breite Angebot arbeitsmarktpolitischer Instrumente, wie sie damals das Arbeitsförderungsgesetz bereithielt, vor allem Maßnahmen der beruflichen Weiterbildung und der Arbeitsbeschaffung (ABM), jeweils finanziert aus den Kassen der Bundesanstalt für Arbeit. Und schließlich die Möglichkeit des vorzeitigen Ruhestands bei älteren Arbeitslosen.

So weit das Arsenal, das zur Verfügung stand. Es zeigte sich sehr schnell, dass die neuen Länder in den 1990er-Jahren zum größten Anwendungsgebiet der Arbeitsmarktpolitik werden sollten, das es je gegeben hatte – in Deutschland, aber vielleicht sogar weltweit. Alle Instrumente wurden genutzt, und zwar massiv. Im Jahr nach der Wiedervereinigung war es vor allem der Rückgriff der Industrie auf die Kurzarbeit, von der 1991 etwa 900 000 Arbeitnehmer betroffen waren, viele davon mit, wie es sarkastisch hieß, „Kurzarbeit null". Kaum hatte dann die Zahl der registrierten Arbeitslosen in Ostdeutschland die magische Zahl von einer Million dauerhaft überschritten, begann ab 1992 der Reigen der weiteren Maßnahmen: Frühverrentung von mehr als 800 000 älteren Arbeitnehmern, wobei das Alter für den vorzeitigen Ruhestand auf 55 Jahre herabgesetzt wurde; Maßnahmen der Weiterbildung für mehr als 400 000 und Maßnahmen der Arbeitsbeschaffung (ABM) für mehr als 300 000 Erwerbspersonen. All jene, die diese Maßnahmen in Anspruch nehmen mussten, waren natürlich faktisch arbeitslos oder zumindest massiv „unterbeschäftigt".

Wie hoch war damals diese „Unterbeschäftigung"?[47] In den Jahren 1992 bis 1995 erreichte sie in Ostdeutschland die historische Größenordnung der Weltwirtschaftskrise. Berechnet man nämlich eine „Unterbeschäftigungsquote" als Anteil der Erwerbspersonen, die offiziell arbeitslos sind oder in Kurzarbeit, Frühverrentung, Weiterbildung und ABM, so lag diese Quote in jener Zeit bei etwa einem Drittel (!) – und dies bei einer offiziellen Arbeitslosenquote von rund 15 Prozent. Es ist wichtig, sich dies klarzumachen, denn nur so ist die weitere Entwicklung bis heute sinnvoll zu interpretieren. Denn selbst im Jahr 2008 lag die Arbeitslosenquote in Ostdeutschland noch bei gut 13 Prozent, die entsprechend berechnete „Unterbeschäftigungsquote" aber inzwischen bei 16 Prozent, also noch immer höher, aber noch nicht einmal bei der Hälfte der Größenordnung, die auf dem Höhepunkt der Krise der Industrie Mitte der 1990er-Jahre zu vermelden war. Und dies, wohlgemerkt, bei einer inzwischen auf Normalmaß geschrumpften Bauwirtschaft, die damals mehr als doppelt so viel Beschäftigte hatte wie heute.

Aber zurück nach Ostdeutschland zur Mitte der 1990er-Jahre. Ein Drittel aller Erwerbspersonen faktisch arbeitslos! Dies bedeutete, dass jede monetäre Unterstützung von Arbeitslosen – abgesehen von ihrem sozialen Zweck – eine große gesamtwirtschaftliche Bedeutung hatte: zur Stützung der Binnennachfrage. Mitte der 1990er-Jahre lag das Niveau der Ausgaben der Bundesanstalt für Arbeit in Ostdeutschland stabil bei zwölf Prozent der dortigen Wirtschaftsleistung (also des Bruttoinlandsprodukts). Erinnern wir uns: Das entsprechende Niveau lag für die Renten bei 16 bis 20 Prozent. Also: Arbeitslosenunterstützung plus Rentenversicherung fügten der gesamtwirtschaftlichen Leistung rund 30 Prozent an Kaufkraft hinzu. Ohne Frage ist dies das Bild einer klassischen Transferwirtschaft: massiv abhängig von Zuweisungen für Zwecke des privaten Konsums im Rahmen der Sozialunion; und gleichzeitig, wir erinnern uns, massiv abhängig von Transfers zur Finanzierung von Investitionen, die den Bauboom stützen.

So weit die damalige, die kurzfristige Perspektive. Wie sahen die Dinge langfristig aus? Wie erfolgreich war die Unterstützung des Ostens am Arbeitsmarkt? Wie wirksam waren die damaligen Instrumente der Arbeitsmarktpolitik? Das Urteil fällt unterschiedlich aus. Die Kurzarbeit war als einmalige Notmaßnahme angelegt, und sie blieb es auch. Tatsächlich wird Kurzarbeit in Ostdeutschland seit den späten 1990er-Jahren nicht mehr, sondern eher weniger angewendet als im Westen. Die Frühverrentung sorgte, wie geplant, für ein einmaliges Vorziehen einer Arbeitsmarktentlastung, die sonst einige Jahre später gekommen wäre. Ihr bescheidenes Ziel wurde erreicht. Die Maßnahmen der Weiterbildung sind sehr schwer zu beurteilen. Sie waren wahrscheinlich dort erfolgreich, wo die Rückkehr in die Beschäftigung nicht viel mehr erforderte als den Erwerb einiger moderner Zusatzkenntnisse (zum Beispiel in Datenverarbeitung oder Schweißtechnik). Sie hatten es aber dort viel schwerer, wo es letztlich mangels industrieller Arbeitsplätze auch an der kommerziellen Nachfrage für diese Zusatzqualifikationen fehlte.

Am schlechtesten fällt das Urteil bei den Maßnahmen der Arbeitsbeschaffung aus. Ihnen wird von der Wissenschaft im Nachhinein kein gutes Zeugnis attestiert.[48] Die meisten Studien darüber zeigen durch Vergleich von Kontrollgruppen, dass sich die Chancen am Arbeitsmarkt durch ABM-Teilnahme nicht verbessert, wahrscheinlich sogar verschlechtert haben. Anscheinend neigen kommerzielle Arbeitgeber dazu, Erwerbspersonen mit ABM-Biografie weniger zuzutrauen als konkurrierenden Bewerbern, deren Tätigkeit und Erfahrung sich auf den freien Arbeitsmarkt konzentrieren. Es gibt wohl – zu Recht oder zu Unrecht – eine Art ABM-Stigma, das nur schwer aus der Welt zu schaffen ist.

Trotz dieser mäßigen Bilanz sind Maßnahmen der Weiterbildung und Arbeitsbeschaffung selbst heute noch in Ostdeutschland weiter verbreitet als im Westen. Dies

gilt auch nach den grundlegenden „Hartz-IV-Reformen"
von 2004: Zwar wurde die Arbeitslosenhilfe durch eine
sogenannte Grundsicherung ersetzt, doch blieb der traditionelle Maßnahmenkatalog erhalten. Er wurde allerdings
ergänzt um die sogenannten Arbeitsgelegenheiten („Ein-
Euro-Jobs"), also um die Beschäftigung von Empfän-
gern der Grundsicherung gegen eine Aufwandsentschä-
digung. In weiten Bereichen haben diese Ein-Euro-Jobs
die ABM-Maßnahmen ersetzt und ergänzt. Quantitativ
beherrschen sie heute das Bild: Im Jahresdurchschnitt
2007 gab es in Ostdeutschland 41 000 Teilnehmer in Maßnahmen der Weiterbildung, 33 000 in Maßnahmen der
traditionellen Arbeitsbeschaffung (und Ähnlichem), aber
146 000 in Ein-Euro-Jobs. Diese Zahlen zeigen: Die Arbeitsmarktpolitik hat im Osten längst nicht mehr den
Stellenwert, den sie in den 1990er-Jahren hatte. Sie ist
aber noch immer voll im Einsatz: Im Osten finden sich
knapp ein Drittel aller Plätze zur Weiterbildung und fast
die Hälfte aller ABM- oder Ein-Euro-Jobs, die es in
Deutschland gibt.

Woran liegt das? Zunächst natürlich an der Höhe der
Arbeitslosigkeit, die auch 2008 im Osten mit 13,1 Prozent doppelt so hoch war wie im Westen mit 6,4 Prozent.
Wer allerdings in Ostdeutschland lebt, wird sich mit dieser Erklärung allein kaum zufrieden geben. Tatsächlich lässt
sich beobachten, dass im Umfeld kommunaler und sozialer Aufgaben für einfache Tätigkeiten seit Langem massiv
auf ABM- und Ein-Euro-Kräfte zurückgegriffen wird:
Von Reinigungstrupps in Stadtparks bis zu Hilfspersonal
in Seniorenheimen, überall werden Langzeitarbeitslose
zu Tätigkeiten herangezogen, an denen ein gemeinnützi-
ges Interesse besteht. Sie sind anscheinend längst zum
festen Bestandteil einer Planung geworden, die sich einfach an diese extrem preiswerten Arbeitskräfte gewöhnt
hat. So manche Stadtverwaltung und Wohlfahrtsorgani-
sation käme arg ins Grübeln, wenn die ABM- und Ein-
Euro-Kräfte plötzlich nicht mehr da wären, um durchaus

wichtige Bereiche der sozialen Versorgung ohne viel Zusatzkosten aufrechtzuerhalten.

Tatsächlich liegt Ostdeutschland mit dieser Entwicklung voll im Trend des Zeitgeistes. Denn es war eine der zentralen Stoßrichtungen der sogenannten Hartz-IV-Reformen, Arbeitslose dazu zu veranlassen, für das Geld, das sie erhalten, etwas öffentlich Nützliches zu tun und dadurch auch die Motivation zur Arbeit zurückzugewinnen. Gleichwohl ist die Entwicklung höchst bedenklich, und zwar aus drei Gründen. Sie schafft eine Gruppe von Arbeitskräften, die sich mit ihrer Situation abfinden und nicht mehr ernsthaft den Weg zurück in den ersten Arbeitsmarkt suchen, zumal sie dort stigmatisiert werden. Sie verleitet kommunale und gemeinnützige Organisationen dazu, sich in hohem Maße auf das Vorhandensein einer preiswerten, marktfernen Gruppe von Arbeitskräften zu verlassen und davon abhängig zu werden. Und sie erschwert es privaten Unternehmen, überhaupt den Versuch zu machen, konkurrierende Dienstleistungen zu konzipieren und kommerziell anzubieten. Kurzum: ein überaus fragwürdiges Erbe, das uns die Deutsche Einheit hier hinterlassen hat.

4 | Industrieller Neubeginn

4.1 | Marktwirtschaft ohne Motor

„Wir können nicht alle davon leben, dass wir uns gegenseitig Pizzas verkaufen und die Haare schneiden." So formulierte 1997 der damalige Wirtschaftsminister Sachsen-Anhalts Dr. Klaus Schucht auf einem Podium, bei dem es um die Zukunft der ostdeutschen Wirtschaft ging. Es waren drastische Worte, aber sie trafen ein weitverbreitetes Unbehagen über den merkwürdigen Zustand, den die ostdeutsche Wirtschaft Mitte der 1990er-Jahre erreicht hatte. Sie war das geworden, was in der Wissenschaft als „Transferökonomie" bezeichnet wird. Sie hing in hohem Maße davon ab, dass sie von außen finanzielle Mittel erhielt und diese als Nachfrage nach eigener Produktion umsetzte – über Konsum und Investitionen. Und sobald der Bauboom abebben würde, könnte Schuchts Trauma Wirklichkeit werden: eine Welt, die verzweifelt versucht, allein von persönlichen Dienstleistungen zu leben.

War dies wirklich eine reale Gefahr? Die Antwort heißt Ja, und zwar ohne Einschränkung. Die Wirklichkeit lässt sich direkt aus den Zahlen der Volkswirtschaftlichen Gesamtrechnung ablesen. Schon im Jahr 1991, also zu Beginn des Baubooms, betrug in Ostdeutschland die gesamtwirtschaftliche Nachfrage (privater Konsum, Staatsverbrauch und Investitionen) 184 Milliarden Euro, der Wert der Produktion dagegen nur 107 Milliarden Euro. Als ein eigenständiges Land in einer Währungsunion hätte also der Osten gegenüber dem Westen ein Defizit in der Leistungsbilanz von 77 Milliarden Euro aufgewiesen, zum Großteil finanziert über Transfers, zum weit kleineren Teil über Kredite zu Marktbedingungen.[49] Das waren 72 Prozent des eigenen Bruttoinlandsprodukts, eine enorm hohe Quote, die in der Wirtschaftsgeschichte praktisch einmalig dasteht, sieht man von ehemaligen britischen oder französischen Kolonialgebieten ab, die aus übergeordneten politischen Gründen am Tropf des Mutterlandes hängen. Im Zuge des Baubooms nahm das Defizit noch absolut zu, bis auf 101 Milliarden Euro im Jahr 1994, dem höchsten Stand, den es je erreichte und von dem es nur langsam zurückging.[50]

Aus volkswirtschaftlicher Sicht war die Abhängigkeit von Transfers noch viel stärker, als die Zahlen es im Nachhinein jemals widerspiegeln können. Denn die Transfers trieben ja über die Binnennachfrage nicht nur die Produktionsmenge nach oben, sondern auch deren gemessenen Wert: das Preisniveau. So wären ohne Transfers die Preise von Neubauten oder von Handwerks- und Friseurleistungen weit niedriger ausgefallen, und damit auch die Wertschöpfung der Bauarbeiter, Handwerker und Friseure. Und deren Arbeitsproduktivität hätte nicht den rasanten Aufschwung erfahren, den es tatsächlich gab. Die Löhne hätten nicht steigen können, oder ihr Anstieg hätte die Arbeitslosigkeit massiv erhöht. Noch mehr Abwanderung wäre die Folge gewesen, oder noch mehr Unterbeschäftigung. Letztlich waren es also vor allem die Transfers, die dafür sorgten, dass die Menschen überhaupt im Osten eine vernünftige Wertschöpfung erzielten und ausreichend bezahlte Arbeit fanden. Es fehlte der ostdeutschen Wirtschaft der eigene Motor für einen selbsttragenden Aufschwung nach Ende des Baubooms.

Wohlgemerkt: Es war zwar eine Wirtschaft ohne Motor, aber es war eine Marktwirtschaft mit freier Preisbildung. Keine Spur mehr von Planwirtschaft; und auch keine direkte Subventionierung der laufenden Produktion, sieht man von jenen Treuhandunternehmen ab, die noch darauf warteten, privatisiert zu werden. Außerhalb der Treuhandanstalt funktionierte diese Marktwirtschaft gut, nach den üblichen Gesetzen des Wettbewerbs. All diejenigen, die Arbeit hatten, arbeiteten auch wirklich auf Hochtouren, zumindest solange die Bauwirtschaft bei hoher Kapazitätsauslastung boomte. Die baunahen Dienstleistungen von Ingenieur- und Architekturbüros bis hin zum Handwerk hatten volle Auftragsbücher. Die persönlichen Dienstleistungen von den Banken, Sparkassen und Versicherungsvertretungen über den Einzelhandel bis zu Reisebüros und Friseuren, alles expandierte. Und zwar im Wettbewerb und mit einem Serviceangebot, das sich im Kernbereich kaum noch von dem unterschied, was sich im Westen Deutschlands fand.

Ein enormer Forschritt also beim Aufbau der Marktwirtschaft, und das innerhalb eines halben Jahrzehnts. Natürlich gab es noch einen gewissen Rückstand zum Westen im Spektrum des Güterangebots, und der war für den aufmerksamen Konsumenten nicht schwer zu erkennen. Städte vergleichbarer Größenordnung in West und Ost unterschieden sich noch in der Breite und Tiefe ihrer Sortimente in den Einkaufsstraßen: München und Nürnberg boten mehr als Dresden und Leipzig, Kassel bot mehr als Erfurt, Braunschweig mehr als Magdeburg und Kiel mehr als Rostock. Und der Unterschied zwischen West und Ost war genauso auch auf dem Land zu spüren. Vielleicht fiel er dort sogar noch stärker auf, weil die Speckgürtel um die Städte im Osten gerade erst entstanden, parallel zum Ausbau der Verkehrswege, die das Land erschlossen. Der ländliche Raum war also zunächst noch „echtes" Land, und noch nicht ein Siedlungsgebiet für Großstädter, die das Grüne lieben. Entsprechend deutlich war auch das sichtbare Gefälle: im Westen suburbane Prosperität, im Osten noch ländliche Bescheidenheit.

Und trotzdem: Man konnte schon damals deutlich erkennen, dass in kürzester Zeit die typischen westdeutschen Verbrauchsmuster Einzug gehalten hatten oder bald Einzug halten würden. Ein Spaziergang durch eine ostdeutsche Innenstadt, ein Blick in die Gelben Seiten des

Telefonbuchs, ein Rundgang durch einen der Einkaufsparks, die an den Stadträndern aus dem Boden schossen, ein Ausflug in die neu angelegten, noch baumlosen Einfamiliensiedlungen, die schon die Vororte säumten, all dies zeigte eindeutig in eine Richtung. Und die hieß: Angleichung der Lebensbedingungen, und zwar mit gehörigem Tempo.

Auch hinter der kommerziellen Außenfassade entwickelte sich Neues: Die Wirtschaft organisierte sich. Gewerkschaften und Arbeitgeberverbände waren schnell handlungsfähig. Das typisch deutsche Kammerwesen erlebte eine Wiedergeburt – nach 40 Jahren Verbot oder sozialistischer Schattenexistenz. Handwerk, Handel, freie Berufe gründeten ihre traditionellen Verbände neu, und die erreichten schnell jenes Maß an öffentlicher Präsenz, das erst eine effektive Arbeit über das gesamte Spektrum der üblichen Aktivitäten erlaubt – von der Lehrlingsausbildung bis hin zum politischen Lobbyismus.

Kurzum: Die Wirtschaft – genauer: die Binnenwirtschaft – erreichte schnell annähernd westdeutsche Dimensionen und Strukturen. Und die gemessene Arbeitsproduktivität zeigte dies auch. Sie lag schon Mitte der 1990er-Jahre im Baugewerbe bei etwa 80 Prozent und in den Dienstleistungssektoren bei fast 70 Prozent des westdeutschen Niveaus. Es war ein schneller marktwirtschaftlicher Erfolg. Aber: Er stand vorerst auf tönernen Füßen. Er hatte keinen Motor. Er war das Ergebnis von Transfers. Ohne diese wäre er in sich zusammengesackt.

Wer mehr verbraucht, als er produziert, der lebt über seine Verhältnisse, und zwar im ganz wörtlichen Sinn. Die Menschen im Osten lebten seinerzeit massiv über ihre Verhältnisse. Aber sie taten es nicht, weil sie plötzlich in unverantwortlicher Weise konsumierten und investierten, sondern weil ein Teil ihrer Wirtschaft, die Industrie, praktisch aufhörte, zu produzieren. Das verarbeitende Gewerbe stand fast still, eine Art „Stunde null". Von der gesamtdeutschen industriellen Wertschöpfung lieferte der

Osten im Jahr 1992 gerade mal noch 3,5 Prozent. Und dies auch noch mit vielen Unternehmen der Treuhandanstalt, die in der laufenden Produktion beträchtliche Verluste machten und deshalb noch subventioniert wurden. Der „wahre" Beitrag zur Wertschöpfung der Erwerbstätigen im verarbeitenden Gewerbe – damals immerhin noch 1,1 Millionen Menschen – war also deutlich niedriger, als diese 3,5 Prozent andeuten. Man muss sich diesen Zustand in seiner ganzen Tragweite klarmachen: Ab 1992 hatte das wiedervereinigte Deutschland für ein paar Jahre auf einem Drittel seiner Fläche mit einem Viertel seiner Bevölkerung fast nichts mehr an weltmarktfähiger industrieller Produktion vorzuweisen. Ostdeutschland war praktisch deindustrialisiert.

Es kann kaum verwundern, dass dieser Zustand bei vielen politisch Verantwortlichen eine gewisse Ratlosigkeit hinterließ. Natürlich konnte man sich noch eine Weile am Wachstum und dann an der hohen Auslastung des Baugewerbes und der Dienstleistungen berauschen. Und so geschah es auch. So mancher schrieb noch Mitte der 1990er-Jahre die gemessenen Wachstumsraten in die Zukunft fort und sah den Osten bald im Sauseschritt am Westen vorbeiziehen. Vor allem ausländische Beobachter neigten dazu, den Deutschen respektvoll zu einer historisch einmaligen Aufbauleistung zu gratulieren, so als sei das Wesentliche schon erledigt. So erschien zum Beispiel in dem angesehenen britischen Wirtschaftsmagazin *The Economist* Ende September 1995 ein ausführlicher Beitrag zum deutschen Aufbau Ost nach fünf Jahren wiedervereinigtem Deutschland.[51] Der treffende Titel: „The eagle's embrace", die Umarmung des Adlers. Der Tenor: gut gemacht, wirtschaftlich gar nicht übel gelaufen, wenn auch die stets skeptischen Deutschen das noch nicht so richtig wahrhaben wollen.

In Deutschland selbst begann sich in dieser Zeit die Stimmung langsam, aber spürbar zu drehen, und zwar in Richtung Pessimismus. Vielleicht lag es daran, dass die

Deutschen – noch viel mehr als andere Völker – ihre großen wirtschaftlichen Erfolge seit dem 19. Jahrhundert der Industrie verdanken. Viele konnten sich deshalb eine Welt ohne verarbeitendes Gewerbe gar nicht vorstellen. Und auch die beratende Wissenschaft neigte zu dieser Sicht. So rückte in den jährlichen Gutachten des Sachverständigenrats sowie in den sogenannten Fortschrittsberichten der wirtschaftswissenschaftlichen Forschungsinstitute zum Aufbau Ost Mitte der 1990er-Jahre immer mehr die Industrie in den Vordergrund der Analyse.[52] Nur das verarbeitende Gewerbe, so die allgemeine Sicht, könne jene Produktionsbasis schaffen, mit deren Hilfe dann das klaffende Leistungsbilanzdefizit der Region Stück für Stück zu schließen wäre.

Es gab allerdings auch andere Stimmen. Sie fragten: Warum überhaupt Industrie? Geht der Trend der modernen Gesellschaft und Wirtschaft nicht weg vom traditionellen verarbeitenden Gewerbe zu modernen Dienstleistungen? Wird nicht gerade die Industrie, die mit einem riesigen Kapitalstock und wenigen Arbeitskräften produziert, der Verlierer des Strukturwandels sein, denn der geht in Richtung von Gütern und Diensten, die auf Wissen, Information und Intelligenz beruhen und nicht auf der klassischen Mechanik der Maschinen plus Körperkraft der Menschen? Warum sollte ausgerechnet Ostdeutschland, dessen Industrie zerstört war, nun alles daransetzen, wieder eine neue aufzubauen, statt sich den künftigen Herausforderungen zu stellen und einen kräftigen Entwicklungssprung zu machen, und zwar gleich voll ins 21. Jahrhundert?[53]

Diese Gedankengänge waren Teil einer umfassenderen wirtschaftspolitischen Diskussion, die in den 1990er-Jahren auf vielen Ebenen geführt wurde. Es ging dabei um den Standort Deutschland insgesamt, und vor allem um die Frage, ob die Nation noch hinreichend vorbereitet war für die Gesellschaft der Zukunft.[54] Auch die Wirtschaftsstruktur Westdeutschlands wurde zunehmend kritisch gesehen – mit Blick auch auf die Wachstumsdynamik, die in den neuen Wirtschaftszweigen der Informationstechnologie in den Vereinigten Staaten zu beobachten war. „Zu industrielastig" war dabei ein oft gehörtes Verdikt. Es lag deshalb nahe zu fragen, ob der Aufbau Ost nicht einem Modell nachjagte, das vielleicht doch seine Zukunft schon hinter sich hatte.

Die Frage ist wichtig, auch heute noch. Wir müssen sie an dieser Stelle etwas ausführlicher behandeln. Es ist eine der wichtigsten Fragen des wirtschaftlichen Wachstums in der Globalisierung. Sie geht weit über den Aufbau Ost hinaus. Aber gerade die Einheit Deutschlands lieferte eine historisch einmalige Gelegenheit, sie neu zu stellen und zu beantworten. Denn hier gab es den extremen Fall einer Region, die ein riesiges Defizit in ihrer Leistungsbilanz gegenüber dem Westen durch ein völlig neues Produktionsprogramm schließen musste. Wie sollte dieses Programm aussehen, um das Ziel zu erreichen? Wie würde dabei eine zukunftsfähige Wirtschaft herauskommen? Wie könnte sich diese Wirtschaft in der einsetzenden Globalisierung bewähren?

Es lohnt sich, die Frage zunächst ganz grundsätzlich anzugehen, ohne Rücksicht auf die konkreten Bedingungen vor Ort. Betrachten wir also irgendeine beliebige Region, die ein massives Leistungsbilanzdefizit zu schließen hat, und zwar in erster Linie durch zusätzliche Produktion und überregionalen Export, und nicht durch radikale Einschränkung der gesamtwirtschaftlichen Nachfrage, da dies zur Abwanderung der Arbeitskräfte führen würde. Was muss zusätzlich produziert und exportiert werden? Rein theoretisch ist dies gleichgültig. Es können irgendwelche Waren oder Dienstleistungen sein, welcher Art auch immer. Voraussetzung ist allein, dass es um handelbare Erzeugnisse geht, die nicht durch natürliche Barrieren hoher Transportkosten oder mangelnder Haltbarkeit daran gehindert werden, die Region zu vertretbaren Kosten zu verlassen. Grundsätzlich kommen also Agrar-

und Industrieprodukte (mit Ausnahme des Großteils der Bauwirtschaft), aber auch ein weites Spektrum an Dienstleistungen infrage. Naheliegende Beispiele sind Bank-, Finanz- und Versicherungsleistungen, das Medien- und Pressewesen, der Großhandel sowie die Verkehrs-, Speditions- und Kommunikationsdienste und auch der Tourismus. Nicht infrage kommen eigentlich nur die typischen persönlichen Dienstleistungen – vom Friseur über den Handwerker bis zum Einzelhändler.

Tatsächlich gibt es historisch beeindruckende Beispiele nationaler Spezialisierung auf genau solche Dienstleistungen, die überregional handelbar sind. Einige Nachbarländer Deutschlands liefern dafür geradezu klassische Fälle. Die Niederlande waren immer – und sind es noch heute – eine Nation der erfolgreichen Großhändler und Spediteure, dank ihrer jahrhundertealten maritimen Tradition und ausgezeichneter Seehäfen wie früher Amsterdam und heute Rotterdam. Die Schweiz und Luxemburg sind seit Langem weltweit aktive Finanz- und Bankenzentren. Die Schweiz und Österreich gehören zu den führenden Anbietern touristischer Leistungen. Auch innerhalb Deutschlands gibt es Vergleichbares, vor allem in großstädtischen Räumen: Hamburg und Düsseldorf sind Zentren des Handels und der Medien, München und Köln sind Städte der Verlage und Versicherungen, Frankfurt am Main ist eine Metropole der internationalen Banken und Finanzen.

Allerdings macht allein schon diese Aufzählung klar, wo das Problem liegen könnte. Beim Tourismus ist es ganz offensichtlich: Eine Region muss schon durch Klima oder Topographie einen außerordentlich hohen Freizeitwert haben, um vom Fremdenverkehr leben zu können. Denn nur dann verbringen Massen von Familien längere Zeit an einem Ort, um sich zu erholen – und Geld auszugeben für lokale Dienste. Der typische Tagestourismus in Zentren der Kunst und Kultur gehört dagegen mehr zur Imagepflege der Städte als zu den wichtigen wirtschaftlichen Standbeinen. Er hilft, um im Gespräch zu bleiben und Sympathie zu wecken, aber sein ökonomischer Impuls ist überall begrenzt, selbst in Hochburgen der Kultur wie London, Paris und Rom. Zweifellos hat sich der Tourismus in Ostdeutschland seit der Wiedervereinigung gut entwickelt – vom Strand der Ostseeküste Vorpommerns zum breiten Kulturangebot der mitteldeutschen Städte und Berlins. Er gehört zu den frühen Erfolgsgeschichten der Region, nicht zuletzt durch eine professionelle Vermarktung der historischen Substanz, die fast überall zu bewundern ist. Als starke wirtschaftliche Grundlage kann er allerdings fast nirgendwo dienen.

Bei den anderen genannten Dienstleistungen – vom Großhandel über Banken und Finanzen bis zu den Versicherungen – ist die Sache erheblich komplexer. Hier geht es fast immer um regionale Spezialisierungsmuster, die über Jahrzehnte, wenn nicht über Jahrhunderte gewachsen sind und ohne Unterbrechung fortbestehen. Es sind in den jeweiligen Dienstleistungszentren besondere Bedingungen entstanden, die in der Regel die Spezialisierung befördern und verfestigten. Am offensichtlichsten ist dies bei Hafenstädten, die natürlich ihre Standortvorteile systematisch ausgebaut haben, um in der Welle der Globalisierung von Handelsströmen mithalten zu können. So wurden etwa Rotterdam und Hamburg in den letzten drei Jahrzehnten zu riesigen Umschlagplätzen für den modernen Containerverkehr. Und sie sind in dieser Hinsicht auf lange Sicht in Mitteleuropa nur von denjenigen zu schlagen, die über eine mindestens gleichwertige Infrastruktur verfügen. Hinzu kommt, dass sich ein hoch spezialisiertes Umfeld gebildet hat, das ohne hohe Kosten nicht an andere Standorte transferiert werden kann: Viele Spediteure, viele kleine Handelsbanken, viele spezialisierte Versicherer ergänzen als Zulieferer und Kunden die Aktivität eines großen Handelshafens. Und schließlich sorgt ein spezialisierter Arbeitsmarkt für die nötigen Fachkräfte, die den Arbeitsplatz wechseln können, ohne umziehen zu müssen.

Harald und die Himmelsscheibe

Der Erdtourismus nimmt einen ungeahnten Aufschwung

Basel, im Februar 2002. Die Schweizer Polizei schlägt zu. In einem Hotel verhaftet sie einige Hehler, die einem vermeintlichen Interessenten ein archäologisches Kleinod verkaufen wollen: die Himmelsscheibe von Nebra.

Damit endet eine wilde Kriminalgeschichte. Raubgräber hatten im Süden Sachsen-Anhalts etwas Merkwürdiges ausgebuddelt: die 3 600 Jahre alte Himmelsscheibe, wie sich später herausstellte. Obwohl rechtmäßiges Eigentum des Landes, tauchte sie anschließend auf dem Schwarzmarkt auf, bis die Falle in Basel zuschnappte. Der vermeintliche Kaufinteressent war dabei nicht irgendwer. Es war Dr. Harald Meller, Sachsen-Anhalts ranghöchster Archäologe im Landesdienst und Leiter des Landesmuseums für Ur- und Frühgeschichte in Halle an der Saale.

Mit ihm beginnt der zweite Teil der Geschichte, und der ist nicht weniger spannend und nicht weniger spektakulär. Es geht um die wissenschaftliche Analyse und die Vermarktung des Objektes. Im Herbst 2004 startet eine Serie von Ausstellungen der restaurierten Scheibe – in Halle, Kopenhagen, Wien und Basel. Es folgt ein umfangreiches Projekt der Deutschen Forschungsgemeinschaft zur Bronzezeit. Und es folgt ein umfassender Ausbau dessen, was man die Infrastruktur des Erdtourismus nennen könnte: Renovierung und Restaurierung des eleganten Museumsgebäudes in Halle und Neubau der „Arche Nebra", eines hypermodernen Zentrums der sogenannten Himmelswege, die im südlichen Sachsen-Anhalt die frühgeschichtlich besonders interessanten Orte verbinden. Dem Ausbau folgen die Besucherströme, der Erfolg ist perfekt.

Wen wundert's. Wer Meller kennt, der weiß, wie ein moderner Kulturstratege zu arbeiten hat: fachkundig, humorvoll, leidenschaftlich, aber auch clever und schlitzohrig mit einer gehörigen Portion von Marketingchuzpe. Ein Rundgang durch die neue Dauerausstellung in Halle lässt den Besucher mit dem eigenartigen Gefühl zurück, dass die Neandertaler es vielleicht doch gar nicht so schlecht hatten. Und wer sich im Besucherzentrum in Nebra die Zeit nimmt, auf einem der Bildschirme die Story der Himmelsscheibe zu verfolgen, der erlebt Meller persönlich – als Hauptakteur in einem selbstironischen Puppenspiel. So präsentiert sich die moderne Archäologie. Oder gar der neue Kulturbetrieb?

Zugegeben, Meller ist ein Unikat. Der Mann aus Oberbayern bringt im Umgang mit der Öffentlichkeit eine bullige Durchsetzungskraft mit, die ihresgleichen sucht. Aber insgesamt zeigt sich im ostdeutschen Kulturbetrieb eine enorme Veränderung, gerade auch vor dem Hintergrund der DDR-Vergangenheit. Kulturpflege hieß damals vor allem, das Kulturgut durch schwierige Zeiten zu retten – und dies ging am besten, indem man die Museumsarchive geschlossen hielt. Dann blieb auch, wenn man Glück hatte, der berüchtigte Schalck-Golodkowski draußen, der notorische Kunstverhökerer der DDR. Heute verlangt der Kulturbetrieb die Präsentation und Inszenierung: Zeig, was du hast, und wirb dafür, denn es hilft der Region mit ihren enormen Kulturschätzen. In dieser Hinsicht steht Meller keineswegs allein. Es gibt in Mittel- und Ostdeutschland eine neue Generation von hervorragenden Museumsdirektoren, die das Image der Region maßgeblich nach vorne gebracht haben.

Allerdings darf man sich keine Illusionen machen. Vom Kultur- und Kongresstourismus leben können nur die wenigsten Gegenden. Ohne Meer, Sand, Sonne oder Hochgebirge und Skizirkus spielt der Fremdenverkehr überall wirtschaftlich eine Nebenrolle – als willkommener kleiner Wirtschaftszweig, aber nicht als kräftiges Standbein für eine ganze Region. Dies gilt allemal für den Osten. Sympathien allein schaffen eben noch keine Arbeitsplätze.

Tatsächlich spielt in den meisten der Dienstleistungsbranchen besonders der regionale Arbeitsmarkt eine ganz entscheidende Rolle für die Stabilität des Standorts. Je spezialisierter der Bedarf an Fachkräften, umso stärker ist der Anreiz, möglichst dort ansässig zu sein (und zu bleiben), wo es bereits ein großes Angebot an Fachkräften gibt. Und genau dies ist in den etablierten Zentren der Fall. Und umgekehrt ist es für Fachkräfte unter sonst gleichen Bedingungen attraktiver, an einem Ort tätig zu sein, wo es viele Unternehmen derselben Branche gibt. Denn dies eröffnet Optionen für einen späteren Wechsel zur Verbesserung der Karriereperspektiven – ohne die sozialen und psychologischen Kosten, die ein Umzug über größere Distanzen mit sich bringt.

Im Ergebnis führen all diese Tendenzen zu einem verblüffenden Bild: Gerade jene Dienstleistungsbranchen, die eigentlich besonders wenig Anlagekapital (Ausrüstungen und Bauten) vor Ort binden, sind in der Regel besonders wenig mobil. Rein theoretisch könnten sie leicht ihre Koffer packen und den Standort verlagern, aber sie tun es nicht. Eine Deutsche Bank in Frankfurt am Main hätte sicherlich rein physisch keine Mühe, ihre Zentrale wieder nach Berlin zu verlagern, wo sie im Übrigen vor der deutschen Teilung auch war. Aber sie tut es nicht, und zwar aus nachvollziehbaren ökonomischen Gründen. Nicht die Menge und Qualität der Immobilien oder die Ausrüstung der Arbeitsplätze bestimmen die Attraktivität eines Standorts, denn das ist alles weitgehend austauschbar. Es ist stattdessen das Netz von Kundenbeziehungen und Lieferverflechtungen sowie vor allem die Ergiebigkeit des regionalen Arbeitsmarkts, die über Standorte entscheiden. Deshalb gilt: Nur wenn sich der gesamte Finanzplatz Frankfurt nach Berlin verlagern würde, wäre auch die Deutsche Bank sicherlich mit dabei. Denn nur dann wandert das ganze Umfeld mit, und genau das bestimmt die ökonomische Qualität eines Standorts.

Lassen sich überregionale Dienstleister mithin überhaupt nicht auf neue Standorte ein? Die Antwort ist zweigeteilt: Was die Zentralen betrifft, ist tatsächlich die Mobilität sehr gering. Das heißt: Koordinierung und Organisation der überregionalen Aktivität finden zumeist an einem einzigen Ort statt. Und damit in aller Regel die innovative Weiterentwicklung der Produktpalette sowie die strategische Analyse der Geschäftspolitik. Alles natürlich Aktivitäten, die fast immer qualitativ erstrangig sind und eine hohe Wertschöpfung am Arbeitsplatz mit sich bringen. Es gilt gemeinhin schon als ein politisches Großereignis, wenn ein einziges namhaftes Dienstleistungsunternehmen seinen Hauptsitz verlagert, wie vor einigen Jahren die Deutsche Bahn von Frankfurt am Main nach Berlin, wobei selbst in diesem spektakulären Fall wichtige Leitungsfunktionen am alten Standort verblieben.

Ganz anders sieht es mit Zweigstellen aus, soweit die jeweilige Branche überhaupt in der Fläche Kundenbeziehungen aufbaut und pflegt. Allerdings geht es dann fast immer nur um Entscheidungen, die sich nach der Kundendichte vor Ort richten, aber nicht nach den spezifischen Standortbedingungen. Das Netz von Bankfilialen oder Versicherungsvertretungen ist deshalb die Folge der Siedlungsstruktur und wirtschaftlichen Stärke von Regionen. Es ist nicht deren Ursache. Und es geht dabei gar nicht um überregionale, sondern allein um regionale Dienstleistungen – für die Kunden vor Ort. Und dies sind in der Regel relativ einfache, standardisierte Arbeiten, die nicht annähernd die Wertschöpfung pro Arbeitsplatz erbringen wie die Leistungen in den Zentralen.

Aus diesen Gründen haben es Nachzügler in der wirtschaftlichen Entwicklung extrem schwer, eigene überregional tätige Dienstleistungsunternehmen hervorzubringen. Dies war immer so, auch in den ländlichen Regionen Westdeutschlands. Deren Bedarf an Krediten, Versicherungen und sonstigen Dienstleistungen wurde im Wesentlichen von bereits existierenden Unternehmen in urbanen Zentren abgedeckt. Unter Bedingungen des Freihandels und der Freizügigkeit war es für diese Unternehmen nur eine minimale Mühe, ihre bereits entwickelte Produktpalette einfach regional noch ein Stück weiter anzubieten. Vielleicht mit einer Zweigstelle zur lokalen Kundenbetreuung, aber mehr nicht.

Der tiefere ökonomische Grund für diese Tendenz zur räumlichen Konzentration liegt natürlich in der Natur der angebotenen Dienstleistungen. Das Vertrauen in die Qualität des Serviceangebots ist dabei von zentraler Bedeutung; und dieses Vertrauen hängt maßgeblich von der Größe und der Geschichte eines Anbieters ab. Existiert erst einmal eine Bank oder eine Versicherung mit großem Kundenstamm und langer solider Geschäftsentwicklung, so sind die Hürden ungeheuer hoch, ein konkurrierendes Produkt anzubieten. Jeder neu frei werdende Markt wird deshalb geradezu mühelos von den etablierten Anbietern besetzt. Es gibt dabei einen durchaus harten Wettbewerb, aber eben nur zwischen den Unternehmen, die bereits existieren, und von deren traditionellen Standorten aus.

So jedenfalls war die Erfahrung in vielen ländlichen Regionen Westdeutschlands, die irgendwann aus anderen Gründen wirtschaftlich aufholten. Zum Beispiel in Bayern das Allgäu, der Chiemgau und Oberfranken, in Rheinland-Pfalz die Eifel, der Hunsrück und der Pfälzer Wald, in Niedersachsen das Emsland und Ostfriesland, stets kamen die überregionalen Dienstleistungen mit dem Aufschwung, aber nicht als dessen Auslöser. Und so geschah es auch beim Aufbau Ost: Banken, Versicherungen und andere Dienstleister eroberten den ostdeutschen Markt mit einem schnellen Griff. Sie eröffneten und betrieben ein System von unterschiedlich großen Zweigstellen in unterschiedlich großen Städten. Und sie veränderten dieses System nach betriebswirtschaftlichen Kriterien der regionalen Kundenbetreuung, je nach Bedarf. Sie standen von Anfang an bereit, einer wachsenden Wirtschaft Dienstleistungen anzubieten, aber sie selbst waren nicht die Motoren dieses Wachstums.

Kaum ein ostdeutscher Anbieter mit Ausnahme der lokalen Sparkassen sowie der Volks- und Raiffeisenbanken konnte da mithalten. Und diese auch nur, weil sie den Rückhalt einer starken überregionalen Organisation hatten, die ihnen wichtige Funktionen des Bankgeschäfts zentral abnahmen. Sie hatten zwar keine Konzernzentrale, von der sie gesteuert wurden; aber sie hatten einen Verbund, der sie mit den nötigen überregionalen Leistungen fütterte und ihnen damit einen Großteil der fixen Kosten und Risiken abnahm. Sonst wären die Menschen niemals bereit gewesen, ihr Geld den neu gegründeten Instituten zu überlassen.

Wir sind hier übrigens wieder bei einer Frage, die uns im Zusammenhang mit der Währungsunion beschäftigte. Was bei der Währungsunion für die ganze Volkswirtschaft galt, das begegnet uns hier auf betriebswirtschaftlicher Ebene: die überragende Rolle des Vertrauens. In dieser Hinsicht war der Vorsprung der etablierten Banken und Versicherungen einfach zu groß, um bei einer schlagartigen Öffnung des Marktes eigenständigen ostdeutschen Neugründungen im überregionalen Wettbewerb eine Chance zu lassen. Ähnliches gilt für einen Großteil des Spektrums an hoch qualifizierten wirtschaftsnahen Dienstleistungen, von Wirtschaftsprüfern, Steuerberatern und Treuhandgesellschaften bis zu Spezialisten für betriebliche Software. Kurzum: in allen Servicebereichen, bei denen der professionelle Ruf und die langjährige Erfahrung von zentraler Bedeutung sind.

Es ist also tatsächlich sehr schwierig, mit überregionalen Dienstleistern eine wirtschaftliche Entwicklung in Gang zu setzen. Deswegen wurden die Aufholprozesse von ländlichen Regionen in Westdeutschland auch durchweg getrieben von der Industrie. Zum Beispiel in Bayern oder Rheinland-Pfalz in den 1960er- und 1970er-Jahren, wo es viele Neuansiedlungen oder Erweiterungen von industriellen Produktionsstätten gab, denen dann mit der Zeit ergänzende lokale Dienstleistungen folgten. Aber am Anfang der Entwicklungsdynamik stand ganz eindeutig die Industrie, und was folgte, waren fast nie Dienstleister mit nationaler und internationaler Ausstrahlung. Ähnliches ließ sich in anderen europäischen Ländern beobachten: Wenn ehemals zurückgebliebene Regionen aufholten, dann fast immer durch eine Welle des industriellen Wachstums – wie im dänischen Jütland, im Südwesten Frankreichs und in den peripheren Ländern Europas wie Portugal und Spanien.

Es war deshalb absolut nachvollziehbar, dass die Politik für Ostdeutschland die Priorität auf Ansiedlungen und Erweiterungen des verarbeitenden Gewerbes setzte. Dabei verfuhr man in der Förderung anfangs durchaus neutral: So galt als Bedingung für die Investitionszulage zunächst nicht die sektorale Zugehörigkeit zur Industrie. Erst in späteren Jahren wurde die Förderung generell auf das verarbeitende Gewerbe und produktionsbezogene Dienstleistungen konzentriert. Tatsächlich hat es auch zumindest einige Großinvestitionen von Dienstleistungsunternehmen gegeben. Allerdings fanden diese fast alle in jenen Branchen statt, die sich keineswegs durch eine besonders hohe Arbeitsproduktivität auszeichnen. Klassische Beispiele dafür sind der Versandhandel und die Callcenter. Sie fallen eher in ein Segment, das man als industrialisierte Serviceleistungen bezeichnen könnte: relativ einfache standardisierte Tätigkeiten, die keine hoch spezialisierte fachliche Ausbildung erfordern und gerade deshalb nicht darauf angewiesen sind, in den urbanen Zentren zu bleiben.

Genau hier zeigt sich das große strukturelle Problem, vor dem Ostdeutschland – und auch Mittel- und Osteuropa – seit 1990 steht. Erst die moderne industrielle Basis schafft den wirtschaftlichen Nährboden für jenes fruchtbare Liefergeflecht mit modernen Dienstleistungen, das dann eine außerordentlich hohe Wertschöpfung pro Arbeitsplatz zur Folge hat. Ohne die industrielle Basis bleiben auch die Dienstleistungen einfach. Denn sie beschränken sich dann auf jene, die relativ leicht von den Zentren ausgelagert werden können, um zum Beispiel niedrigere Arbeitskosten anderswo zu nutzen. Genau dies sind dann aber auch nur relativ einfache Arbeitsplätze, und zudem solche, die kaum weitere Impulse für zusätzliche Wertschöpfung vor Ort schaffen.

Diese Zusammenhänge werden in der üblichen Diskussion über die sektorale Struktur einer Wirtschaft oft einfach ausgeblendet. Berücksichtigt man sie aber, so wird die Vorstellung einer industrielosen Gesellschaft zur Illusion. Eine Region, der die Industrie fehlt, kann nicht einfach auf eine Industrie verzichten. Denn dann fehlt ihr die produktive Arbeitsteilung vor Ort, die erst die lokalen, produktionsbezogenen Dienstleistungen möglich macht. Von Ostdeutschland führte deshalb kein Weg direkt nach Holland, auch wenn die vorübergehende Deindustrialisierung des Ostens dies vielleicht nahelegte. Denn nichts ist schwieriger als der Versuch, die besonderen Standortbedingungen eines lang etablierten Dienstleistungszentrums zu duplizieren, oder auch nur, ihnen nahezukommen. Die Eintrittshürden für einen neuen Standort sind extrem hoch; und sie sind vor allem selbstverstärkend. Einmal etabliert stabilisiert sich ein Standort selbst; und einmal zerstört bleibt er in aller Regel unfähig, den Wettbewerb wieder aufzunehmen.

Tatsächlich zeigt sich genau an dieser Stelle wieder das hohe Maß an Zerstörung, das durch die deutsche Teilung und die sozialistische Planwirtschaft der Wirtschaftsstruktur Ostdeutschlands angetan wurde. Jene überregionalen Dienstleistungszentren, die es historisch gegeben hatte, mussten nach der Wiedervereinigung völlig neu starten. Ihre traditionelle Rolle war fast vollständig zerstört. Und sie waren gegen die westdeutschen Zentren wie Düsseldorf, Frankfurt, Hamburg und Köln praktisch machtlos. Lediglich eine Abschottung ihres eigenen Marktes hätte ihnen eine Chance gegeben, aber die war bei Freihandel und Freizügigkeit im wiedervereinigten Deutschland undenkbar. Nirgendwo sonst ist die Unumkehrbarkeit der sozialistischen Zerstörung marktwirtschaftlicher Strukturen so augenfällig wie bei den überregionalen Dienstleistungen. Und dies nicht nur in Ostdeutschland, sondern auch in Mittel- und Osteuropa, wo sich trotz massiven Schutzes gegenüber ausländischer Konkurrenz zum Beispiel die Entwicklung von eigenständigen Banken und Versicherungen als überaus schwierig erwies. Die jüngste Finanzkrise hat dafür weitere Belege geliefert.

Zu bedenken ist allerdings, dass der heutige Osten Deutschlands auch vor der deutschen Teilung keineswegs über eine große Dichte von überregionalen Dienstleistungszentren verfügte. Im Grunde hatte es schon im Kaiserreich und in der Weimarer Republik lediglich zwei Städte gegeben, die den Anspruch erheben konnten, nicht nur Industrie-, sondern auch Dienstleistungsmetropole zu sein: Berlin als eine Art universale Weltstadt, damals noch vergleichbar mit Paris, und vor allem Leipzig, das es als Handels- und Messestadt mit Frankfurt am Main aufnehmen konnte. Nirgendwo sonst gab es nach 1990 ähnliche wirtschaftshistorische Anknüpfungspunkte.

In beiden Städten, Berlin und Leipzig, unternahm die Politik dann auch massive Anstrengungen, die frühere Stärke ein Stück weit wiederherzustellen. In Berlin geschah dies durch die Rückverlagerung des Regierungssitzes, die tatsächlich eine Welle von Ansiedlungen von Verbänden mit ihren Hauptsitzen nach sich zog. Bei Banken, Versicherungen und anderen Dienstleistungsanbietern kam es allerdings nur zum Ausbau von Nebenstellen, die vor allem repräsentativen Charakter haben und der politischen Einflussnahme dienen. Es fehlen aber weiterhin die wirtschaftlichen Voraussetzungen, um ein starkes Dienstleistungszentrum zu werden. Lediglich der Umzug der Deutschen Bahn nach Berlin sticht hervor. Allerdings geht es dabei um ein völlig außergewöhnliches Unternehmen, dessen Entscheidungen enorme infrastrukturelle Bedeutung haben und deshalb hochpolitisch sind. Die

Bahn hat deshalb – weit mehr als andere Unternehmen – ein besonderes Interesse daran, in der Nähe der politischen Entscheidungen prominent präsent zu sein.

Auch in Leipzig leistete die Politik spektakuläre Vorarbeit, und zwar im Bereich der Infrastruktur. Sowohl der Ausbau des Flughafens Leipzig/Halle als auch der völlige Neubau der Leipziger Messe gaben der Stadt bestmögliche physische Voraussetzungen, wieder an frühere Qualitäten als Anbieter von Dienstleistungen anzuknüpfen. Tatsächlich zeigen sowohl die solide Entwicklung der Messe als auch Großansiedlungen rund um den Flughafen, dass diese Anstrengungen nicht vergebens waren. Vor allem verlagerte DHL, der weltweit tätige Paketservice der Deutschen Post AG, sein großes Verteilerzentrum vom Flughafen Brüssel an den Flughafen Leipzig/Halle. Diese wichtige strategische Investition kann durchaus noch weitere größere nach sich ziehen. Allerdings hat all dies die Stadt Leipzig noch lange nicht in jene Position als Handels- und Messezentrum zurückbefördert, die sie einmal einnahm: als weit ausstrahlendes Zentrum des Buch-, Diamanten- und Pelzhandels. Indes war dies auch kaum zu erwarten, zumal die damalige Dominanz im Handel maßgeblich getragen wurde von einem jüdischen Bürgertum, das es seit der Vertreibung durch die Nationalsozialisten nicht mehr gibt. Dies gilt übrigens in ähnlicher Weise für Berlin, dessen jüdische Bevölkerung von etwa 180 000 Menschen vor 1933 einen wesentlichen Anteil an der glanzvollen Blüte zahlreicher Dienstleistungsbranchen hatte, vom Verlagswesen und der Presse über den Groß- und Einzelhandel bis hin zu den freien Berufen.

Beide Städte, Berlin und Leipzig, sind jedenfalls Sonderfälle. Die ostdeutsche Normalität spielte sich in Industriestädten ab, in Chemnitz, Dresden, Erfurt, Halle, Magdeburg und Rostock und vielen kleineren Orten. Für sie – und für das flache Land – stand eine Strategie der gezielten Anwerbung großer Dienstleistungsunterneh-

Bücher und Spiele im Glaspalast

Leipzig sucht nach der Messe von morgen

1851 entsteht für die Weltausstellung in London der Crystal Palace: Symbol der kraftstrotzenden Wirtschaftsmacht England, dem Pionier der Industrialisierung, bewundert und beneidet vom ganzen europäischen Kontinent.

1996 entsteht auch in Leipzig ein Glaspalast: die Neue Messe, nach drei Jahren Bauzeit. Kosten: 1,3 Milliarden D-Mark. Aber Leipzig steht nicht wie seinerzeit London auf dem Höhepunkt seiner Wirtschaftsentwicklung, sondern wieder ganz am Anfang. Die Leipziger Messe muss völlig neu starten. Die stolze Geschichte hilft nichts, denn wer interessiert sich denn heute noch für Leipzigs Handelsprivilegien des 16. Jahrhunderts, für die marktbeherrschende Mustermesse (MM) zu Vorkriegszeiten oder für die Schaltstelle des Ost-West-Handels in der DDR? Vier Jahrzehnte sind vergangen, in denen die großen Fachmessen der Welt völlig neu entstanden sind. Und die haben ihre Heimat in den westdeutschen Großstädten oder im Ausland gefunden. Und die Buchmesse, früher Leipzigs Juwel, ist längst in Frankfurt am Main etabliert – als größte der Welt!

Was also tun? Immerhin, die Neue Messe bietet beste Bedingungen: das stilvolle Ambiente eines gigantischen Wintergartens in der glasumspannten Mitte und gediegene Sachlichkeit in den vier Hallen, die Messeflaneure über lichte glasüberdachte Brücken erreichen können. Nichts von muffiger Lagerhausatmosphäre, wie wir sie sonst von Ausstellungsbetrieben kennen. Ein architektonisches Meisterwerk. Und obendrein verkehrstechnisch bestens angeschlossen, nicht weit vom Flughafen und von Fernstraßen, auf einem weiten luftigen Areal mit riesigen Freiflächen, viel Wasser, viel Grün.

So weit, so gut. Aber wie läuft es geschäftlich? Nach 13 Jahren Betrieb gibt es einige Erfolge, aber auch ein paar Fehlschläge. Gut 30 Messen pro Jahr, von Orthopädie und Reha-Technik bis zur Auto Mobil International. Leipzig ist wieder unter den zehn größten Messestädten Deutschlands, ein beachtlicher Erfolg in einem hart umkämpften Markt, von dem praktisch jede größere deutsche Stadt ihren Anteil abhaben will. Und vor allem: Eine neue Buchmesse ist entstanden – kleiner als Frankfurt am Main, aber mit weniger Hektik, mehr Lesefreude, mehr Kultur. Eine gute Grundlage für die Rückkehr des Literarischen in das Leipzig der Verlage und Verleger, das es einmal gab.

Den größten kommerziellen Coup landete Leipzig jedoch mit etwas ganz anderem. Es war die Games Convention, Europas führende Messe für Unterhaltungssoftware. Mit ihr machte die Stadt am meisten Furore. Die Messeleitung hatte Spürsinn bewiesen und ein zukunftsfähiges Konzept entwickelt – in einer Branche mit schnell wachsenden Märkten.

Allerdings: Gerade die Games Convention zeigt, wo Leipzig an seine Grenzen stößt. Ab 2009 findet die Messe in Köln und nicht mehr in Leipzig statt. Und dies nicht, weil die Bedingungen der Ausstellung dort besser wären, sondern allein, weil sich in den dicht besiedelten Ballungszentren des Westens der Hauptmarkt befindet. Leipzig macht weiter, mit einer Online Games Convention, aber der dickste Fisch ist weggeschwommen. Und das ist kein Einzelfall: Die Modemesse Body Look, für Leipzig konzipiert, wanderte ins Modezentrum Düsseldorf.

Kurzum: Es bleibt noch ein langer Weg, um wieder an die stolzen Traditionen und Dimensionen der Leipziger Messegeschichte anknüpfen zu können. Bis dahin gilt es, weiter wachsende Nischen zu suchen – mit einem Blick nach Osteuropa und Ostasien. Die Chancen sind da, aber die Risiken auch.

men nie wirklich ernsthaft zur Debatte. Und das war
wohl richtig so.

4.2 | Werkbänke ohne Gewerkschaften

Der industrielle Neuanfang Ostdeutschlands. Das war
also die zentrale Aufgabe des Aufbaus Ost seit Mitte der
1990er-Jahre. Würde er misslingen, wäre die wirtschaftliche Seite der Deutschen Einheit gescheitert. Denn dann
hätte der Osten auf Dauer keinerlei Chance, seinen Verbrauch durch eigene Produktion selbst zu finanzieren.
Und es würde nur noch eine Frage der Zeit sein, wann
die Transfers von West nach Ost nicht mehr strömen
würden, dafür aber die Menschenmassen wieder von Ost
nach West, auf der Suche nach einigermaßen gut bezahl-
ter Arbeit.

Wie sieht die Bilanz dieses Neuanfangs aus? Was ist bis
heute entstanden? Blickt man auf die Statistiken der Erwerbstätigkeit, fährt einem zunächst der Schrecken in die
Glieder: Im Jahr 2008 waren im ostdeutschen verarbeitenden Gewerbe nicht mehr Menschen beschäftigt als im Jahr
1994, nämlich rund 925 000. Der drastischen Schrumpfung in der ersten Hälfte der 1990er-Jahre folgte nämlich
zwischen 1994 und 2005 ein weiterer, allerdings schleichender Rückgang auf knapp 860 000, und der wurde erst
in dem anschließenden industriellen Aufschwung wieder
rückgängig gemacht. Im Ergebnis also: Stagnation der Beschäftigung. Dies allerdings zu einer Zeit, als andernorts
die Industriebeschäftigung deutlich abnahm. So waren im
Westen 2008 rund zwölf Prozent weniger Menschen im
verarbeitenden Gewerbe tätig als noch 1994.

Wie entwickelte sich die industrielle Produktion? Sie
nahm zu, und zwar zügig und kraftvoll. Die Wertschöpfung des verarbeitenden Gewerbes in Ostdeutschland lag
2008 real fast viermal so hoch wie 1992 und 64 Prozent
höher als noch im Jahr 2000. Die jährlichen Wachstums-

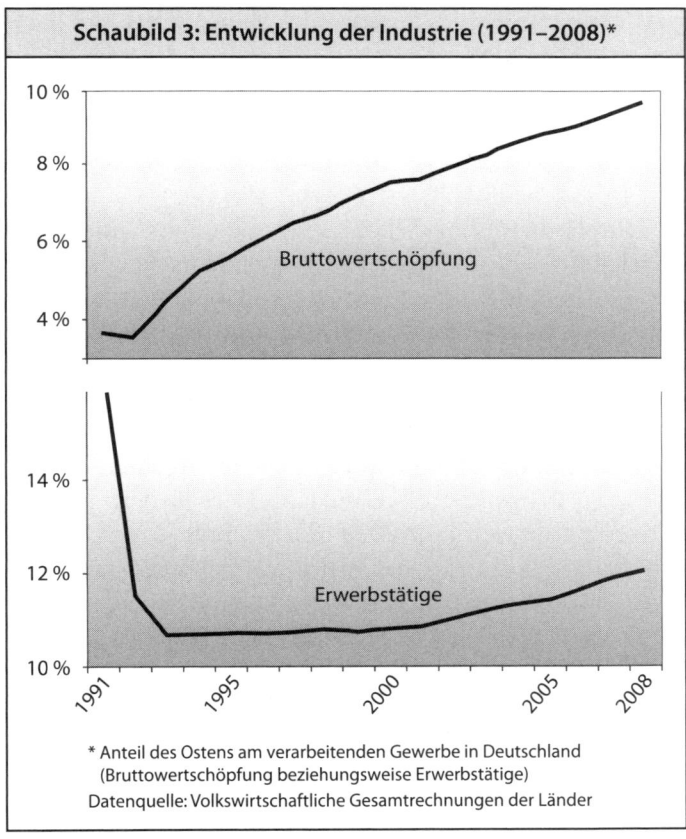

Schaubild 3: Entwicklung der Industrie (1991–2008)*

Bruttowertschöpfung

Erwerbstätige

* Anteil des Ostens am verarbeitenden Gewerbe in Deutschland
(Bruttowertschöpfung beziehungsweise Erwerbstätige)
Datenquelle: Volkswirtschaftliche Gesamtrechnungen der Länder

raten betrugen real über elf Prozent zwischen 1992 und 2000 (bei allerdings extrem niedrigem Ausgangsniveau) und dann 6,4 Prozent von 2000 bis 2008 – im Vergleich zu 2,3 Prozent, die im gleichen Zeitraum im Westen erreicht wurden. Das Ergebnis: Im verarbeitenden Gewerbe Gesamtdeutschlands lag der Anteil des Ostens an der Wertschöpfung 2008 bei immerhin wieder fast zehn Prozent, nach dem Tiefstand von 3,5 Prozent 1992 sowie gerade mal 5,6 Prozent 1995 und 7,6 Prozent 2000 (siehe Schaubild 3). Bemerkenswert ist dabei, wie gleichmäßig das allmähliche Erstarken der Industrie in Ostdeutschland verlief. Selbst im schwächsten Jahr 2002 gab es noch ein reales Wachstum von 2,5 Prozent (bei –2,4 Prozent im Westen); und der Wachstumsvorsprung zum Westen blieb stets gewahrt. Er lag jährlich zumeist in der Größenordnung von fünf Prozentpunkten, niemals aber unter 2,5 (siehe Schaubild 4).

Durch diese Entwicklung hat sich die ostdeutsche Wirtschaftsstruktur wieder der westdeutschen angenähert. Insbesondere die Gewichte von Bauwirtschaft und verarbeitendem Gewerbe sind ein gutes Stück in Richtung Normalität zurechtgerückt worden. So waren 2008 im Osten schon wieder 16 Prozent der Erwerbstätigen im verarbeitenden Gewerbe tätig, noch deutlich weniger als die gut 20 Prozent im Westen, aber der Abstand ist von fast zehn Prozentpunkten im Jahr 1995 bis auf gut vier Prozentpunkte im Jahr 2008 geschrumpft. Noch akzentuierter ist das Bild bei der Bruttowertschöpfung. So steigerte das verarbeitende Gewerbe seinen Anteil von gut elf Prozent (1995) auf fast 20 Prozent (2008) – im Vergleich zum Westen, wo der Anteil im selben Zeitraum bei genau 24 Prozent stagnierte. Also: ein klarer Trend zur Normalisierung, aber noch immer nicht der traditionelle westdeutsche Standard.

Wichtig ist dabei, dass die zaghafte Reindustrialisierung des Ostens tatsächlich auch die erhofften Rückwirkungen auf den Arbeitsmarkt insgesamt hatte, insbesondere in der allerjüngsten Zeit. Die Lage ist dort bei Weitem nicht mehr so verzweifelt wie noch vor einigen Jahren. Und das liegt vor allem daran, dass der starke Anstieg der Produktion im verarbeitenden Gewerbe auch viele produktionsbezogene Dienstleistungen stabilisierte. Endlich war es so weit: Der Motor der Wirtschaft verlagerte sich endgültig vom Baugewerbe zur Industrie.

Diese positive Entwicklung lässt sich auch am Arbeitsmarkt erkennen. So waren im Jahr 2008 immerhin 7,4 Millionen Menschen in Ostdeutschland erwerbstätig, genauso viele wie 1993, aber fast 300 000 mehr gegenüber dem

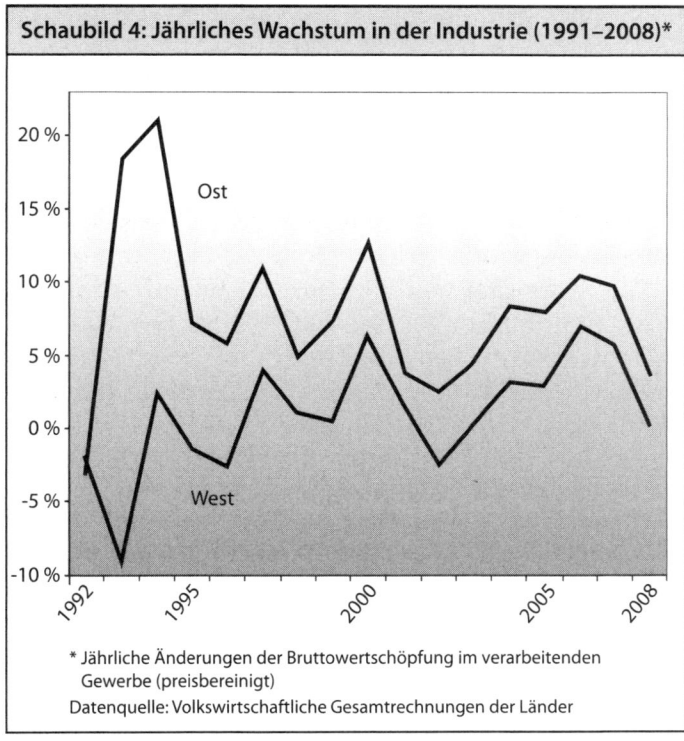

Schaubild 4: Jährliches Wachstum in der Industrie (1991–2008)*

* Jährliche Änderungen der Bruttowertschöpfung im verarbeitenden
  Gewerbe (preisbereinigt)
Datenquelle: Volkswirtschaftliche Gesamtrechnungen der Länder

Tiefpunkt 2005. Davon fielen 1,6 Millionen auf Berlin und 5,8 Millionen auf die fünf Flächenländer des Ostens. Rund 85 Prozent aller Erwerbstätigen waren sozialversicherungspflichtig beschäftigt, in den Flächenländern sogar 90 Prozent. Dort lag die Arbeitslosenquote 2008 im Durchschnitt bei 13,1 Prozent, dem niedrigsten Wert seit 1990, aber immer noch etwa doppelt so hoch wie die 6,4 Prozent im Westen der Republik (siehe Schaubild 5). Dabei ist stets zu bedenken, dass die Erwerbsbeteiligung in Ostdeutschland höher ist als im Westen: Zwar hat sich seit den frühen 1990er-Jahren der Ost-West-Abstand der Erwerbsquoten deutlich verringert, aber es geht auch heute noch um zwei bis drei Prozent der Erwerbspersonen, die im Osten für den Arbeitsmarkt mehr zur Verfügung stehen als im Westen (siehe Schaubild 5). Dies sind noch immer vor allem Frauen, deren Bereitschaft zur bezahlten Arbeit durch die DDR-Zeit auf Dauer vergrößert wurde. Insofern liegt die Messlatte für einen hohen Beschäftigungsstand am ostdeutschen Arbeitsmarkt noch immer ein Stück höher als im Westen. Der Unterschied in den Arbeitslosenquoten muss entsprechend vorsichtig gedeutet werden.

Was heißt dies nun alles für die Interpretation der Deutschen Einheit? Wir sind hier bei einer zentralen Frage der wirtschaftlichen Bilanz des Aufbaus Ost angelangt. Und die heißt: Wo genau steht die ostdeutsche Industrie heute? Haben wir blühende Landschaften, wie sie Bundeskanzler Helmut Kohl 1990 ankündigte? Oder war es etwa ein Super-GAU, wie der Journalist Uwe Müller 2005 behauptete? Oder etwas dazwischen?

Eine Bilanz muss versuchen, diese Fragen zu beantworten. Zu diesem Zweck müssen wir ein wenig ins volkswirtschaftliche Detail gehen. Wir beginnen mit dem Ostrückstand der industriellen Arbeitsproduktivität (siehe Schaubild 6). Es geht also zunächst um jene volkswirtschaftliche Größe, deren frühe Fehldeutung einer der großen Irrtümer der Deutschen Einheit war. Ab 1991 stieg sie kontinuierlich an. Bereits im Jahr 1995 hatte die Wertschöpfung pro Erwerbstätigen im verarbeitenden Gewerbe exakt 50 Prozent des Westniveaus erreicht – nach einer kräftigen Welle der Erhöhung von den erstmals gemessenen 18,9 Prozent im Jahr 1991. Die war allerdings vor allem die Konsequenz von Massenentlassungen, denn zwischen 1991 und 1995 halbierte sich die Anzahl der Erwerbstätigen im verarbeitenden Gewerbe von fast 1,8 Millionen auf rund 900 000, nachdem sie bereits im Laufe des Jahres 1990 von einem noch viel höheren Niveau massiv gesunken war. Von 1995 bis 2008 blieb dagegen die Beschäftigung in etwa konstant, aber die Wertschöpfung stieg an und mit ihr die Arbeitsproduktivität – bis auf 78,3 Prozent des Westniveaus 2008.

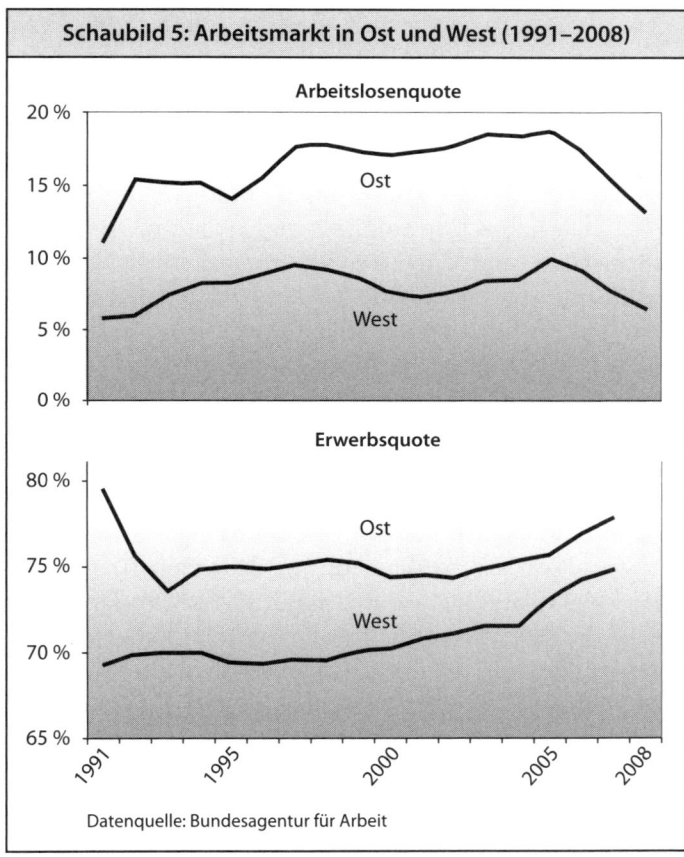

Schaubild 5: Arbeitsmarkt in Ost und West (1991–2008)

Arbeitslosenquote

Datenquelle: Bundesagentur für Arbeit

Ostdeutsche arbeiten im Durchschnitt länger als Westdeutsche. Der Unterschied der Arbeitszeiten ist deutlich:
Im Jahr 2008 lag er gesamtwirtschaftlich bei 4,7 Prozent,
im verarbeitenden Gewerbe sogar bei 10,3 Prozent. Misst
man die industrielle Arbeitsproduktivität pro Arbeitsstunde – und nicht pro Erwerbstätigen –, so waren deshalb 2008 im Osten nicht 78,3, sondern nur 71,0 Prozent
des Westniveaus erreicht. Dies ist von großer Bedeutung
für die Interpretation, denn es heißt: Bei exakt gleicher
Zeiteinheit der Arbeit betrug der Ostrückstand der Arbeitsproduktivität im verarbeitenden Gewerbe auch 2008

noch fast 30 Prozent. Von Ost-West-Angleichung kann also trotz aller Fortschritte noch lange nicht die Rede sein.

Dieser Rückstand zerstört allerdings nicht die Wettbewerbsfähigkeit der ostdeutschen Industrie. Der Grund: Seit Mitte der 1990er-Jahre ist das Lohnniveau – gemessen als jährlicher Bruttolohn[55] pro Arbeitnehmer – im ostdeutschen verarbeitenden Gewerbe bei etwa zwei Drittel des westdeutschen Niveaus stehen geblieben (siehe Schaubild 7). Gleichzeitig stieg die jährliche Wertschöpfung je Erwerbstätigen kontinuierlich bis auf die erwähnten 78,3 Prozent des Westniveaus an. Die ökonomische Konsequenz war ein nachhaltiges Sinken der sogenannten Lohnstückkosten im Verhältnis Ost zu West: von 133 Prozent im Jahr 1995 auf exakt 100 Prozent im Jahr 2000 bis auf 85,7 Prozent im Jahr 2008 (siehe auch Schaubild 7). Das heißt konkret: Ein ostdeutscher Arbeitnehmer war – relativ zu seiner Produktivität – im Jahr 2008 gut 14 Prozent preiswerter als ein westdeutscher Arbeitnehmer. Dies ist eine überaus bemerkenswerte Entwicklung, deren Bedeutung nicht hoch genug eingeschätzt werden kann. Sie zeigt nämlich, dass die ostdeutsche Industrie, was die Lohnkosten betrifft, in sehr hohem Maße wettbewerbsfähig geworden ist, und zwar gegenüber der westdeutschen Industrie, aber wohl noch mehr gegenüber der ausländischen Konkurrenz in Westeuropa, weil in den letzten Jahren die Lohnstückkosten fast überall stärker gestiegen sind als in Deutschland.[56]

Tatsächlich ruft diese Entwicklung nach einer Erklärung, denn sie ist so überhaupt nicht erwartet worden. Wir erinnern uns: In der „Treuhandphase" der ostdeutschen Industrie gab es schnelle Einigungen über Tariflohnsteigerungen. Diese hatten eine zügige West-Ost-Angleichung zum Ziel und wurden seinerzeit von Wirtschaftswissenschaftlern heftig kritisiert. Es muss also einen grundlegenden Wandel gegeben haben, der dazu führte, dass sich zunächst vereinbarte Tarifsteigerungen

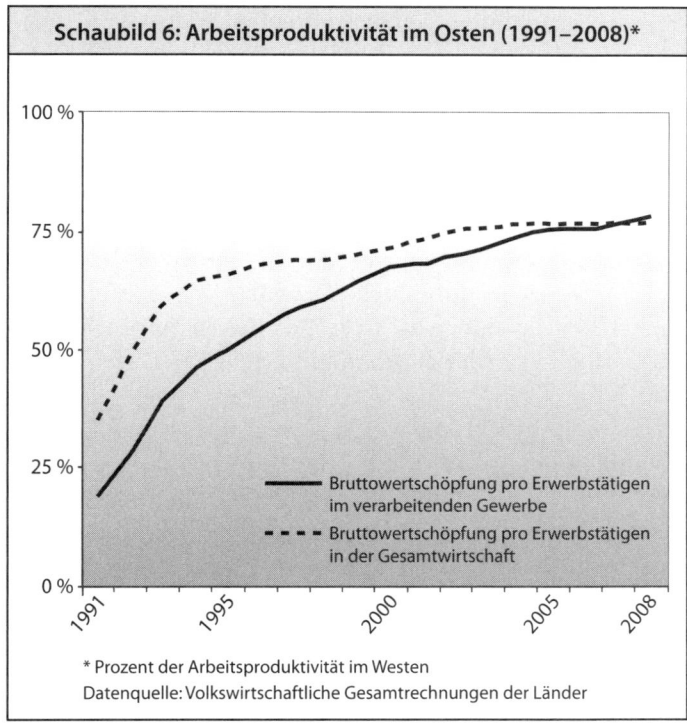

Schaubild 6: Arbeitsproduktivität im Osten (1991–2008)*

Bruttowertschöpfung pro Erwerbstätigen im verarbeitenden Gewerbe

Bruttowertschöpfung pro Erwerbstätigen in der Gesamtwirtschaft

* Prozent der Arbeitsproduktivität im Westen
Datenquelle: Volkswirtschaftliche Gesamtrechnungen der Länder

letztlich gar nicht in eine Angleichung der Effektivlöhne umsetzten. Mit anderen Worten: Jene neue Industrie, die durch Privatisierungen, Neugründungen und Ansiedlungen entstand, entzog sich den tariflichen Vereinbarungen der frühen Treuhandunternehmen.

Wie war dies möglich? Grundsätzlich gab es zwei Wege dahin. Der eine Weg bestand für die Unternehmen darin, einfach die Tarifverträge im Einvernehmen mit Beschäftigten und Betriebsräten nicht anzuwenden. Dies geschah offenbar sehr häufig in den 1990er-Jahren, als viele frisch privatisierte Unternehmen in größte Existenznöte gerieten und aus den tariflichen Bedingungen einfach ausstiegen. Sie taten dies entweder legal über vorab vereinbarte Notklauseln, die ein vorübergehendes Ausset-

zen der Tarifbedingungen erlaubten, oder illegal mit still-
schweigender Duldung durch die Arbeitnehmerschaft,
die bei der hohen Arbeitslosigkeit davor zurückschreckte, ihre Arbeitgeber in noch mehr wirtschaftliche Schwierigkeiten zu bringen und damit die eigenen Arbeitsplätze
zu gefährden. Der zweite Weg bestand darin, als neu ge-
gründetes Unternehmen gar nicht erst Mitglied in einem
Arbeitgeberverband zu werden. In diesem Fall kamen
betriebliche oder individuelle Vereinbarungen zum Zuge,
die sich keineswegs an die Eckdaten der zuvor geschlosse-
nen Tarifverträge der Treuhandunternehmen halten mussten.

Diese Entwicklung war mächtig, wie sich schon an
Statistiken der späten 1990er-Jahre ablesen lässt.[57] So gaben 1998 in einer Umfrage des Deutschen Instituts für
Wirtschaftsforschung (DIW) immerhin 79 Prozent aller
Unternehmen an, nicht Mitglied eines tariffähigen Arbeit-
geberverbandes zu sein. Besonders stark war die Verbands-
abstinenz unter eigenständigen Unternehmen (85 Prozent) und Neugründungen (88 Prozent), etwas niedriger,
aber noch immer hoch bei westdeutschen oder ausländischen Zweigbetrieben (60 Prozent) und privatisierten Treuhandunternehmen (67 Prozent). So kam es, dass bereits
1998 insgesamt mehr als die Hälfte aller Industriebeschäftigten in tariflich nicht gebundenen Betrieben arbeitete.
Bei neu gegründeten Unternehmen lag der Anteil sogar
bei fast drei Viertel.

Im Ergebnis bedeutete dies das Ende des Flächentarifvertrags in Ostdeutschland.[58] Es war eine stille Revolution, die sich in den Betrieben und am Arbeitsmarkt in
Ostdeutschland abspielte. Sie geschah fast geräuschlos,
ohne politische Auseinandersetzung, einfach erzwungen
durch die normative Kraft des Faktischen. Es zeigte sich,
dass in einer praktisch deindustrialisierten Wirtschaft, in
der 20 bis 30 Prozent der Menschen unterbeschäftigt
waren, die tariffähigen Verbände keine wirkliche Marktmacht mehr besaßen, egal wie gut organisiert sie waren.

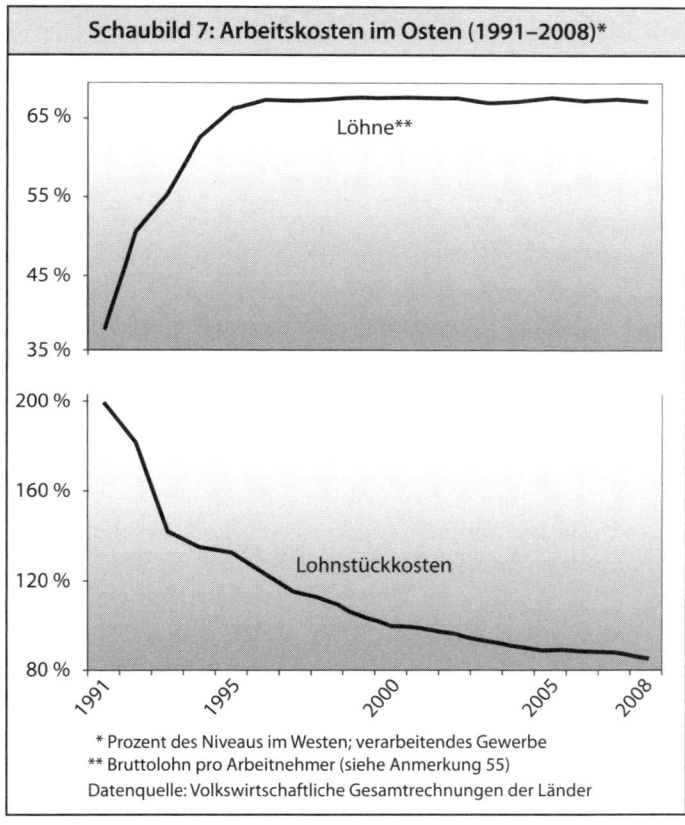

Schaubild 7: Arbeitskosten im Osten (1991–2008)*

Löhne**

Lohnstückkosten

* Prozent des Niveaus im Westen; verarbeitendes Gewerbe
** Bruttolohn pro Arbeitnehmer (siehe Anmerkung 55)
Datenquelle: Volkswirtschaftliche Gesamtrechnungen der Länder

Dies gilt für die Gewerkschaften, aber mindestens genauso für die Arbeitgeberverbände. Denn die deutsche Arbeitsmarktverfassung stützt sich auf die Koalitionsfreiheit nach Artikel 9 des Grundgesetzes sowie das Tarifvertragsgesetz von 1949. Beide zusammen schützen auch die sogenannte negative Koalitionsfreiheit, also das Recht eines einzelnen Arbeitgebers, einem tariffähigen Verband fernzubleiben. Und wenn er dies tut, können auch jene seiner Mitarbeiter, die der Gewerkschaft angehören, ihn nicht zur Übernahme von tariflichen Bedingungen zwingen, die von anderen in der betreffenden Branche vereinbart worden sind. Dies wiederum nimmt den Beschäftigten von vornherein den Anreiz, überhaupt Gewerkschaftsmitglied zu werden.

Wie sah nun die Welt für den einzelnen industriellen Arbeitgeber in Ostdeutschland aus? Bei 20 bis 30 Prozent Unterbeschäftigung hatte er nicht die geringste Mühe, sich eine Belegschaft aus qualifizierten Facharbeitern zusammenzustellen, und zwar ohne jeden Gewerkschaftseinfluss. Denn die klassische Gewerkschaftsklientel des Westens, die Facharbeiter, waren in Massen arbeitslos und insofern wenig geneigt, für eine aggressive Lohnpolitik ihre Chancen zu mindern, wieder eine Beschäftigung in der Industrie zu finden. Selbst die mächtigste Gewerkschaft der Welt, die deutsche IG Metall, war kaum mehr in der Lage, eine Massenbewegung für ihre Belange zu organisieren. Ihre Macht schwand dahin, trotz (oder sogar wegen?) eines sehr aggressiven und erfolgreichen Starts in den Treuhandunternehmen Anfang der 1990er-Jahre.

Spätestens im Frühjahr 2003 wurde dieser Machtverlust auch der IG Metall selbst und der breiteren Öffentlichkeit bewusst. Mit überwältigender Mehrheit und mit hoher Wahlbeteiligung beschlossen die Mitglieder der IG Metall damals einen Streik zur Einführung der 35-Stunden-Woche in Ostdeutschland. Nach mehreren Wochen musste dieser Streik abgebrochen werden, weil es vor Ort an der nötigen Unterstützung der Arbeiterschaft fehlte. Auch in der öffentlichen Meinung gab es kaum Verständnis für das gewerkschaftliche Anliegen, das bei der hohen Arbeitslosigkeit im Osten eher als Luxus denn als legitimes Ziel angesehen wurde. Nicht die Streikenden, sondern die Streikbrecher erschienen plötzlich wie Helden, als die Medien Bilder von Arbeitern verbreiteten, die neben ihren Maschinen übernachteten, um am nächsten Morgen nicht von Wachposten der Gewerkschaften am Betreten des Betriebsgeländes behindert zu werden.

Die Verkürzung der Arbeitszeit – im Jahr 1984 im Westen Deutschlands noch triumphal durchgesetzt – scheiterte unter den ostdeutschen Verhältnissen kläglich. Und dies provozierte sogar eine Führungskrise in der IG Metall. Die Gründe für das Scheitern lagen vor allem im Osten selbst. Sicherlich hatte der Wunsch nach kürzeren Arbeitszeiten deutschlandweit nachgelassen. Aber es war erst die besondere Situation der ostdeutschen Industrie, die dem Projekt jede Geschäftsgrundlage entzog. Denn die Sorge um den eigenen Arbeitsplatz blieb bei den Beschäftigten das alles beherrschende Motiv für ihr Handeln. Und die breite Öffentlichkeit hatte dafür volles Verständnis. Es war eine bittere Ironie der Geschichte: Ausgerechnet in jener Region Deutschlands, in der 40 Jahre lang eine sozialistische Einheitspartei behauptet hatte, all ihr Handeln den Interessen der Arbeiterschaft unterzuordnen, ausgerechnet dort erlebte die deutsche Gewerkschaftsbewegung eine ihrer schlimmsten Niederlagen.

Es ist wichtig, sich klarzumachen, welche Folgen der Machtverlust der Gewerkschaften und der Arbeitgeberverbände für die Entwicklung der Löhne in der Industrie hatte. Er bedeutete fraglos das Ende des Flächentarifvertrags. Aber er bedeutete trotz hoher Arbeitslosigkeit nicht, dass die Industrielöhne in Ostdeutschland ins Bodenlose sanken. Er bedeutete auch nicht, dass die Löhne überhaupt sanken oder auch nur stagnierten. Er bedeutete lediglich, dass sie fortan etwa mit der gleichen Rate stiegen wie im Westen, von 1996 bis 2008 im Durchschnitt mit 2,1 Prozent pro Jahr. Die Lohnrelation zwischen Ost und West blieb also in der Industrie konstant, bei etwa zwei Drittel. Ein überaus merkwürdiges Phänomen: Eine Region, in der offenbar die Macht der tariffähigen Verbände praktisch dahingeschwunden ist, bewegt sich fortan stets mit etwa der gleichen Rate der Nominallohnzunahme wie der Westen, wo der Flächentarifvertrag im Wesentlichen weiter existiert. Und dies trotz viel höherer Arbeitslosigkeit. Es ist, als ob der Westen den Osten in einem Schlepptau mitzieht.

Wie lässt sich dies erklären? Nur dadurch, dass die

westdeutschen Tarifabschlüsse die ostdeutschen Arbeitgeber zwar nicht binden, ihnen aber eine Art Orientierungspunkt liefern, was sie an Lohnzuwachs bieten müssen, damit ihre Beschäftigten weiterhin einigermaßen motiviert ihrer Arbeit nachgehen. Wir treffen hier wieder auf die unsichtbare Hand der Marktkräfte. Offenbar sorgt die latente Möglichkeit der Abwanderung von Ost nach West letztlich doch dafür, dass sich die ostdeutschen Arbeitgeber genötigt sehen, die westdeutschen Tariflohnsteigerungen im Wesentlichen nachzuvollziehen, sodass sich zumindest die relative Position ihrer Mitarbeiter im innerdeutschen Vergleich nicht verschlechtert. Auch hier ist es also wieder der Sog des Westens, der auch ohne jede Verbandsmacht dem Auseinanderdriften der Löhne zwischen West und Ost Grenzen setzt. Irgendwie machen die Arbeitnehmer auch ganz ohne Unterstützung von Gewerkschaften ihren Arbeitgebern klar, dass sie auf Dauer ein „Abhängen" vom Westen nicht akzeptieren, wenngleich sie auf eine weitere Angleichung an das Niveau des Westens derzeit nicht bestehen.

Genau dieses Gleichgewicht besteht nun schon seit über einer Dekade. Es ist eine Art Gleichgewicht zwischen Arbeitslosigkeit und Abwanderung. Die hohe Arbeitslosigkeit im Osten verhindert eine weitere West-Ost-Angleichung der Industrielöhne; und die latente Möglichkeit des Abwanderns nach Westen verhindert ein weiteres Auseinanderdriften. Ergebnis: eine konstante Ost-West-Relation. Und dadurch eine Wettbewerbsposition des Ostens, die sich so lange stetig verbessert, wie der Produktivitätsrückstand im Osten Schritt für Schritt kleiner wird. Insgesamt also eine durchaus hoffnungsvolle Konstellation. Sie ist das Ergebnis einer wirtschaftlichen Vernunft der Beteiligten vor Ort, die sich der Macht der Verbände entzogen haben. Entstanden ist dabei ein „ortsübliches" Lohnniveau, das in der ostdeutschen Industrie zu einem allgemeinen Standard avancierte, fast ganz ohne Einfluss der Arbeitgeberverbände und Gewerkschaften. Solange dieser Standard bei etwa zwei Drittel des Westens verharrt, kann sich jedes Aufholen der Arbeitsproduktivität gegenüber dem Westen in einer kontinuierlichen Verbesserung der Wettbewerbsfähigkeit des Ostens als Industriestandort niederschlagen.

Klar ist allerdings auch: Es wird auf absehbare Zeit bei einem beträchtlichen Ostrückstand der industriellen Arbeitsproduktivität bleiben. Zwar verringert er sich kontinuierlich, aber er tut es mit recht gemächlichem Tempo. Ein rechnerisches Gedankenspiel macht dies klar. Unterstellt man, dass sich die Wertschöpfung je Arbeitsstunde im ostdeutschen verarbeitenden Gewerbe in der Zukunft mit der gleichen Rate dem Westniveau anpasst wie im Zeitraum 2000 bis 2008, so wird nach 17 Jahren, also 2026, die West-Ost-Parität erreicht sein. Wählt man für die Rechnung die durchschnittliche Angleichungsrate der letzten drei Jahre, so dauert es sogar noch 27 Jahre, also bis 2036 – fast ein halbes Jahrhundert nach der Wiedervereinigung. Wohlgemerkt: Selbst dann ist die Parität der industriellen Arbeitsproduktivität noch keine Garantie für die gesamtwirtschaftliche Angleichung. Denn diese kommt nur, wenn das verarbeitende Gewerbe auch von seiner Größe her hinreichend stark wächst, um die Preise und Löhne für den Handwerker, den Friseur und alle anderen lokalen Dienstleister im Schlepptau nach oben ziehen zu können. Der noch immer zaghafte Prozess der Reindustrialisierung müsste also weitergehen und möglichst noch mehr an Geschwindigkeit und Breite gewinnen.

Warum gibt es noch immer einen Ostrückstand der industriellen Arbeitsproduktivität von über 20 Prozent pro Erwerbstätigen und fast 30 Prozent pro Arbeitsstunde? Wo stockt es? Wo liegen die Engpässe im Aufholprozess? Dies sind zentrale volkswirtschaftliche Fragen der Deutschen Einheit. Um diese Fragen sinnvoll zu strukturieren und zu beantworten, ist ein kleiner Ausflug in die Volkswirtschaftslehre nötig, genauer: in die Produktionstheorie. Sie liefert zwei Typen von Gründen für Unterschiede der Arbeitsproduktivität. Einerseits kann es Unterschiede in dem geben, was in den Produktionsprozess einfließt – vom Niveau des technologischen Wissens oder sonstiger äußerer Bedingungen (zum Beispiel dem Zustand der Infrastruktur) bis hin zu Qualität und Quantität der sogenannten Produktionsfaktoren, in der Industrie also vor allem der Arbeitskräfte und des Kapitalstocks. Andererseits kann es sein, dass überhaupt nicht die gleichen Produkte hergestellt werden, weil unternehmerische Entscheidungen über Innovationen und Standorte zu einer regional unterschiedlichen Produktpalette führen. Wir können nun der Reihe nach diese Kandidaten abprüfen, ob sie heutzutage noch Substanzielles zur Erklärung der innerdeutschen Produktivitätslücke beitragen.

Was das Niveau der verfügbaren Technologie betrifft, lassen sich wenig Regionen vorstellen, zwischen denen es geringere Hindernisse für die Verbreitung technischen Grundlagenwissens gibt als West- und Ostdeutschland in der allerjüngsten Vergangenheit. Denn woran sollte eigentlich dieser Technologietransfer scheitern? Die Infrastruktur in Verkehr und Kommunikation hat sich weitgehend zwischen West und Ost angeglichen, ebenso wie das Bildungswesen von den Grundschulen bis zu den Universitäten. Die Kredit- und Kapitalmärkte sind integriert, Rechtsordnung und Verwaltungsstrukturen dieselben, Sprach- und Kulturbarrieren minimal. Kurzum: Der Zugang zur Technologie ist überall in Deutschland gleich. Es wäre nicht nachvollziehbar, an dieser Stelle noch einen wesentlichen Engpass erkennen zu wollen.[59]

Was die Qualität der Arbeitskräfte betrifft, so ist dies natürlich allein vom Augenschein her kaum zu beurteilen: Arbeitet ein ostdeutscher Beschäftigter in derselben Tätigkeit qualitativ besser oder schlechter als ein Westdeutscher? Glücklicherweise hat es in jüngster Zeit empirische Studien gegeben, die dieser Frage systematisch zu Leibe rückten.[60] Analysiert wurden dabei Daten zu Unterschieden in der Arbeitsproduktivität von west- und ostdeutschen Arbeitskräften im Bereich der früheren innerdeutschen Grenze. Dort besteht nämlich die einmalige Möglichkeit, ökonometrisch herauszufinden, welche Arbeitsproduktivität ein ostdeutscher Industriebeschäftigter im Vergleich zu seinem westdeutschen Kollegen erzielt, und zwar dann, wenn er in den Westen pendelt und dort arbeitet, oder wenn er im Osten verbleibt. Die Ergebnisse zeigen eindeutig, dass es keinen Qualitätsunterschied der Beschäftigten gibt. Dies verwundert nicht. Es wäre fast zwei Dekaden nach der deutschen Vereinigung höchst merkwürdig, wenn diejenigen, die fachlich in ähnlichen Tätigkeiten arbeiten, nicht ein ähnliches Produktivitätspotenzial hätten. Tatsächlich hat es in dem formalen Qualifikationsniveau bei den Erwerbstätigen niemals einen Ostrückstand gegeben. Und der nicht formale Teil der Ausbildung ist seit der Wende bei den Beschäftigten durch massive Maßnahmen der Schulung, Umschulung und des beruflichen Trainings am Arbeitsplatz inzwischen längst auf modernem Niveau.

Wie sieht es bei der Größe und Qualität des Kapitalstocks aus? Die Antwort: ganz ähnlich wie bei den Arbeitskräften. Es ist nicht zu erkennen, dass der Zugang zur Finanzierung von Investitionsprojekten, also zum Aufbau eines modernen Kapitalstocks, im Osten gegenüber dem Westen noch behindert wäre. Abgesehen von der massiven Investitionsförderung gibt es längst flächendeckende Angebote an Finanzdienstleistungen, die genutzt werden können. Auch die Ausstattung mit Kapital – soweit messbar – weist quantitativ keine systematischen Unterschiede zwischen Ost und West auf. Darauf wurde schon im dritten Kapitel hingewiesen.[61] Im Jahr 2007 lag sowohl das Brutto- als auch das Nettoanlagevermögen in der Industrie im Osten sogar leicht höher als im Westen, und zwar sowohl für Anlagen insgesamt als auch für Ausrüstungen, die ja im Unterschied zu den Bauten für die Arbeitsproduktivität von besonderer Bedeutung sind. Auch im Modernitätsgrad der Anlagen gibt es einen kleinen Vorsprung und keinen Rückstand des Ostens, was nicht überrascht, weil die industriellen Investitionen im Osten im Durchschnitt deutlich jüngeren Datums sind.[62]

Kurzum: Weder in der Verfügbarkeit von Technologie und Kapital noch in der Qualität von Arbeit gibt es heutzutage einen systematischen Ostrückstand im verarbeitenden Gewerbe. Es bleibt deshalb nur die Schlussfolgerung, dass sich die niedrigere Produktivität der ostdeutschen Industrie eben nicht aus den Produktionsfaktoren erklären lässt, sondern aus den Produkten. Es werden mit Arbeit, Kapital und modernem technischem Wissen im Osten Deutschlands andere Produkte hergestellt, und zwar Branche für Branche. Es sind offenbar Produkte mit anderen Charakteristika, und zwar solchen, die auf den überregionalen Märkten im Durchschnitt eine niedrigere Wertschöpfung pro Arbeitseinsatz erzielen als ihre westlichen Gegenstücke.

Lässt sich diese Schlussfolgerung beweisen? Nicht wirklich, denn dazu müssten wir Markt für Markt die Produkte des Ostens und des Westens gegenüberstellen, und dies ist eine kaum lösbare Aufgabe. Stattdessen müssen wir uns mit Indizien begnügen, die einen entsprechenden Unterschied plausibel machen. Die zwei wichtigsten Indizien sind dabei wohlbekannt. Sie betreffen die Forschungstätigkeit und die Exportorientierung der Industrie. In beiden gibt es noch einen klaren Rückstand des Ostens gegenüber dem Westen.

Die industrielle Forschung und Entwicklung (F&E) ist und bleibt sehr stark auf den Westen Deutschlands konzentriert.[63] So lag 2006 der Anteil der Erwerbstätigen, die in F&E tätig sind, in Ostdeutschland mit 0,42 Prozent nur etwa bei der Hälfte des westdeutschen Niveaus von 0,88 Prozent. Diese Anteile haben sich seit Mitte der 1990er-Jahre kaum verändert. Die zaghafte Reindustrialisierung des Ostens war also bisher nicht mit einer stärkeren Forschungsorientierung verbunden. Im Jahr 2006 fanden sich in ostdeutschen Betrieben gerade mal 9,7 Prozent aller privatwirtschaftlich Forschenden Deutschlands. Ein ganz ähnliches Bild zeigt sich bei den industriellen F&E-Ausgaben. Deutschlandweit lagen diese im Jahr 2006 bei gut 41,1 Milliarden Euro, wovon 3,4 Milliarden Euro, gut acht Prozent, auf den Osten entfielen – ein Anteil, der ebenfalls seit Mitte der 1990er-Jahre mit gewissen Schwankungen in etwa konstant geblieben ist. All dies deutet daraufhin, dass es auch beim innovativen Gehalt der Produktpalette einen deutlichen und zählebigen Ostrückstand gibt. Damit bestehen auch weniger Möglichkeiten, am Markt hohe Qualitätsprämien und damit entsprechend hohe Preise zu erzielen.

Auch die industrielle Exportorientierung ist in Ostdeutschland noch immer schwächer als im Westen. Im Jahr 2008 lag die Exportquote des verarbeitenden Gewerbes im Osten bei etwa 33 Prozent, im Westen bei fast 46 Prozent. Allerdings sind beim Export – anders als bei der Forschungstätigkeit – ein durchaus deutlicher Trend nach oben und ein nachhaltiges Aufholen festzustellen. So stieg die ostdeutsche Exportquote von gerade mal zwölf Prozent Mitte der 1990er-Jahre auf etwa 20 Prozent im Jahr 2000 bis zu aktuell einem Drittel. Die Steigerung fiel deutlich stärker aus als im Westen, wo die Exportquote Mitte der 1990er-Jahre bereits bei über 30 Prozent lag und im Jahr 2000 schon fast 38 Prozent erreichte. Gleichwohl bleibt noch immer ein klarer Rückstand, was darauf hindeutet, dass die Produktpalette auf Auslandsmärkten noch nicht erfolgreich genug ist, um die damit verbundenen Preis- und Wertschöpfungspotenziale voll auszuschöpfen.

Natürlich hängen diese beiden verbleibenden Strukturschwächen miteinander zusammen. Und sie haben auch eine gemeinsame Ursache, die sich zumindest ansatzweise aus der Eigentümer-, Betriebsgrößen- und Beschäftigtenstruktur des verarbeitenden Gewerbes im Osten ablesen lässt.[64] Dort hatten nach einer Erhebung des Instituts für Arbeitsmarkt- und Berufsforschung im Jahr 2005 mehr als vier Fünftel aller Betriebe ostdeutsche Eigentümer, und deren Betriebsgröße lag im Durchschnitt bei gerade mal zwölf Beschäftigten. Dies ist sicherlich eine Größe, bei der es fast jedem Unternehmer große Schwierigkeiten bereitet, eine hohe Forschungsintensität und Exportquote zu erreichen. 48 Prozent der Beschäftigten arbeiteten in diesen (relativ kleinen) Betrieben, 47 Prozent dagegen in den (durchschnittlich größeren) Betrieben westdeutscher und ausländischer Eigentümer. Bei diesen allerdings ist aus vielerlei Einzelinformationen zu schließen, dass die meisten zwar im Osten mit neuester Technologie produzieren, aber ihre Forschungsabteilungen und Firmenleitungen im Westen behielten. Sie verlagerten eher standardisierte Bereiche ihrer Produktpalette zur Herstellung in den Osten. Tatsächlich könnte das oft verwendete Bild der ostdeutschen Industrie als verlängerter Werkbank des Westens der Realität noch immer nahekommen, zumindest was die durchschnittliche Struktur betrifft.

Zurück zur Ausgangsfrage: Wie sieht die Bilanz des industriellen Neuanfangs aus? Wo steht heute die Industrie des Ostens? Die Antwort lautet: Sie steht dort, wo sich typischerweise die Industrie in strukturschwächeren Regionen eines hochproduktiven Industrielandes befindet. Sie ist in ihren Märkten zu den gegebenen Löhnen wettbewerbsfähig, aber sie hat Charakteristika, die nicht die gleiche Wertschöpfung erlauben, wie sie in denselben Industriezweigen in den westdeutschen Ballungszentren erwirtschaftet wird. Und sie ist insgesamt nicht groß genug, um den Produktivitäts- und Einkommensabstand zu diesen Ballungszentren auch in den Bereichen nicht handelbarer Güter und Dienste deutlich zu verringern.

All dies hat Ähnlichkeiten mit der Geschichte strukturschwacher Gebiete Westdeutschlands, zum Beispiel innerhalb Bayerns die Oberpfalz und Oberfranken im Vergleich zu Südbayern, innerhalb Hessens der Norden des Landes relativ zum Rhein-Main-Gebiet, innerhalb Baden-Württembergs die Schwarzwaldregion relativ zum Großraum Stuttgart. Allerdings ist der Rückstand des Ostens ein Stück größer als die traditionellen Rückstände, die wir aus der Geschichte Westdeutschlands kennen. Die Dimension des Ost-West-Produktivitätsgefälles erinnert mehr an die Größenordnung, wie wir sie seit langer Zeit in den USA beobachten können: zwischen dem Alten Süden und den hochproduktiven industriellen Ballungszentren im Nordosten und an der Westküste. Ging es früher innerhalb Westdeutschlands um mäßige regionale Rückstände von sagen wir zehn bis 15 Prozent, so geht es heute um Lücken in der Größenordnung von 20 bis 30 Prozent.

4.3 | Regionale Wachstumspole

Bis jetzt haben wir, was den industriellen Neuanfang betrifft, immer vom „Osten" gegenüber dem „Westen" gesprochen. Darf man das überhaupt? Gibt es nicht innerhalb des Ostens ganz unterschiedliche Niveaus der Wirtschaftskraft und Geschwindigkeiten der Entwicklung, die keineswegs über einen Kamm zu scheren sind? Liest man nicht häufig über Regionen, die den Aufholprozess gut bewältigen, und andere, die hoffungslos hinterherhinken? Die Antwort lautet: Es gibt Unterschiede, aber um sie genau dingfest zu machen, müssen wir zunächst präzise festlegen, von was wir überhaupt reden. Geht es um die wirtschaftliche Leistungskraft der Erwerbstätigen, die in einer Region arbeiten, also um die Arbeitsproduktivität? Oder geht es um die wirtschaftliche Leistung einer Region als Ganzes? Beides ist wichtig, wirtschaftlich und wirtschaftspolitisch. Wir werden deshalb auch beides in den Blick nehmen. Wir werden allerdings sehen, dass die Bilanz etwas anders ausfällt, je nachdem, was im Vordergrund steht.

Zunächst zu den regionalen Unterschieden der Arbeitsproduktivität zwischen den ostdeutschen Flächenländern. Wie groß sind sie? Einige konkrete Zahlen: Im Jahr 2008 erwirtschaftete ein Erwerbstätiger im verarbeitenden Gewerbe mit 41,97 Euro die höchste Wertschöpfung je Arbeitsstunde in Sachsen-Anhalt, gefolgt von Brandenburg mit 37,74 Euro, Mecklenburg-Vorpommern mit 33,90 Euro, Sachsen mit 32,63 Euro, und Thüringen mit 32,24 Euro. Die Unterschiede sind dabei im Wesentlichen durch die Branchenstruktur zu erklären. So verfügen die beiden Spitzenreiter Sachsen-Anhalt und Brandenburg über große Standorte der Chemie- und Mineralölindustrie, wo typischerweise bei sehr hohem Kapitaleinsatz auch eine sehr hohe Arbeitsproduktivität erzielt wird, was sich in den Zahlen recht deutlich niederschlägt. Gesamtwirtschaftlich fällt deshalb auch dieser Sondereffekt der Chemie weit weniger stark ins Gewicht, bleibt aber noch immer sichtbar. So lag 2008 die Wertschöpfung pro Arbeitsstunde insgesamt bei 31,84 Euro in Sachsen-Anhalt, 31,43 Euro in Brandenburg, 30,20 Euro in Mecklenburg-Vorpommern, 29,30 Euro in Sachsen und 29,00 Euro in Thüringen. Der Durchschnitt betrug 30,19 Euro.

Diese vielen Zahlen zeigen vor allem eines: Die regionalen Unterschiede sind insgesamt gering. Nach fast zwei Jahrzehnten der wirtschaftlichen Entwicklung liegt die Arbeitsproduktivität in den ostdeutschen Flächenländern ganz dicht beisammen (siehe Schaubild 8). Keineswegs stützt das Bild die oft geäußerte Vermutung, die Sachsen und Thüringer hätten sich aus dem ostdeutschen Geleitzug gelöst und seien mit schnellen Schritten auf dem Weg, den Leistungsdurchschnitt der Erwerbstätigen im Westen zu erreichen. Denn auch heutzutage dominiert noch ganz eindeutig zwischen den Flächenländern in Deutschland der Ostrückstand. So liegt selbst Sachsen-Anhalt, das ostdeutsche Flächenland mit der höchsten Arbeitsproduktivität, knapp 14 Prozent unter dem Niveau von

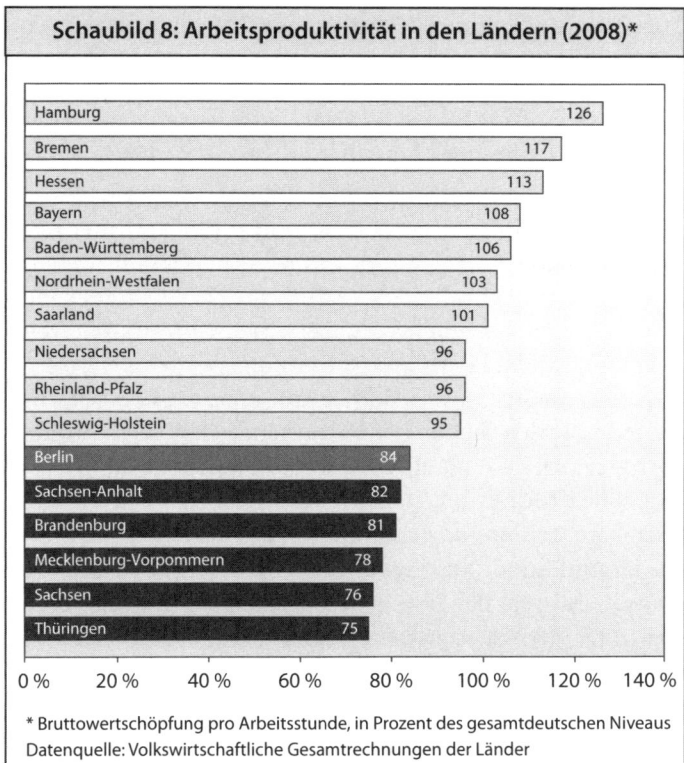

Schaubild 8: Arbeitsproduktivität in den Ländern (2008)*

Hamburg	126
Bremen	117
Hessen	113
Bayern	108
Baden-Württemberg	106
Nordrhein-Westfalen	103
Saarland	101
Niedersachsen	96
Rheinland-Pfalz	96
Schleswig-Holstein	95
Berlin	84
Sachsen-Anhalt	82
Brandenburg	81
Mecklenburg-Vorpommern	78
Sachsen	76
Thüringen	75

0 %   20 %   40 %   60 %   80 %   100 %   120 %   140 %

* Bruttowertschöpfung pro Arbeitsstunde, in Prozent des gesamtdeutschen Niveaus
Datenquelle: Volkswirtschaftliche Gesamtrechnungen der Länder

Schleswig-Holstein, dem westdeutschen Flächenland mit der niedrigsten Wertschöpfung je Arbeitsstunde (2008: 36,91 Euro). Und der Rückstand Sachsens auf das Nachbarland Bayern (2008: 41,70 Euro) beträgt noch immer 30 Prozent von dessen Niveau.

Warum gibt es zwischen den ostdeutschen Ländern so geringe Produktivitätsunterschiede? Die Antwort kann nur lauten, dass die entscheidenden Bestimmungsgründe der Produktivität eben noch in allen Ländern sehr ähnlich wirken. Dies ist selbst heute noch so, fast zwei Dekaden nach der Wiedervereinigung. Und es war seit den frühen 1990er-Jahren nie anders, denn die Entwicklung verlief in allen fünf Ländern parallel: zunächst schnelles

Aufholen und dann ein Abbremsen in allen Branchen, mit Stagnation in der Bauwirtschaft und im Dienstleistungsgewerbe, aber fortgesetztem, wenn auch verlangsamtem Aufholen in der verarbeitenden Industrie. Überall das gleiche Muster, überall die gleiche zeitliche Abfolge. Überall übrigens auch die im Vergleich zum Westen geringe Forschungsorientierung und die relativ niedrige, aber steigende Exportquote des verarbeitenden Gewerbes. Kurzum: Überall noch verlängerte Werkbänke, wenn auch mit unterschiedlichen Branchenschwerpunkten. Aber insgesamt ein fast perfekter Geleitzug.

Etwas anders ist das Bild, wenn man die wirtschaftlichen Gesamtleistungen der Regionen in den Blick nimmt. Hier gibt es in der Tat erkennbare Unterschiede im Wachstum der Produktion (siehe Schaubild 9). Und es sind genau diese Unterschiede, die in der öffentlichen Meinung am meisten wahrgenommen werden. Thüringen und Sachsen führen dabei die Wachstumsliga an, mit einer Zunahme der Wertschöpfung (preisbereinigt) um 104 beziehungsweise 88 Prozent von 1991 bis 2008. Schlusslichter sind Mecklenburg-Vorpommern und Sachsen-Anhalt mit 77 beziehungsweise 76 Prozent. Brandenburg liegt mit 87 Prozent dazwischen, hat aber massiv von der Verlagerung von Produktionsstätten aus Berlin ins Umland profitiert und ist insofern nur schwer vergleichbar. Fasst man, was hier sinnvoll ist, Berlin und Brandenburg zusammen, bleibt gerade mal ein Wachstum von 38 Prozent (siehe Schaubild 9). Sieht man von Berlin und seiner Umgebung ab, erinnert das Wachstumsbild stark an vertraute westdeutsche Regionalmuster: ein schnell wachsender Süden mit Thüringen und Sachsen anstelle von Baden-Württemberg und Bayern, ein zurückhinkender Norden mit Mecklenburg-Vorpommern anstelle der norddeutschen Küstenländer Schleswig-Holstein und Niedersachsen, und eine Art altindustrielle Mitte mit Sachsen-Anhalt anstelle von Nordrhein-Westfalen.

Das Bild bestätigt sich im Wesentlichen, wenn man

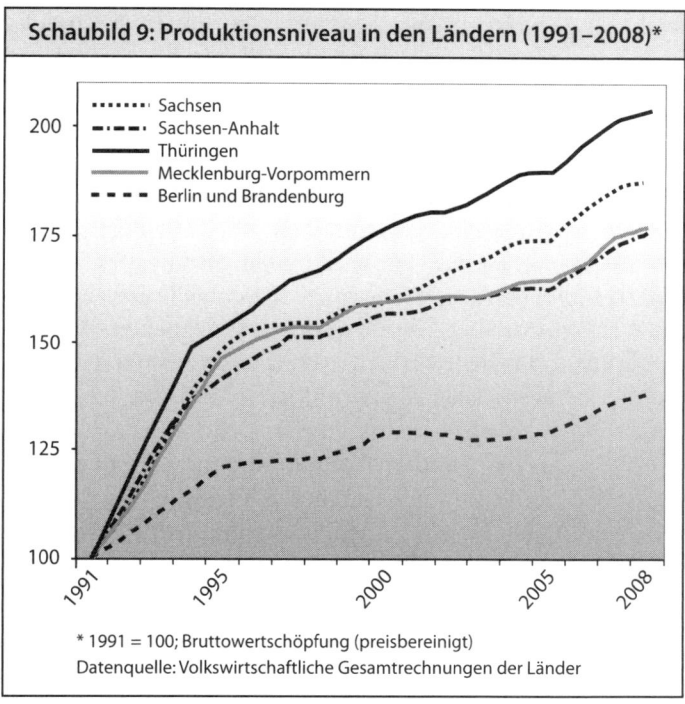

Schaubild 9: Produktionsniveau in den Ländern (1991–2008)*

* 1991 = 100; Bruttowertschöpfung (preisbereinigt)
Datenquelle: Volkswirtschaftliche Gesamtrechnungen der Länder

auf die regionalen Veränderungen der Beschäftigung im verarbeitenden Gewerbe blickt. So nahm die Erwerbstätigkeit von 1991 bis 2008 zwar überall ab, doch sie tat es mit Abstand am stärksten in Sachsen-Anhalt mit 20 Prozent, gefolgt von Thüringen mit 16 Prozent sowie Mecklenburg-Vorpommern und Sachsen mit jeweils 13 Prozent und schließlich dem Sonderfall Brandenburg mit 12 Prozent. Deutlich erkennbar ist dabei, dass sich die Schrumpfung des altindustriellen Zentrums in Sachsen-Anhalt noch weit stärker in der Beschäftigung als in der Wertschöpfung niederschlug, eben weil der Prozess der Modernisierung mit einer besonders starken Steigerung der industriellen Arbeitsproduktivität einherging.

Es ist wichtig, diese Unterschiede im Wirtschaftswachstum der Länder wahrzunehmen. Aber es ist ebenso wichtig, sie nicht zu überschätzen. Dies gilt insbesondere für die letzten Jahre, seit der Prozess der radikalen industriellen Erneuerung im Wesentlichen abgeschlossen wurde und sich auch die Geschwindigkeit des Wachstums insgesamt deutlich verlangsamt hat. Seit etwa dem Jahr 2000 kann man sicherlich von einer Art natürlichem Wachstum sprechen, das in keinem der fünf Flächenländer noch viel zu tun hat mit Privatisierung, Sanierung und Transformation. Tatsächlich haben sich die regionalen Wachstumstrends seither deutlich angeglichen. Was die Produktion betrifft, wächst der Süden weiterhin schneller als der Norden und die altindustrielle Mitte, aber die Unterschiede sind kleiner geworden; und im verarbeitenden Gewerbe hat Sachsen-Anhalt mit den anderen mitteldeutschen Ländern Sachsen und Thüringen im Wachstumstempo gleichgezogen. Auch was die Veränderung der Erwerbstätigkeit betrifft, gibt es eine gewisse Konvergenz. Allerdings bleibt Sachsen das Land, das sich dem – wenn auch gebremsten – Abwärtstrend der Beschäftigung am erfolgreichsten entgegenstemmt.[65]

Selbstverständlich gibt es auch deutliche regionale Unterschiede in der Industriestruktur, genau wie im Westen Deutschlands. Und es ist auf den ersten Blick verblüffend, wie stark die neu entstandene Struktur in den ostdeutschen Flächenländern an den traditionellen Schwerpunkten anknüpft, die es schon vor der deutschen Teilung gab. So hatten zum Beispiel die drei mitteldeutschen Länder traditionell jeweils sehr unterschiedliche Spezialisierungsmuster, die sich in modernisierter Gestalt auch in den letzten Jahren wieder geformt und verstärkt haben: Sachsen mit einem Schwerpunkt im Fahrzeugbau und in der Mikroelektronik, der Nachfolgerin der früheren elektrotechnischen Industrie; Sachsen-Anhalt mit Schwerpunkten in der Ernährungswirtschaft, dem Maschinenbau und der Chemie bis hin zur (chemienahen) modernen Fotovoltaik; und Thüringen mit Feinmechanik und Optik. Auch die regionalen Standorte sind im Wesentlichen die alten geblieben: Städte, die als Zentrum für einen bestimmten Industriezweig bekannt waren, sind zumeist auch heute noch (oder wieder) wichtige Standorte der betreffenden Branche.

Dies ist eine bemerkenswerte Entwicklung. Es gibt dafür durchaus plausible Gründe. Wirtschaftlich zeigte sich nach der Wiedervereinigung sehr schnell, dass in den betreffenden urbanen Zentren eine Facharbeiterschaft lebte, die nicht nur die nötige Kompetenz und Bereitschaft zur Fortbildung mitbrachte, sondern auch eine starke Affinität zur traditionellen Industrie am jeweiligen Standort. Oft handelte es sich um Mitglieder von Familien, die seit der Industrialisierung über Generationen in der betreffenden Branche oder gar in einem einzelnen Unternehmen tätig waren. Daneben gab es politisch auf allen Ebenen ein starkes Bestreben, möglichst an der regionalen Tradition anzuknüpfen. Denn nur dies versprach eine wirtschaftliche Perspektive, die auch emotional von der Bevölkerung leicht nachzuvollziehen war. Dies galt selbst für jene Branchen wie zum Beispiel die Chemie im Raum Halle und Bitterfeld, die schwere ökologische Schäden hinterlassen hatten. Es zeigte sich hier in beeindruckender Weise, wie stark die Verbundenheit der Menschen zu bestimmten Industriezweigen ist, wenn diese einmal über viele Jahrzehnte die Grundlage für die Prosperität einer Region lieferten. Helmut Kohl, der damalige Bundeskanzler und selbst in der Chemiestadt Ludwigshafen aufgewachsen, erahnte diese Verbundenheit. Und er äußerte deshalb frühzeitig den ausdrücklichen politischen Willen, den ostdeutschen Chemiestandorten eine marktwirtschaftliche Zukunft zu sichern, selbst auf Kosten sehr hoher Subventionen.

Es sind sicherlich auch diese Schwerpunkte der Industriestruktur, die deutliche Unterschiede in der industriellen Forschungs- und Exportorientierung der Länder erklären. So liegen Sachsen und Thüringen sowohl in Forschungsausgaben als auch Forschungspersonal der

Im Osten geht die
Sonne auf

Vom Notstandsgebiet zum Solar Valley

Bitterfeld: Dieser Name ist zum Synonym geworden für den ökologischen Totalschaden der sozialistischen Planwirtschaft. Chemie und Braunkohleförderung hinterließen 1990 das Bild einer geschundenen und vergifteten Industrielandschaft. Selbst den größten Enthusiasten des Aufbaus Ost fehlte damals die Fantasie, sich vorzustellen, wie diese Stadt wieder auf die Beine kommen könnte.

Seit einigen Jahren macht Bitterfeld ganz andere Schlagzeilen: als Zentrum der Fotovoltaik. Jener Branche also, die auf dem Weg zu erneuerbaren Energien eine Schlüsselrolle spielt und in ganz Deutschland per Gesetz über höhere Strompreise massiv gefördert wird. Der Kontrast zu früher könnte nicht größer sein. Hypermoderne Hightechfirmen wie Q-Cells und Sovello beherrschen das Bild des Gewerbegebietes von Thalheim, einem Ortsteil der neu fusionierten Doppelstadt Bitterfeld-Wolfen. Smarte CEOs („Chief Executive Officers") präsentieren ihre Arbeiten und Visionen im Stil einer neuen Generation, den wir eher in Kalifornien und Massachusetts vermuten würden als in der Nähe der industriellen Altlasten von Braunkohle und Chemie.

Und doch haben sie eine Menge miteinander zu tun, die Vergangenheit und die Zukunft. Fragen wir die Firmenchefs, warum sie sich ausgerechnet diese Region für ihre Investition ausgesucht haben, dann steht ganz oben das industrielle Erbe der DDR: eine Facharbeiterschaft, die in den Chemiewerken in Bitterfeld oder der Filmfabrik Orwo (ganz früher: Agfa) in Wolfen ihr Handwerk gelernt hat und mühelos das Verständnis mitbringt, sich in die neue Welt der Siliziumscheiben einzuarbeiten. Hinzu kommen das günstige Lohnniveau, ein leistungsfähiges Forschungsumfeld an einer Reihe mitteldeutscher Universitäten mit technischen Schwerpunkten und der Einsatz politischer Entscheidungsträger auf allen Ebenen. Im spektakulärsten Fall von Q-Cells trug das Land Sachsen-

Anhalt anfangs sogar ein Teil des Risikos mit – über die landeseigene Innovationsbeteiligungsgesellschaft. Eine lohnende Investition, wie sich herausstellte, gekrönt durch den Börsengang im Jahr 2005.

Tatsächlich ist das Wachstum der letzten Jahre atemberaubend: Q-Cells und Sovello beschäftigten zuletzt mehr als 3 500 Mitarbeiter, bei einem Umsatz von zusammen über einer Milliarde Euro. Und dies mit starker eigener Forschung, ganz anders als die verlängerten Werkbänke, die sonst im Osten so typisch sind. Eine Erfolgsgeschichte, vergleichbar dem Entstehen des Dresdner „Silicon Saxony" vor einigen Jahren, der größten Konzentration von Halbleiterproduzenten in Europa. Im Falle der Fotovoltaik ist es sogar eine Entwicklung, die zunehmend breitere ostdeutsche Züge trägt. Denn nicht nur das „Solar Valley" in Bitterfeld hat Investitionen angezogen, sondern auch Städte wie Erfurt und Freiberg. Mehr als die Hälfte des Umsatzes der Branche entsteht heute schon im Osten. In Zukunft wird der Anteil noch weiter wachsen.

Mit der industriellen Innovationskraft kommt allerdings auch die Anfälligkeit gegenüber Konjunktureinbrüchen. Die jüngste Finanzkrise hat gerade jene Branchen früh und hart erfasst, die besonders anspruchsvolle Expansionspläne hatten. Dazu zählt neben der Halbleiterindustrie auch die Fotovoltaik. Q-Cells und Sovello haben im April 2009 erstmals Kurzarbeit angemeldet, weil massiv Aufträge storniert wurden. Und der Bau eines neuen Werkes von Q-Cells in Malaysia hat zwar begonnen, aber zunächst mit erheblich kleinerer Kapazität als ursprünglich geplant. Es ist zu erwarten, dass Chemie und Fotovoltaik, die beiden Standbeine der Wirtschaft im Raum Bitterfeld, von der Krise besonders schwer getroffen werden.

Aber so ist das nun einmal: Dort, wo es Sonne gibt, können auch mal dunkle Wolken aufziehen. In Bitterfeld werden es die Menschen hinnehmen. Denn sie haben schon viel Schlimmeres durchgestanden. Irgendwann wird die Sonne wieder scheinen über Solar Valley.

Industrie klar an der Spitze, gefolgt von Sachsen-Anhalt und Brandenburg sowie als Schlusslicht Mecklenburg-Vorpommern. Bei der Exportorientierung wiederholt sich im Wesentlichen dieses Bild. So hatte im Jahr 2008 Sachsen mit 37 Prozent die höchste Exportquote, gefolgt von Thüringen mit 33, Sachsen-Anhalt mit 29, Mecklenburg-Vorpommern mit 27 und Brandenburg mit 26 Prozent. Auch hier zeigt sich also wieder eine ähnliche Struktur zwischen Süd und Nord wie im Westen der Republik: Jene Regionen, die ihre Spezialisierung moderner Ingenieurtechnik in unterschiedlichen Branchen verdanken, sind auch typischerweise diejenigen, die in den Innovations- und Handelsstatistiken vorne liegen.

Tatsächlich haben sich inzwischen im Osten Deutschlands industrielle Ballungen herausgebildet. Sie werden gerne als „Cluster" bezeichnet, und zwar in dem Sinne, dass ein relativ kleinräumiges Netzwerk der Innovationskraft entstanden ist, das bis in öffentliche Wissenschafts- und Forschungseinrichtungen hineinreicht und dem jeweiligen Standort eine besondere wirtschaftliche Leistungskraft gibt. An erster Stelle werden dabei regelmäßig die Städte Dresden und Jena genannt – Dresden für die Mikroelektronik, Jena für Feinmechanik und Optik. In zweiter Linie stehen dann Leipzig für die Automobilindustrie, Chemnitz und Magdeburg für den modernen Maschinenbau, Bitterfeld für die Fotovoltaik und das Berliner Umland für die Verkehrslogistik. Diese Zentren weisen erste ermutigende Ähnlichkeiten auf mit jenen erfolgreichen Ballungsräumen Westdeutschlands wie Karlsruhe, München oder Stuttgart, die ihren Erfolg genau der Verzahnung von Industrie und Ingenieurwissenschaft verdanken. Allerdings stehen selbst Dresden und Jena in dieser Entwicklung erst am Anfang.

Wir haben bisher ausschließlich auf die Zunahme der wirtschaftlichen Leistungskraft der fünf ostdeutschen Länder geblickt. Genauer: der fünf Flächenländer. Für viele Fragestellungen ist dies ausreichend. Dies gilt aber offensichtlich nicht, wenn es um Ballungszentren und regionale Cluster geht. Hier ist die Entwicklung des Stadtstaats Berlin von zentraler Bedeutung. Tatsächlich fällt die wirtschaftliche Bilanz Berlins völlig aus dem ostdeutschen Rahmen, und zwar negativ. Berlins Wirtschaft erlebte von 1991 bis 2008 einen äußerst mageren Zuwachs der Wertschöpfung um inflationsbereinigt gerade mal acht Prozent. Das ist praktisch Stagnation. Diese ist im Wesentlichen auf eine Art indirekten Austausch von Arbeitsplätzen zurückzuführen: Die Industrie schrumpfte, während private und öffentliche Dienstleistungen expandierten. Per saldo nahm die Zahl der Erwerbstätigen um zwei Prozent ab, trotz des Umzugs von Bundesregierung und Bundestag nach Berlin mit all ihren Nachzugwirkungen auf private Lobbyisten.

Die wirtschaftliche Bilanz Berlins ist also außerordentlich schlecht. Dies gilt selbst dann, wenn man in Rechnung stellt, dass sich nach der Wiedervereinigung mit forciertem Tempo ein Speckgürtel im Berliner Umland bildete, der tief in das Land Brandenburg reicht. Insofern holte Berlin im Zeitraffer nach, was westdeutsche Großstädte über lange Jahre kontinuierlich erlebt hatten. Der Auslagerungseffekt erklärt allerdings nur einen Teil der Misere. So konnte auch die gemeinsame Wirtschaftsregion Berlin-Brandenburg im Zeitraum 1991 bis 2008 gerade mal inflationsbereinigt eine Zunahme der Wertschöpfung um 38 Prozent erzielen, weit weniger als selbst Sachsen-Anhalt, das im gleichen Zeitraum mit 76 Prozent das schwächste Wachstum der ostdeutschen Flächenländer erzielte (siehe Schaubild 9). Die Bildung eines Speckgürtels hat also die wirtschaftliche Wachstumsbilanz des Landes Brandenburg (+87 Prozent) sicherlich deutlich verbessert; aber dem wirtschaftlichen Motor Berlin fehlte die nötige Kraft, die Gesamtbilanz des Großraums nach oben zu ziehen.

Zweifellos ist Berlin ein merkwürdiger Sonderfall – als ehemals geteilte Stadt, die gleichzeitig mehrere radikale

Glanzvolle Fassaden, glanzlose Wirtschaft

Berlin wird zu einem zweiten Washington

„Wir sind arm, aber sexy." Selten hat ein Politiker den Kern der Sache so getroffen wie der Regierende Bürgermeister Klaus Wowereit mit diesem Satz über seine Stadt Berlin.

Tatsächlich hat das wiedervereinigte Berlin viel Attraktives zu bieten. Wer durch das historische Zentrum der Stadt flaniert, der kann nur beeindruckt sein vom Wiedererstehen eines klassizistischen Ensembles, das an ästhetischer Geschlossenheit seinesgleichen sucht. Wer die Museumsinsel besucht, der staunt über die wiedervereinigten Zeugnisse einer deutschen und preußischen Sammlerleidenschaft aus mehreren Jahrhunderten. Und wer bei der Berlinale landet, der kann am neu erstandenen Potsdamer Platz cineastischen Glamour genießen. Schritt für Schritt nähert sich Berlin wieder dem Niveau einer großen europäischen Kulturmetropole – auf Augenhöhe mit London und Paris.

Auch die Rückkehr des politischen und diplomatischen Lebens nach Berlin ist vollends geglückt. Bundestag, Bundesrat, die Ministerien, die Botschaften – praktisch alles von politischem Gewicht ist wieder da, wo es einmal war, und zwar untergebracht in behutsam restauriertem historischem Gemäuer oder zumindest in ansprechender moderner Architektur. Kein Zweifel, das neue politische Berlin kann sich sehen lassen.

Und es lässt sich sehen. Wer sich in den Bistros und Restaurants des Bezirks Mitte zwischen Gendarmenmarkt und Hackeschen Höfen umtut, der begibt sich in eine hochpolitisierte Atmosphäre. Ob bei Lutter & Wegner oder im Café Einstein, am Nebentisch finden sich überall gut gekleidete Lobbyisten. Bei trockenem Weißwein und Wiener Schnitzel gehen sie in stilvoller Großstadtatmosphäre ihrem Job nach, und der heißt: Gespräche führen, um die Trends der Zeit zu erfassen, Einfluss nehmen auf politische Entscheidungen, Präsenz zeigen in der Stadt der föderalen Macht.

Kein Zweifel, Berlin ist für Deutschland das geworden, was Washington D. C. für Amerika schon immer war: Zentrum der Politik, Mekka der Lobbyisten, angenehmer Ort der kommunikativen Begegnung. Kein Vergleich mehr mit der schrecklichen Zeit der Teilung, als der Westen zum alternativen Biotop verkam und der Osten sein Dasein als „Hauptstadt der DDR" hinter Mauer und Stacheldraht fristete. Freiheit und Urbanität gehören zusammen, und beide sind zurückgekehrt.

Wo aber bleibt die Wirtschaftskraft? Sie ist nicht zurückgekehrt. Allein die nackten Zahlen sind erschreckend: Die Produktivität eines Erwerbstätigen in der Stadt Berlin ist heute kaum höher als in Brandenburg und Sachsen-Anhalt und etwa ein Drittel niedriger als in wohlhabenden westdeutschen Großstädten wie Frankfurt am Main, Hamburg oder München. Das ist viel zu wenig. Die Stadt ist wirklich arm. Und der Grund ist einfach: Es fehlt an Industrie; und es fehlt an produktionsbezogenen Dienstleistungen. Es fehlt an praktisch allem, was Berlin an wirtschaftlichen Kraftquellen bis zur Teilung hatte.

Wie soll das weitergehen? Ein früherer Senator von Berlin, Volker Hassemer, forderte in den frühen 1990er-Jahren, Berlin dürfe nicht zurückschauen auf die Wirtschaft des 20. Jahrhunderts. Berlin brauche die Wirtschaft des 21. Jahrhunderts. Das ist richtig. Aber leider ist von dieser neuen Wirtschaft in Berlin noch viel zu wenig zu sehen. Ein bisschen Verkehrslogistik und Energietechnik hier, ein bisschen Biotechnologie da, aber all das reicht nicht, um als Wachstumslokomotive die Wirtschaft Ostdeutschlands mitzuziehen. Was München jahrzehntelang für Bayern war, das müsste eigentlich heute das wiedervereinigte Berlin für den ganzen Osten sein. Ist es aber nicht. Der Osten muss ohne Lokomotive auskommen. Leider.

Veränderungen erlebte: eine industrielle Krise im Ostteil der Stadt, gemeinsam mit den ostdeutschen Flächenländern, die Abwanderung von Gewerbe und Einwohnern in das Umland außerhalb der Stadtgrenzen und den Zuzug der Bundesregierung und des Bundestags mit ihren Verwaltungen sowie im Schlepptau der Tross der Lobbyisten. Die Stadt wurde dadurch ihres traditionell industriellen Charakters beraubt. Und sie konnte deshalb jenseits des unmittelbaren Umlands in Brandenburg kaum Wachstumsimpulse in die ostdeutschen Flächenländer aussenden. Berlin hat also bisher nicht annähernd an der Rolle anknüpfen können, die es vor der Teilung im gesamten östlichen Deutschland spielte: als boomendes Industrie- und Dienstleistungszentrum und Saugnapf für Zuwanderer (außer Bürokraten und Lobbyisten).

Wir nähern uns dem Schluss unserer vergleichenden Wachstumsbilanz der ostdeutschen Länder. Es hat sich gezeigt, dass es wichtig ist, die Unterschiede zwischen den Regionen zu erkennen. Mindestens genauso wichtig ist es allerdings, diese Unterschiede nicht zu überzeichnen. Denn es gab und gibt in allen neuen Ländern nicht nur industrielles Wachstum in den modernisierten traditionellen Zentren mit ihren spezifischen Branchencharakteristika. Daneben ist eine völlig neue – und traditionslose – Industrie entstanden, und zwar vor allem entlang der großen Verkehrsachsen. Man könnte sie als „Autobahnökonomie" bezeichnen. Es geht dabei um Betriebe zumeist des verarbeitenden Gewerbes, die sich in den Gewerbegebieten kleiner und mittlerer Städte angesiedelt haben, angezogen durch Fördermittel, aber auch durch spezifische Standortvorteile, die von zuständigen Bürgermeistern und Wirtschaftsförderern gezielt für die Anwerbung eingesetzt werden: beste Erschließung zu den Verkehrsachsen, niedrige Gewerbesteuern sowie schnelles, unbürokratisches und wirtschaftsfreundliches Agieren der zuständigen Gemeinden. Zumeist liegen diese Gewerbegebiete nahe bei einer Autobahn oder einer bestens ausgebauten Bun-

desstraße, oft auch nicht allzu weit entfernt von größeren
Städten, die sich in dieser Form der kommunalen Ansied-
lungspolitik erheblich schwerer tun. Es mutet dann auf
den ersten Blick oft befremdlich an, am Rande von kleinen Gemeinden bestens gefüllte Gewerbegebiete vorzu-
finden, in den Großstädten dagegen eine Menge altindust-
rielles Ödland.

Tatsächlich ist die Autobahnökonomie kein neues Phänomen. Sie gibt es im Westen schon lange. Sie entstand
dort im Zuge der systematischen Verbesserung der überregionalen Verkehrswege vor allem in den 1960er- und
1970er-Jahren. Sie sorgte damals dafür, dass viele kleinere
Städte und Gemeinden es endlich schafften, im Standortwettbewerb um Investoren mit den großen urbanen Zentren konkurrieren zu können. Die typische Investition
im ländlichen Raum erfolgte in jenen Produktionslinien
des verarbeitenden Gewerbes, die in besonderer Weise auf
den guten Verkehranschluss angewiesen waren. Genau
diese Entwicklung hat seit Mitte der 1990er-Jahre auch in
Ostdeutschland stattgefunden, und zwar fast flächendeckend. Überall sind leistungsfähige Verkehrsachsen entstanden, entweder durch Erneuerung alter oder durch
Bau neuer Straßen und Autobahnen. Und mit ihnen entsprechende Gewerbegebiete. Es gibt praktisch keine Au-
tobahnausfahrt mehr, von der nicht irgendein Gewerbegebiet bequem erreichbar ist. Und viele davon sind gut
ausgelastet.

Diese kleinsten regionalen Wachstumspole sind überall sichtbar, in strukturschwachen Gebieten des Westens
genauso wie im Osten. Sie sind, überspitzt formuliert, die
einzige wirtschaftliche Chance der Provinz. Denn nur sie
sorgen dafür, dass wenigstens ein Teil der industriellen
Wertschöpfung von Neuansiedlungen in der Fläche – und
nicht in den Zentren – erfolgt. Ganz anders als bei den
meisten Dienstleistungen spielt für diese Art von überregionaler Wirtschaft der lokale Arbeitsmarkt von Spezialisten nur eine untergeordnete Rolle. Wichtiger ist die Qua-

Das Modell Wasserthal

Wie ein Bördedorf zum Mekka der Investoren wurde

Kennen Sie Osterweddingen? Wenn nicht, so helfe ich Ihnen. Osterweddingen ist ein Dorf mit gut 2 000 Einwohnern. Es liegt in der Magdeburger Börde, wenige Kilometer südlich der Landeshauptstadt Sachsen-Anhalts, nicht weit von der Autobahn A 14 in Richtung Dresden und auch nicht weit von der A 2 Hannover-Berlin. Das Dorf hat eigentlich nichts Aufregendes zu bieten. Ein Hotel, ein Tierarzt, ein Friseur und noch ein paar Serviceangebote des täglichen Lebens reihen sich entlang der Dorfstraße.

Der Ort hat nur eine Besonderheit: Erich Wasserthal, Jahrgang 1955, von Beruf Rundfunkmechaniker. Er ist seit 1994 Bürgermeister, zunächst nur von Osterweddingen selbst und seit 2001 von der Einheitsgemeinde Sülzetal, zu der sein Heimatort inzwischen gehört. Wasserthal ist derzeit Mitglied der CDU, er war vorher in der SPD und davor jahrelang parteilos. Im 20-köpfigen Gemeinderat hat er es mit sieben verschiedenen Parteien beziehungsweise Gruppierungen zu tun. Mit Leidenschaft ist Wasserthal deshalb nur eines: pragmatisch. Und dies erfolgreich.

Sehr erfolgreich. Vor allem wirtschaftlich. Ein Blick in das Osterweddinger Gewerbegebiet genügt, um sich davon zu überzeugen. Es ist ein bestens gepflegtes Areal, das sich in weitem Bogen von Norden her um das Dorf legt, zwischen der Autobahn und dem alten Ortskern. Es sind dort – laut Bürgermeister – etwa 8 000 Arbeitsplätze entstanden. Das Spektrum reicht von Unternehmen des verarbeitenden Gewerbes wie Salutas (Arzneimittel), M-O-W Maschinenbau, Nice Pak (Feuchttücher) und mehreren Glasherstellern über Logistikunternehmen wie DHL, Edeka Logistics, die Deutsche Post und diverse Spediteure bis hin zu Handwerkern, Dienstleistern sowie Großfleischereien, Großbäckereien und einem Hersteller von Tiefkühlpizza. Kurzum: eine Ansammlung von

Unternehmen, die jeder mittelgroßen Stadt zur Ehre gerei-
chen würde – und dies in Osterweddingen, einem 2 000-See-
len-Dorf mitten in Ostdeutschland.

Wie hat er das geschafft, dieser Wasserthal? Wie gelingt
es diesem kleinen, bärtigen, untersetzten, gemütlich drein-
schauenden Mann mit dem verschmitzten Gesicht so viele
mittelständische Fische an Land zu ziehen? Und das mit geradezu provozierender Bodenständigkeit, ohne einen Hauch
von aufgesetzter Business-Attitüde, die heute doch angeblich
überall so unentbehrlich ist? Zunächst natürlich, das müssen
wir zugeben, durch objektiv gute Bedingungen: eine exzellen-
te Verkehrsanbindung und die Nähe einer Großstadt. Aber
das ist es auch schon, was sich aufzählen lässt; und es sind
Bedingungen, die es in vielen anderen Gemeinden auch gibt,
ohne dass dies einen Investitionsboom auslöst. Es gehört
schon mehr dazu.

Erich Wasserthal hat es einmal selbst erklärt, in einem
Interview mit der Düsseldorfer *Wirtschaftswoche*. Gefragt
nach seinem Erfolgsrezept antwortete er: „Ich klingele noch
nachts um drei den Gemeinderat aus dem Bett, wenn es um
einen Investor geht." So ist es. Wundert es da noch, wenn auf
der Website der Gemeinde Sülzetal – ganz prominent – ein
Investorenportal zu finden ist, und dahinter steckt ein Kurz-
exposé zu dem Gewerbegebiet, mit präzise aufgelisteten De-
tailinformationen, vom – natürlich niedrigen – Hebesatz auf
die Gewerbesteuer über die verfügbaren Flächen, Verkehrs-,
Wasser-, Gas- und Elektroanschluss bis hin zur Müllentsor-
gung. Nicht der Tourist steht hier an erster Stelle, sondern
der Investor. Und die Arbeit, die er schafft.

Wohlgemerkt: Wasserthal ist kein Einzelfall. Viele kleine
Gemeinden im Osten haben es dem wirtschaftsfreundlichen
Pragmatismus ihrer Bürgermeister zu verdanken, dass sie
kräftige Fortschritte gemacht haben. Jenseits aller modischen
Diskurse über Netzwerke, Cluster und Branchenschwer-
punkte haben sie einfach überall dort zugegriffen, wo sich
Chancen boten. Eben genau das Modell Wasserthal. Es funk-
tioniert.

lität des Verkehrsnetzes, und natürlich das Vorhandensein einer Arbeitnehmerschaft, die bereit ist, gegebenenfalls auch weitere Wege zur Arbeit in Kauf zu nehmen. All dies ist auch in der ostdeutschen Provinz vorhanden, genauso wie in der westdeutschen. Es kann deshalb nicht überraschen, dass genau hier einer der sichtbarsten Erfolge des Aufbaus Ost zu verzeichnen ist.

Dieser Erfolg hat allerdings auch eine Kehrseite. Es geht nämlich bei den angelockten Betrieben fast immer um verlängerte Werkbänke – ohne Forschungsabteilungen oder sonstige herausragende Merkmale, die eine besonders hohe Wertschöpfung pro Arbeitsplatz garantierten. Dies gilt für den Westen wie für den Osten. So haben die Ansiedlungserfolge in Niederbayern oder in der Pfalz sicherlich nicht dazu geführt, dass diese Regionen in der industriellen Arbeitsproduktivität den Großraum München oder Frankfurt am Main erreichen konnten. Sie haben aber wenigstens dafür gesorgt, dass industrielle Arbeitsplätze entstanden und damit der ländliche Raum nicht ausblutete. Ähnlich stellt sich die Situation heute in Ostdeutschland dar, alles natürlich noch auf einem niedrigeren Niveau, und zwar sowohl in den Zentren als auch in der Fläche.

Es ist merkwürdig, wie wenig Beachtung diese Autobahnökonomie findet. Tatsächlich ist die politische Diskussion über regionale Entwicklung zumeist sehr stark auf die Zentren und deren potenzielle Cluster konzentriert. Dies liegt wahrscheinlich daran, dass die meisten Beobachter unterstellen, der ländliche Raum lebe letztlich ohnehin irgendwie von der Wertschöpfung, die in den Städten produziert werde. Es gelte deshalb, vor allem die industriellen Ballungen in den urbanen Zentren zu stärken. Das Modewort „Clusterpolitik" steht geradezu symbolisch für diese Art von politischer Perspektive. Tatsächlich gibt es weite Wirtschaftsbereiche, in denen das Land von der Wirtschaftskraft der Stadt lebt. Dies gilt vor allem für die vielen Dienstleistungen, die sich ausschließlich in den urbanen Zentren niederlassen. Es gilt aber gerade nicht für jene Industrien, für die eine Ansiedlung entlang gut ausgebauter überregionaler Verkehrswege aus betriebswirtschaftlicher Sicht sinnvoll ist. Denn um diese kämpfen im Standortwettbewerb eher viele kleinere Gemeinden entlang den Verkehrsachsen als große Städte und kleine Gemeinden innerhalb desselben Großraums.

Tatsächlich ist Ostdeutschland inzwischen, was Fernstraßen betrifft, bestens erschlossen. Es gibt kaum noch Regionen im Osten, von denen nicht in kurzer Zeit eine Autobahn oder zumindest eine gut ausgebaute Bundesstraße erreicht werden kann. Dies ist erfreulich. Es zeigt allerdings auch, dass von einem weiteren Ausbau der Verkehrsinfrastruktur kaum noch wirtschaftliche Wachstumsimpulse zu erwarten sind. Und es zeigt auch, dass die Autobahnökonomie zwar nützlich ist, aber ihre Grenzen hat. So gibt es trotz zunehmend guter Erschließung auch entlegener Regionen ein ausgeprägtes West-Ost-Wachstumsgefälle innerhalb Ostdeutschlands zwischen den Landkreisen. Die Faustregel lautet dabei: Je näher die polnische Grenze rückt, umso schwächer fällt die Wirtschaftsentwicklung aus. So hatten insgesamt neun Landkreise Ostdeutschlands von 2000 bis 2006 eine Schrumpfung der Erwerbstätigkeit von mehr als zwölf Prozent zu verzeichnen. Acht der neun finden sich in den ländlichen Räumen von Mecklenburg-Vorpommern, Brandenburg und Sachsen, die direkt an oder nicht weit von der Grenze nach Polen liegen. Umgekehrt drängeln sich, was industrielle Ansiedlungen betrifft, die erfolgreichsten Regionen im „Westen", das heißt nicht weit von den früheren innerdeutschen Grenzen. So konnten im gleichen Zeitraum (2000 bis 2006) acht ostdeutsche Landkreise die Zahl der Arbeitsplätze im verarbeitenden Gewerbe um mehr als zwölf Prozent erhöhen. Alle liegen in der Nähe zu angrenzenden westdeutschen Ländern.

Kurzum: Auch eine gute Verkehrsanbindung kann

nicht die Nähe starker Wirtschaftsräume ersetzen. Das Potenzial der Autobahnökonomie endet deshalb dort, wo es an der nötigen Vernetzung in eine großräumige Arbeitsteilung fehlt. Es ist bemerkenswert, dass dies offenbar in hohem Maße in der Nähe der polnischen Grenze gilt, und dies, obwohl die Wirtschaft Polens in den letzten Jahren stark gewachsen ist und selbst ein ausgeprägtes West-Ost-Gefälle aufweist. Offenbar gibt es im deutsch-polnischen Grenzraum auch fast zwei Dekaden nach der Wiedervereinigung Europas noch immer nur wenig Ansatzpunkte für ein wirtschaftliches Zusammenwachsen. Umgekehrt ist es genauso bemerkenswert, dass die räumliche Nähe zu westdeutschen Nachbarländern offenbar als ein wichtiger Standortvorteil wirkt, auch wenn in allen der Nachbarländer – von Schleswig-Holstein über Niedersachsen bis Hessen und Bayern – die jeweiligen Grenzregionen nach Ostdeutschland eher zu den strukturschwachen zählen. All dies deutet darauf hin, dass wir noch weit entfernt sind von einer wirklich tief greifenden Integration Europas zwischen Ost und West. Und ebenso weit entfernt von einer Wiederbelebung all jener engen wirtschaftlichen Kontakte, die einmal zwischen den osteuropäischen Ländern einschließlich der DDR innerhalb der sozialistischen Planwirtschaft bestanden. Insofern sind viele Erwartungen und Prognosen vom Anfang der 1990er-Jahre noch nicht in Erfüllung gegangen.

5 | Was ist die Deutsche Einheit wert?

5.1 | Aufbau Ost: Kosten und Leistung

„Ein Mezzogiorno ohne Mafia", so sah Ex-Bundeskanzler Helmut Schmidt im Jahr 2005 die Zukunft Ostdeutschlands, wenn sich nichts Grundlegendes ändere.[66] Er brachte das Gefühl zum Ausdruck, dass der Osten finanziell ein Fass ohne Boden werden könnte, fast so wie der berüchtigte Süden Italiens: eine wirtschaftlich unterentwickelte Region, die von der eigenen Wertschöpfung nicht leben kann und deshalb auf Dauer Unterstützung von außen braucht. Kurzum: eine ewige Transferökonomie. Eine Horrorvision.

Viele Deutsche teilen die Meinung von Helmut Schmidt. Ist sie aber auch gut begründet? Tatsache ist, dass über Jahre die Dauer und die Kosten des Aufbaus Ost massiv unterschätzt wurden. Die Gründe dafür lagen in einer Mischung aus Politik und Selbsttäuschung. Es ist nicht leicht, mit betont realistischen oder skeptischen Botschaften die Menschen zu motivieren, wenn die Lage wirklich schwierig ist. Jeder politisch Verantwortliche weiß das und scheut deshalb vor allzu schonungslosen Analysen zurück. Um nicht vor sich selbst unglaubwürdig zu werden, beginnt er dann, an seine eigene optimistische Einschätzung zu glauben, und es entsteht eine Art kollektive Selbsttäuschung. Die hält so lange, bis ein Wandel des Zeitgeists das Aussprechen harter Wahrheiten wieder stärker belohnt.

Ein solcher Wandel hat inzwischen im Fall der Deutschen Einheit stattgefunden, und zwar nachhaltig. Seit einigen Jahren überwiegen ganz eindeutig die tief skeptischen Einschätzungen. Oder einfach ein vielsagendes Schweigen. Kaum ein Politiker möchte wie seinerzeit Bundeskanzler Helmut Kohl mit seinem Bild der blühenden Landschaften immer wieder mit optimistischen Zukunftsvisionen der Einheit zitiert werden, die dann vor dem Hintergrund des schwierigen Strukturwandels merkwürdig hohl klingen und sogar zum Gespött Anlass geben. Dies hat allerdings nicht dazu geführt, dass die Diskussion sachlicher wurde. Im Gegenteil, das Pendel ist mit voller Wucht zurückgeschlagen. Die Euphorie der Frühzeit hat sich vollends in einen fast düsteren Pessimismus der mittleren Jahre umgewandelt.

Es ist also höchste Zeit, den Versuch zu machen, eine nüchterne Bestandsaufnahme von Kosten und Leistung des Aufbaus Ost vorzulegen. Die Schwierigkeiten liegen dabei auf der Hand, selbst wenn wir uns strikt auf das Finanzielle und Wirtschaftliche beschränken. Schon über die Kosten lässt sich endlos streiten: Was genau gehört dazu? Ist der sechsstreifige Ausbau der Autobahn A 2 zwischen Hannover und Berlin wirklich Aufbau Ost. Oder geht es dabei einfach nur um die Einbindung Gesamtdeutschlands in die großräumigen europäischen Verkehrsnetze? Wie steht es mit der ICE-Strecke Wolfsburg-Berlin, die weite unbewohnte Flächen Sachsen-Anhalts und Brandenburgs durchquert? Ist das Aufbau Ost, obwohl die allermeisten ICE-Züge die Reise ohne Halt absolvieren? Ähnlich sieht es bei der Bewertung der Leistung aus: Wie messen wir das Erreichte? Und vor allem: Wie bewerten wir es im Vergleich zu einer Welt ohne Aufbau Ost, die wir gar nicht kennen, weil es sie nie gegeben hat?

Wir wählen, wie so oft in diesem Buch, eine Art volkswirtschaftliche Vogelperspektive. Fangen wir dabei mit den Kosten des Aufbaus Ost an. Wir fragen zunächst: Wie viel von dem, was in Ostdeutschland seit der Wiedervereinigung an Ressourcen verbraucht wurde, war aus eigener Produktionsleistung finanziert? Wir stellen diese

Frage als erste, weil nur das, was nicht selbst erwirtschaftet wurde, überhaupt als Kosten des Aufbaus Ost in Betracht kommt. Es ist die Frage nach einer Art Obergrenze der Nettotransfers, völlig gleichgültig, in welcher Form diese erfolgten.

Die Volkswirtschaftliche Gesamtrechnung liefert dazu wichtige Eckdaten. Insbesondere weist sie jährlich aus, wie hoch im Zeitraum 1991 bis 2006 die Wertschöpfung und damit das selbst erwirtschaftete Einkommen in den ostdeutschen Ländern ausfiel. Ebenso beziffert sie die jährliche Höhe der gesamtwirtschaftlichen Nachfrage, also die Summe aus privatem Konsum, Staatsverbrauch und privaten Investitionen. Die Differenz zwischen Wertschöpfung und Verbrauch liefert ein Maß dafür, in welchem Umfang eine Region per saldo Ressourcen importiert oder exportiert. Geht es um Außenwirtschaftsbeziehungen von Nationen (und nicht Regionen), spricht man vom Leistungsbilanzsaldo.[67] Ist dieser negativ, muss ein Land jenen Teil des Ressourcenimports, der über den Exportwert hinausgeht, über Kapitalimporte finanzieren, also über Transfers, Kredite oder Ähnliches. Dieselbe Logik gilt natürlich für jede ausgewählte Region, und somit auch den Osten Deutschlands.

Wohlgemerkt: Ein Leistungsbilanzdefizit ist ein Maß für die „Unterdeckung" des eigenen Verbrauchs durch die eigene Produktion. Es sagt nichts aus über die Ursache dieser Unterdeckung. Diese kann im innerdeutschen Ost-West-Fall eine Vielzahl von Gründen haben: Einwohner des Ostens pendeln zur Arbeit in den Westen oder erhalten Renten aus einer bundesweiten Kasse, Banken oder Unternehmen im Westen gewähren Kredite an Betriebe im Osten, Länder oder Kommunen im Osten erhalten Mittel aus dem innerdeutschen Finanzausgleich und anderes mehr. Es sagt auch für sich genommen noch nichts darüber aus, ob eine Region im wirtschaftlichen Sinn über ihre Verhältnisse lebt oder nicht. Pendlereinkommen in Grenzregionen zum Beispiel mögen auf Dauer völlig normal und stabil sein, zeitweilige Überbrückungshilfen im Rahmen eines Solidarpakts dagegen nicht.

Wie hat sich nun der „Leistungsbilanzsaldo" des Ostens im Zeitraum von 1991 bis 2006 entwickelt? Es begann, wie Schaubild 10 zeigt, mit einem Defizit von 77 Milliarden Euro im Jahr 1991, das stufenweise bis auf gut 101 Milliarden Euro im Jahr 1994 anstieg, seither aber kontinuierlich abnahm – bis auf 32 Milliarden im Jahr 2006, dem letzten Jahr, für das vollständige Daten zur Verfügung stehen. Summiert man alle Defizite seit 1991 auf, so ergibt sich ein Gesamtbetrag von etwa 1,2 Billionen Euro.[68] Ökonomisch ist natürlich ein solches Verfahren fragwürdig, da Nominalwerte zu unterschiedlichen Zeitpunkten allein schon wegen der Preisinflation nicht gleich gewichtet werden sollten.[69] Trotzdem hilft es, eine Größenordnung abzustecken, und die ist gewaltig: Der gesamte Zufluss an Ressourcen nach Ostdeutschland seit der deutschen Wiedervereinigung beläuft sich zweifellos auf eine hohe Summe, fast die Hälfte des gesamtdeutschen Bruttoinlandsprodukts von 2008 und drei Viertel des aktuellen Niveaus der Staatsschulden in Deutschland.

Bemerkenswert ist, dass in den letzten Jahren kräftige Fortschritte gemacht wurden, die Lücke zwischen Verbrauch und Produktion zu schließen. Denn im Osten nahm die gesamtwirtschaftliche Produktion kontinuierlich zu, während seit den späten 1990er-Jahren der private Verbrauch real stagnierte und der Staatskonsum sowie die Investitionen zurückgingen. In jüngster Zeit ist deshalb das „Leistungsbilanzdefizit" auf gut 32 Milliarden Euro gesunken. Dies sind noch etwa zwölf Prozent des Bruttoinlandsprodukts der ostdeutschen Flächenländer (siehe Schaubild 10).[70] Und der Trend zeigt höchstwahrscheinlich weiter nach unten, zumindest für die Jahre 2007 und 2008, in denen es eine weitere starke Zunahme der industriellen Wertschöpfung gegeben hat, aber wohl keine entsprechende Zunahme des Verbrauchs. Es spricht

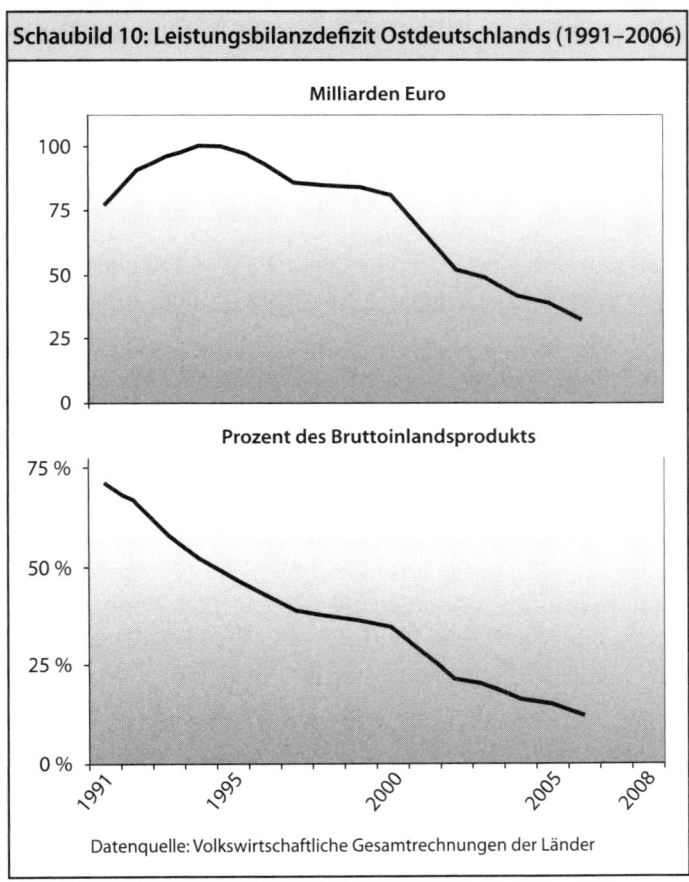

Schaubild 10: Leistungsbilanzdefizit Ostdeutschlands (1991–2006)

Milliarden Euro

Prozent des Bruttoinlandsprodukts

Datenquelle: Volkswirtschaftliche Gesamtrechnungen der Länder

vieles dafür, dass in allerjüngster Zeit das Defizit nur mehr in der Größenordnung von 20 bis 25 Milliarden Euro liegt, also etwa neun Prozent des ostdeutschen Bruttoinlandsprodukts. Damit hat es aktuell ein Niveau erreicht, das sich allein schon durch Pendlerströme sowie die Transfers aus Renten- und Sozialkassen mehr als erklären lässt. Denn rund 300 000 ostdeutsche Pendler tragen jährlich etwa acht Milliarden Euro zur westdeutschen Wirtschaftsleistung bei; ostdeutsche Rentner erhalten rund 21 Milliarden Euro mehr aus der Rentenkasse, als sie erhalten würden, hätte es die massive Mobilisierung von Arbeitskraft in der DDR nicht gegeben; und auf rund 35 Milliarden Euro beläuft sich das Volumen der Sozialtransfers in den Osten, das im Wesentlichen aus der strukturell höheren Arbeitslosigkeit resultiert.[71]

Kurzum: Das fortdauernde, wenn auch deutlich reduzierte Defizit ist mehr als vollständig durch Gründe zu erklären, die eher als Spätfolgen des Sozialismus zu charakterisieren sind denn als Konsequenz der wirtschaftlichen Schwäche. Oder anders gewendet: Die ostdeutsche Wirtschaft ist wegen des moderaten Lohnniveaus durchaus auch bei niedrigerer Arbeitsproduktivität als im Westen in der Lage, für ihre 5,8 Millionen Erwerbstätigen (beziehungsweise mit Berlin 7,4 Millionen) zu sorgen und dabei wahrscheinlich auch noch beträchtliche Summen an Kapitalerträgen in den Westen und ins Ausland zu transferieren.[72] Allerdings reicht es (noch) nicht, um auch die eigenen Rentner und Arbeitslosen zu finanzieren, zumal durch die recht hohe Zahl von Pendlern ein beträchtlicher Teil der Wertschöpfung für den Osten, nicht aber für Deutschland verloren geht. Dies ist eine Gesamtkonstellation, die noch nicht befriedigen kann. Aber es geht um ein typisch postsozialistisches Problem. Es hat kaum etwas zu tun mit der permanenten Schwäche Süditaliens, die schon über Generationen andauert, auch ohne sozialistische Abschottung vom Weltmarkt mit ihren langfristigen Folgen. Ein Vergleich mit dem Mezzogiorno erscheint allein schon deshalb überaus fragwürdig.

Aber zurück zu den Gesamtkosten der Einheit. Es dürfte nun klar sein, wie wir die kumulierten Leistungsbilanzdefizite des Ostens am besten interpretieren, nämlich als Obergrenze dessen, was man vernünftigerweise der Deutschen Einheit an „Kosten" zuschreiben kann.[73] Denn mit eingeschlossen sind alle Konsumansprüche, die eigentlich gar nichts mit dem Aufbau von Neuem zu tun haben, sondern nur mit dem finanziellen Umgang mit einer Erblast. Es ist deshalb sinnvoll, auch die Kosten des

Aufbaus Ost im engeren Sinn ins Visier zu nehmen, also all jene finanziellen Lasten, die tatsächlich für die physische Umgestaltung des Ostens und die Verbesserung der Lebens-, Umwelt- und Wirtschaftsbedingungen vorgesehen waren.

Zu nennen ist zunächst der Fonds Deutsche Einheit, ein Sondervermögen des Bundes. Er wurde im Mai 1990 mit einem Finanzvolumen von 115 Milliarden D-Mark ausgestattet. Seine Aufgabe war es, den Ländern und deren Kommunen eine ausreichende Finanzausstattung zu sichern, obwohl sie noch nicht Teil des Länderfinanzausgleiches waren. Dieser Weg lag nahe, da die schwer vorhersehbare Entwicklung es praktisch unmöglich machte, die neuen Länder gleich in den Länderfinanzausgleich einzubeziehen. Der Fonds wurde zweimal aufgestockt, noch vor der Wiedervereinigung auf 146,3 und im März 1993 endgültig auf 160,7 Milliarden D-Mark. Zehn Prozent der Finanzierung übernahmen die alten Länder, den Rest der Bund, und zwar zu ca. 31 Prozent über direkte Zahlungen und zu ca. 59 Prozent über Kreditaufnahme des Fonds, der aber seit 2005 im Bundeshaushalt integriert ist.

Die nächste große Weichenstellung erfolgte im Frühjahr 1993. Es kam zu einer ersten längerfristigen Regelung zur Finanzierung der Deutschen Einheit, dem Solidarpakt I. Dazu wurden die Schulden der Treuhandanstalt, des sogenannten Kreditabwicklungsfonds sowie Teile der Altschulden der kommunalen Wohnungswirtschaft im sogenannten Erblastentilgungsfonds zusammengeführt. Damit sollte vor allem eine klare finanzielle Abschlussregelung für die Treuhandanstalt erreicht werden. Als Sondervermögen des Bundes startete der Erblastentilgungsfonds mit einem Anfangsschuldenstand von 336 Milliarden D-Mark. Der Fonds ist inzwischen zum Großteil getilgt, und zwar zum einen durch regelmäßige Zuführung von Bundesbankgewinnen, wie sie das Gesetz vorsah, zum anderen direkt über den Bundeshaushalt. Im wirtschaftlichen Ergebnis heißt dies allerdings, dass die Schuld des Fonds letztlich weitgehend in Bundesschuld überführt wurde, denn ohne die Belastung durch die Tilgungs- und Zinszahlungsverpflichtungen aus dem Sondervermögen wäre die Bundesschuld entsprechend geringer ausgefallen.

Mit der Einrichtung des Erblastentilgungsfonds schuf der Solidarpakt I eine abschließende Schuldenregelung. Damit wurde eine Art Schlussstrich unter die Vergangenheit gezogen. In die Zukunft wiesen dagegen die neuen Regeln der Finanzbeziehungen zwischen den Ländern und dem Bund. Sie legten fest, dass die neuen Länder ab dem Jahr 1995 am Länderfinanzausgleich teilnehmen sollten. Dies geschah dann auch, und zwar zunächst unter den Regeln des Solidarpakts I, die bis 2004 Anwendung fanden, und dann unter den Regeln des Solidarpakts II, der 2001 ausgehandelt wurde. Die neuen Länder waren also ab 1995 Teil jenes Mechanismus, dessen Ziel es ist, annähernd gleichwertige Lebensverhältnisse in Deutschland herzustellen.

Der Länderfinanzausgleich genießt zu Recht den zweifelhaften Ruf, ein extrem komplexes Gesetzeswerk zu sein, dessen Vorschriften von der breiten Öffentlichkeit kaum verstanden werden. Im wesentlichen Kern läuft er über zwei Wege: den horizontalen Finanzausgleich zwischen den Ländern, in dem die Verteilung der Steuereinnahmen sowie Ausgleichsbeträge und -zuweisungen geregelt sind, sowie den vertikalen Finanzausgleich, über den der Bund mit sogenannten Bundesergänzungszuweisungen verschiedener Art einen zusätzlichen Ausgleich schafft.

Mit Blick auf Ostdeutschland ist es dabei sehr wichtig, zwei grundlegende Kategorien von Transfers auseinander zu halten: solche Transfers, die sich aus den „normalen" Mechanismen des Finanzausgleichs ergeben und nur insofern etwas spezifisch Ostdeutsches darstellen, als die neuen Länder von ihrer Finanzkraft her zu allen Zeiten seit 1995 die schwächsten Deutschlands waren; und solche Transfers, die ausschließlich aufgrund des besonderen Bedarfs durch die Nachwirkungen der DDR-Zeit bedingt sind. Diese nennen sich „Sonderbedarfsbundesergänzungszuweisungen", sicherlich ein Höhepunkt an begrifflicher Originalität deutscher Ministerialbeamtensprache. Wir verwenden im Folgenden das übliche Kürzel „SoBEZ", auch wenn es an Merkwürdigkeit der Schreibweise dem vollen Namen in nichts nachsteht.

Die SoBEZ für die neuen Länder haben im System des Länderfinanzausgleichs eine ganz wesentliche Übergangsfunktion. Sie sind gedacht als Instrument zur Finanzierung von Sonderlasten, die sich einmalig aus der besonderen Situation seit der Wiedervereinigung ergeben. Als Sonderlasten gelten dabei im Wesentlichen der zusätzliche Investitionsbedarf der öffentlichen Hand und die Verbesserung einer noch besonders schwachen kommunalen Finanzkraft. Diese Sonderlasten haben kein direktes Gegenstück in westdeutschen Ländern, auch nicht in den finanzschwachen Flächenländern wie Niedersachsen, Rheinland-Pfalz oder Schleswig-Holstein. Genau aus diesen Gründen war von vornherein klar, dass irgendwann die SoBEZ für die neuen Länder auslaufen würden; und ein zentraler Punkt bei der politischen Diskussion im Jahr 2001 über den Solidarpakt II war genau die Frage, wie hoch die SoBEZ noch sein würden und ab wann und wie schnell sie abschmelzen sollten. Man einigte sich nach schwierigen Verhandlungen auf eine stufenweise Senkung ab 2009 und das endgültige Auslaufen im Jahr 2019.

So weit die zentralen staatlichen West-Ost-Transferkanäle im und rund um den Länderfinanzausgleich. In welcher Größenordnung haben sich die Transfers bewegt? Welche Kosten sind dabei entstanden? Die Daten für die gesamte Zeit seit 1995 liegen recht präzise vor, und zwar sowohl für den horizontalen wie für den vertikalen Finanzausgleich.[74] Für den Zeitraum 1995 bis 2008 summieren sich die Ausgleichsbeträge und -zuweisungen in die ostdeutschen Flächenländer auf 45,4 Milliarden Euro, alle Bundesergänzungszuweisungen auf 127,2 Milliarden Euro.

Mit all diesem Datenmaterial lässt sich tatsächlich eine überschlägige Rechnung der gesamten West-Ost-Transfers durchführen: Fonds Deutsche Einheit 82 Milliarden Euro, Erblastentilgungsfonds 172 Milliarden Euro, horizontaler Finanzausgleich etwa 45 Milliarden Euro und vertikaler Finanzausgleich 127 Milliarden Euro, das ergibt zusammen 426 Milliarden Euro. Erinnern wir uns weiter, dass Investitionszulagen zulasten der allgemeinen Steuermittel von 1991 bis 2008 in Höhe von 29 Milliarden Euro vergeben wurden; ebenso Bundeszuschüsse über die Gemeinschaftsaufgabe „Regionale Wirtschaftsstruktur" von 35 Milliarden Euro; und Gelder über die EU-Strukturförderung in zwei Programmperioden (1994 bis 1999 und 2000 bis 2006) von insgesamt 34 Milliarden Euro. Wenn wir all dies aufaddieren, landen wir bei einer Gesamtsumme von rund einer halben Billion Euro. Wiederum also: ein riesiger Betrag.[75]

Auch hier gilt: Die Rechnung erfasst eine grobe Größenordnung, die man im Übrigen mit Vorsicht verwenden sollte, da Zahlen zu verschiedenen Zeitpunkten einfach ungewichtet aufsummiert wurden.[76] Und auch hier muss man sich natürlich klarmachen, wie die Summe zu deuten ist. Die Antwort lautet: Gut eine halbe Billion Euro wurde Ostdeutschland bis 2008 zur Verfügung gestellt, um tatsächlich das zu finanzieren, was gemeinhin als „Aufbau Ost" verstanden wird: die Herstellung von Lebens-, Umwelt- und Wirtschaftsbedingungen, die sich nicht mehr grundlegend vom Westen unterscheiden. Wenn man so will, sind dies die Kosten des physischen Teils des Aufbaus Ost. Pro heutigem Einwohner der ostdeutschen Flächenländer ist dies eine Summe von gut 38 000 Euro, verteilt über einen Zeitraum von fast zwei Dekaden.

Aufschlussreich ist der Unterschied in der Größenordnung zwischen dem kumulierten „Leistungsbilanzdefizit" des Ostens von rund 1,2 Billionen Euro und den 0,5 Billionen Euro, die direkt in den physischen Aufbau Ost gesteckt wurden. Die Differenz gibt eine grobe Vorstellung von dem, was über die großen Transfersysteme des Sozialstaates in den Osten geflossen ist: rund 0,7 Billionen Euro. Wohlgemerkt: Wir bewegen uns hier auf außerordentlich sandigem Grund, denn die Statistiken sind zwar für ihren jeweiligen Zweck nicht unpräzise, aber wir kombinieren sie in einer Weise, für die sie eigentlich nicht gemacht sind. Die Zahlen liefern also wirklich nicht mehr als grobe Orientierungen. Aber immerhin: Die liefern sie.

So viel zu den Kosten. Was war die Leistung, die diesen gigantischen Kosten gegenüberstand? Wir erinnern uns: Die nationale Aufgabe lautete „Aufbau Ost" und nicht „Erweiterung West". Ist sie gelöst worden? Ist tatsächlich im Osten unter marktwirtschaftlichen Bedingungen eine größtmögliche Zahl an Arbeitsplätzen entstanden, die den Menschen eine nachhaltige berufliche Perspektive bietet? Ist die Entvölkerung des Ostens, die nach der Wiedervereinigung drohte, verhindert worden? Kurzum: Was ist die Deutsche Einheit wirklich wert?

Man könnte sich die Antwort leicht machen und einfach auf die Statistik der Wanderungen verweisen. Die ist nämlich ernüchternd: In jedem Jahr seit 1991 wies Ostdeutschland eine negative Wanderungsbilanz auf. Im gesamten Zeitraum von 1991 bis 2007 verlor der Osten im Saldo von Zu- und Fortzügen gut eine Million Einwohner an die westdeutschen Länder. Der Trend zur Abwanderung dauert also an, und zwar bis in die jüngste Zeit. So lag der Saldo aus Fortzügen und Zuzügen im Durchschnitt der Jahre 2005 bis 2007 noch immer bei etwa 53 000 Menschen.

Diese Entwicklung erregt zu Recht Besorgnis. Und dies umso mehr, als unter denjenigen, die abwandern, überdurchschnittlich viele junge, gut qualifizierte Arbeitskräfte sind, die für sich im Westen (oder anderswo) nach besseren beruflichen Perspektiven suchen. Allerdings darf man nicht übersehen, dass hinter dem jährlichen Wanderungssaldo von etwa –50 000 sehr viel größere Menschenbewegungen in beide Richtungen stehen, von Ost nach West und von West nach Ost. Tatsächlich verließen im Durchschnitt der Jahre 2005 bis 2007 etwa 137 000 Menschen den Osten in Richtung Westen, aber 84 000 wanderten von dort zu. Und auch bei den meisten Zuwanderern sollte man annehmen, dass sie in erster Linie aus beruflichen Gründen mobil sind. Sie sehen – zumindest vorübergehend – im Osten die besseren Perspektiven als im Westen. Es wird geschätzt, dass etwa 3,4 Prozent der Bevölkerung in den ostdeutschen Flächenländern bis 1989 in Westdeutschland ansässig waren, das sind über 400 000 Menschen.[77] Es ist also keineswegs so, dass der Osten als wirtschaftlicher Zielraum gar niemandem von außen etwas zu bieten hat. Im Gegenteil, gerade diejenigen, die in eine Region mit hoher Arbeitslosigkeit wie Ostdeutschland ziehen, gehören zumeist zu jenem Personenkreis, der besonders gut qualifizierte Arbeit leistet und selbst in der strukturschwächeren Region mit knappem Angebot an Arbeitsplätzen Beschäftigung findet und oft auch Führungsaufgaben wahrnimmt.

Im Ergebnis bewirken die Wanderungsströme zwischen Ost und West also eine ausgeprägte Umverteilung der Bevölkerung in beide Richtungen. Hinzu kommen durchaus weiträumige Binnenwanderungen über Ländergrenzen innerhalb des Ostens, in den Jahren 2005 bis 2007 im Durchschnitt fast 50 000 Umzugsfälle. Die regionale Umverteilung stellt sich in stilisierter Form etwa wie folgt dar: Aus den strukturschwächsten ländlichen Regionen des Ostens wandern die Menschen in die Ballungszentren, und zwar sowohl in die großen westdeutschen als auch in die kleineren ostdeutschen; und zwischen den Ballungszentren in West und Ost gibt es einen durchaus regen Austausch, der keineswegs extrem asymmetrisch zugunsten des Westens ausfällt. Allerdings wandert prak-

tisch niemand vom Westen in die ländlichen Regionen
des Ostens. Das Ergebnis: Weite entlegene Landstriche
im Osten entleeren sich, was qualifizierte Arbeitskräfte betrifft. Große Teile von Vorpommern und der Uckermark,
von Prignitz, Altmark und Jerichower Land, von Süd-
harz und Mansfelder Land bis zum Thüringer Wald, vom
Fläming bis zur Dübener Heide, von Niederschlesien bis
zum Erzgebirge sind auf dem Weg zu einer extrem dün-
nen Besiedlung, wie es sie in Deutschland seit der Zeit
der Industrialisierung im 19. Jahrhundert nicht gegeben
hat.

Was die Bevölkerungsbilanz betrifft, lässt sich also fast
zwei Dekaden nach der Wiedervereinigung am ehesten
von einer Art „Teilstabilisierung" sprechen. Die ostdeutschen Ballungsräume sind zwar keineswegs Magneten der
Zuwanderung, aber doch wenigstens einigermaßen stabil;
die entlegenen ländlichen Regionen dagegen sind es überhaupt nicht.[78] Dabei darf der Begriff Ballungsraum nicht
zu eng gefasst werden. Es geht nicht nur um die Städte
und ihr unmittelbares Umland, sondern auch um jene
vielen Gemeinden, die den Kern dessen ausmachen, was
wir als Autobahnökonomie bezeichnet haben. Also Klein-
städte und sogar Dörfer, die ihre günstige Lage nicht allzu weit weg von den großen Verkehrsadern genutzt haben, um für industrielle Ansiedlungen zu sorgen. Solche
Klein- und Kleinstzentren des verarbeitenden Gewerbes
reichen oft weit hinein in eigentlich strukturschwache
Gebiete und sorgen im Umkreis der Verkehrsadern für
durchaus ordentliche wirtschaftliche Aussichten ohne
massive Abwanderung. Wie wir gesehen haben, gelingt
dies allerdings mehr in den westlichen als in östlichen
Regionen: Je näher die polnische Grenze rückt, umso
schwieriger wird es, den Nachteil der geografischen Lage
durch einen guten Verkehrsanschluss auszugleichen.[79]

Wie ist nun die Teilstabilisierung zu bewerten? Ist sie
ein Erfolg oder ein Misserfolg? Wie immer hängt es vom
Standard ab, mit dem gemessen wird. Gerade bei Ost-

deutschland darf dabei die Geschichte nicht außer Acht bleiben. Von der Gründung der DDR bis zum Mauerbau verließen etwa drei Millionen Menschen das Land Richtung Westen, ein Sechstel der gesamten Bevölkerung, darunter eine große Zahl von Erwerbspersonen mit sehr guter Qualifikation. In den politischen Wirren vor und während der deutschen Vereinigung, von 1988 bis Anfang 1991, waren es nochmals eine Million Menschen, darunter wiederum viele besonders Qualifizierte. Vor diesem Hintergrund nimmt sich ein negativer Wanderungssaldo von einer Million in einem Zeitraum von fast zwei Dekaden noch moderat aus.

Dies gilt umso mehr, als seit den frühen 1990er-Jahren die wirtschaftlichen und psychischen Mobilitätshindernisse gegenüber früher deutlich gesunken sind. Denn es geht heute – ganz anders als zu DDR-Zeiten – bei einem Umzug in den Westen nicht mehr um die dauerhafte Trennung von Verwandten und Freunden und um einen Sprung in ein fremdes System, in dem man sich zunächst zurechtfinden muss, bis sich dann erst eine vernünftige berufliche Perspektive abzeichnet. Heute startet man im selben System. Man kann sich vorab mühelos mit neuester Kommunikationstechnik und im Detail über die Bedingungen eines Zielorts der Abwanderung informieren. Und man kann anschließend den Kontakt zu Freunden und Verwandten ungestört aufrechterhalten. Kurzum: Ein Umzug von Brandenburg nach Niedersachsen oder Nordrhein-Westfalen ist heute nicht mehr viel anders als ein Umzug nach Sachsen oder Thüringen. Übrigens ein Ergebnis, das politisch als großer Erfolg anzusehen ist, aber es hat natürlich seine wirtschaftliche Kehrseite. Es bedeutet: größere Bereitschaft der Arbeitskräfte, wirtschaftlichen Verlockungen in anderen Regionen zu folgen, und deshalb ein rundum schärferer Wettbewerb um qualifizierte Arbeitskräfte.

Genau aus diesen Gründen kommt es heute möglicherweise auch zu einer ganz anderen Auswahl von Wanderungswilligen. Zur DDR-Zeit waren es vor allem Menschen mit weit überdurchschnittlichem Wagemut und Durchsetzungsvermögen, also klassische Unternehmertypen, die bereit waren, sich mit Energie, Schwung und Optimismus in eine neue unübersichtliche Aufgabe in einer für sie fremden Wirtschaftswelt zu werfen. Solche Eigenschaften braucht es heute nicht mehr für die innerdeutsche Wanderung. Es genügt eine gute berufliche Qualifikation, neben der Bereitschaft zum Ortswechsel. Die Risiken sind überschaubar, nicht viel größer als bei einem Ortswechsel innerhalb des Ostens. Der Rest ist eigentlich nur mehr eine Frage der sorgfältigen Planung. Unternehmerische Talente oder gar Abenteuerlust sind nicht mehr wirklich nötig. Es ist deshalb zu vermuten, dass die heutigen wanderungswilligen Erwerbspersonen am ehesten dem Typus des soliden Facharbeiters entsprechen: überdurchschnittlich qualifiziert, aber nicht unbedingt mit herausragenden Führungsfähigkeiten.

All dies ist natürlich Spekulation. Denn wir wissen viel zu wenig über die Eigenschaften all jener Menschen, die heute zwischen West und Ost wandern.[80] Wir können uns deshalb kein klares Bild machen, wie viel dem Osten an Potenzial für künftiges wirtschaftliches Wachstum dadurch verloren geht, dass noch immer deutlich mehr qualifizierte Arbeitskräfte ab- als zuwandern. In jedem Fall ist das Problem in seiner Dimension nicht annähernd vergleichbar mit der Schieflage, die es zu DDR-Zeiten gab. Damals ging es um ein rasches Ausbluten eines ganzen Landes, ein Aderlass an beruflicher Kompetenz und unternehmerischer Dynamik, und zwar ausschließlich von Ost nach West, ohne nennenswerte Zuzüge aus dem Westen. Heute geht es schlimmstenfalls um einen schleichenden Entzug von Wirtschaftskraft, der besonders jene Regionen schwer trifft, die ohnehin an einer besonderen Strukturschwäche leiden. Dies ist problematisch genug. Aber es ist noch lange kein Beleg für ein Scheitern des Aufbaus Ost.

Was ist es denn? Es ist die völlig normale Folge eines zählebigen Rückstands im Produktivitäts- und Lohnniveau. Denn der bedeutet gerade für die mobilen Führungskräfte und Facharbeiter, dass sie im Osten im Normalfall am Arbeitsplatz nur eine bescheidenere Verantwortung übernehmen können als im Westen – mit niedrigerer Wertschöpfung, weniger Mitarbeitern, geringerem Innovationspotenzial und schwächerer überregionaler Ausstrahlungskraft. Dies begrenzt nicht nur die Entlohnung selbst, sondern auch die erwarteten Aufstiegsperspektiven nach der Bewährung in einer aktuellen Aufgabe. Über einen längeren Zeitraum gerechnet fällt deshalb der subjektiv erwartete West-Ost-Einkommensvorsprung noch viel größer aus als der tatsächliche, der aus der Statistik abzulesen ist.

Ein Stück weit lässt sich dieses Problem vor Ort eingrenzen. Und zwar dadurch, dass die mobilen Fach- und Führungskräfte – und nur diese – einen Lohn auf dem Niveau des Westens erhalten, die übrige Belegschaft aber nicht. Tatsächlich geschieht dies schon heute in vielen Einzelfällen. Es bedeutet jedoch im Ergebnis, dass die Lohnspreizung innerhalb des Ostens (und sogar innerhalb einzelner Betriebe) erheblich größer ausfällt als im Westen. Auch dies ist eine durchaus typische Situation für Regionen, die bei hoher regionaler Mobilität von Facharbeitern insgesamt noch einen Entwicklungsrückstand aufweisen. Allerdings lehrt die Erfahrung, dass auch diese Art von Flexibilität vor Ort gewisse Grenzen hat. So scheuen selbst private Unternehmen ohne tarifliche Bindung davor zurück, die Lohnspreizung auf betrieblicher Ebene zu weit zu treiben, einfach weil die Gefahr besteht, dass dann die Arbeitsmotivation großer Teile der (schlechter bezahlten) Belegschaft gefährdet wird. Es gilt dann, eine Balance zu finden zwischen der Attraktivität des Standorts für mobile Arbeitskräfte und dem Betriebsfrieden. Und diese Balance setzt der Lohnspreizung natürliche Grenzen, und zwar selbst in der recht flexiblen

ostdeutschen Wirtschaftswelt, wo es nur noch Restspu-
ren des Flächentarifvertrages gibt.

Kurzum: Man sollte erst dann auf Dauer mit einer
ausgeglichenen Wanderungsbilanz rechnen, wenn sich
auch das Lohn- und Produktivitätsniveau zwischen West
und Ost einigermaßen ausgleicht. Alles hängt deshalb
letztlich doch an der wirtschaftlichen Leistungsfähigkeit,
die unter den herrschenden regionalen Bedingungen von
den Arbeitskräften erbracht werden kann. Sie ist deshalb
auch das entscheidende Kriterium für den wirtschaftlichen Erfolg oder Misserfolg der Deutschen Einheit. Die
Kernfrage lautet also zugespitzt: Ist die erreichte Arbeitsproduktivität ein Erfolg oder nicht, fast zwei Dekaden
nach der Wiedervereinigung? Sind – je nach Messung –
70 bis 80 Prozent des westdeutschen Niveaus eine Leistung oder ein Versagen? Was ist das alles wert als Ergebnis der Deutschen Einheit?

Um diese Frage beantworten zu können, brauchen
wir vernünftige Vergleichsstandards. Es genügt nicht,
einfach nur auf den Rückstand zum Westen zu verweisen
und zu klagen, dass dieser noch weiter besteht. Denn wer
sagt uns, dass dieser Maßstab überhaupt zum heutigen
Zeitpunkt erreichbar sein könnte – für eine Region, die
40 Jahre lang vollständig vom Weltmarkt abgeschlossen
war? Es ist deshalb nützlich, einen Seitenblick auf die Erfahrung jener Länder zu werfen, die über denselben Zeitraum das gleiche sozialistische Schicksal teilten. Sie sind
anschließend einen ganz anderen wirtschaftlichen Weg
gegangen als der Osten Deutschlands: den Weg des evo-
lutionären Wandels statt des revolutionären Umbruchs.
Wo stehen sie heute im Vergleich zu Ostdeutschland? Wo
liegt heute die industrielle Arbeitsproduktivität zum Beispiel in Tschechien? Immerhin ein Wirtschaftsraum, der
in der vorsozialistischen Zwischenkriegszeit fast den gleichen Entwicklungsstand hatte wie das seinerzeitige Mitteldeutschland. Und wo stehen heute Polen und Ungarn
sowie die Slowakei und Slowenien, alles EU-Mitglieds-

länder, die an den deutschsprachigen Wirtschaftsraum angrenzen?

Die Statistiken zeichnen ein recht eindeutiges Bild (siehe Schaubild 11): In Tschechien, der Slowakei und Ungarn betrug 2007 die Wertschöpfung pro Erwerbstätigen in der Industrie ein knappes Drittel des gesamtdeutschen Niveaus, in Polen sogar nur ein Viertel. Das Ausnahmeland Slowenien lag bei 44 Prozent, Ostdeutschland selbst bei 79 Prozent des gesamtdeutschen Niveaus. Klar ist natürlich: Diese fünf östlichen Nachbarn hatten keinen „Aufbau Ost" im Sinn eines massiven Hilfsprogramms durch einen benachbarten „Westen". Sie konnten ihre Infrastruktur nicht schnellstmöglich rundum erneuern. Und sie hatten keinen schnellen Rückgriff auf einen Pool von modernen Unternehmen aus demselben Kulturraum, der durch massive staatliche Förderung für Direktinvestitionen in der Region angezapft werden konnte. Insofern ist es nicht verwunderlich, dass sie in der Entwicklung der Produktivität ein Stück zurückgeblieben sind. Andererseits gibt es zumindest einige Regionen darunter, die – genauso wie große Teile Ostdeutschlands – eine starke industrielle Tradition vorweisen können. Insbesondere Tschechien brachte nach 1990 alles mit, was man nach dem konventionellen volkswirtschaftlichen Lehrbuch für schnelles Wachstum zum Aufholen braucht: eine qualifizierte Facharbeiterschaft, eine räumliche Nähe zu großen etablierten Märkten, eine durchaus konsequente marktwirtschaftliche Orientierung der Politik und ein niedriges Niveau der Lohnkosten. Kurzum: ein Zusammenspiel von Bedingungen, das eigentlich eine Welle von Direktinvestitionen in der Region hätte auslösen müssen, mit zügiger Steigerung der industriellen Produktivität. Tatsächlich war genau dies von vielen Beobachtern in den frühen 1990er-Jahren auch so erwartet worden.[81]

Es kam anders. Selbst Tschechien konnte bis heute nicht annähernd dort landen, wo das Land in vorsozialis-

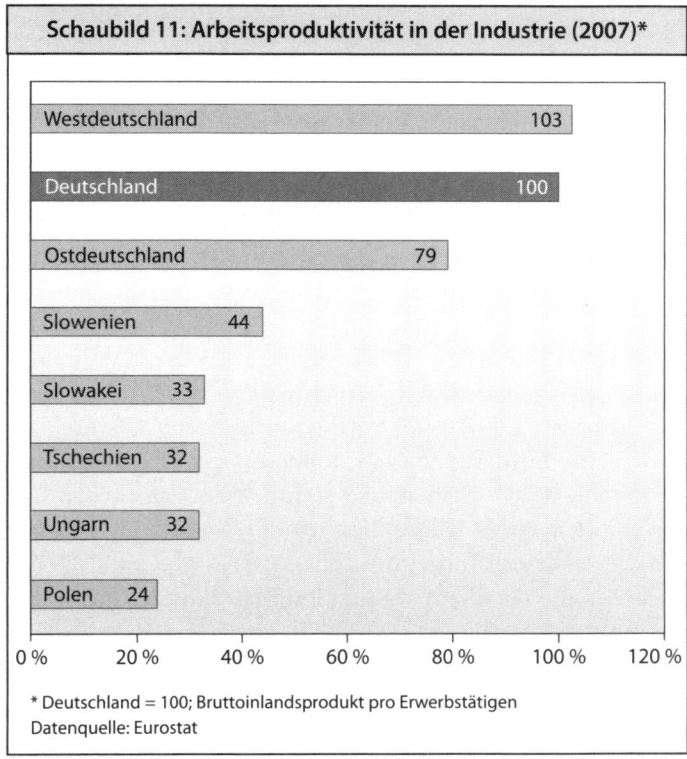

Schaubild 11: Arbeitsproduktivität in der Industrie (2007)*

Westdeutschland	103
Deutschland	100
Ostdeutschland	79
Slowenien	44
Slowakei	33
Tschechien	32
Ungarn	32
Polen	24

0 % 20 % 40 % 60 % 80 % 100 % 120 %

* Deutschland = 100; Bruttoinlandsprodukt pro Erwerbstätigen
Datenquelle: Eurostat

tischen Zeiten schon einmal im Vergleich zum heutigen Westen gestanden hatte – als ehemalige industrielle Hochburg der Habsburger Monarchie, deren Kernregionen Böhmen und Mähren auch in der Zwischenkriegszeit einen Lebensstandard in etwa auf dem Niveau von Österreich vorweisen konnten.[82] Dies zeigt vor allem eines: Der Aufholprozess ist sehr schwierig und langwierig. Alle Vorstellungen von schneller Konvergenz zwischen dem postsozialistischen Mittel- und Osteuropa und dem Westen sind illusorisch.

Schon ein Rechenbeispiel macht dies klar. Unterstellt man, dass Tschechien in der Zukunft Jahr für Jahr ein um zwei Prozentpunkte höheres Wachstum der industriellen Arbeitsproduktivität erzielt als Deutschland insgesamt, so würde es nach fast 60 Jahren, also etwa nach drei Viertel des 21. Jahrhunderts, das deutsche Niveau erreichen. Wäre der Vorsprung im Produktivitätswachstum extrem hoch, sagen wir: unrealistische vier Prozentpunkte, so würde der Gleichstand nach knapp 30 Jahren erreicht. Es würde noch immer eine volle Generation dauern. Es geht also um sehr lange Zeiträume.

Genau dies zeigt aber, dass die Frage nach dem Wert der Deutschen Einheit nicht so leicht zu beantworten ist. Zweifellos hat es Anfang der 1990er-Jahre europaweit recht naive Vorstellungen davon gegeben, wie schnell der postsozialistische Osten (einschließlich des Territoriums der früheren DDR) wieder dort anknüpfen könnte, wo er – relativ zum Westen – vor Beginn der Planwirtschaft gestanden hatte. „Der große Irrtum", so wurde von uns im ersten Kapitel dieses Buches die Annahme genannt, die dieser Vorstellung zugrunde lag. Es war nämlich die Idee, es gehe vor allem um die Beseitigung von Engpässen, die politisch recht leicht identifizierbar sind und durch die Einführung einer funktionierenden Marktwirtschaft und – im Falle von Ostdeutschland – durch Transfers aus dem Westen auch schnell beseitigt würden: die „Kapitallücke" in den Unternehmen, die „Ausbildungslücke" bei den Arbeitskräften, die „Infrastrukturlücke" im Transport- und Kommunikationswesen. Tatsächlich stehen diese Lücken in Ostdeutschland kurz vor der Schließung. Und in Mittel- und Osteuropa gibt es klar erkennbare Fortschritte – mit den üblichen West-Ost- und Stadt-Land-Gefällen, die zu typischen Charakteristiken der europäischen Wirtschaftsgeschichte gehören. Auch die Wirkung auf die Produktivität ist zweifellos erkennbar, denn überall hat der Aufholprozess deutliche Fortschritte gemacht. Allerdings dürfte längst klar sein, dass weder der verbleibende Ost-West-Produktivitätsrückstand innerhalb Deutschlands noch der innerhalb Europas allein mit Mängeln in der Kapitalausstattung, der Ausbildung von Arbeitskräften oder der Infrastruktur zu erklären sind.

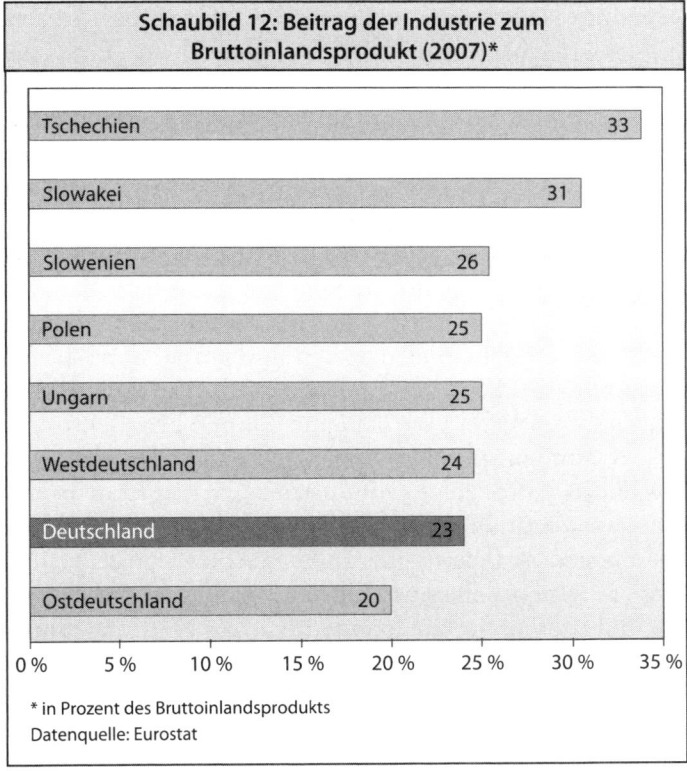

Schaubild 12: Beitrag der Industrie zum Bruttoinlandsprodukt (2007)*

Tschechien — 33
Slowakei — 31
Slowenien — 26
Polen — 25
Ungarn — 25
Westdeutschland — 24
Deutschland — 23
Ostdeutschland — 20

0 %   5 %   10 %   15 %   20 %   25 %   30 %   35 %

* in Prozent des Bruttoinlandsprodukts
Datenquelle: Eurostat

In diesem Sinne steht der gesamte post-sozialistische Teil der EU einschließlich der neuen Länder vor sehr ähnlichen Problemen und Herausforderungen. Hierzulande wurde der Prozess der industriellen Umgestaltung drastisch beschleunigt. Er war mit einer umfassenden Deindustrialisierung Ostdeutschlands und sehr hoher Arbeitslosigkeit verbunden, ohne dass dies die Politik in Gänze vorausgesehen hätte. In Mittel- und Osteuropa lief der Prozess nicht abrupt, sondern evolutionär. Das lokale verarbeitende Gewerbe hat mit seiner „alten" Produktpalette erheblich länger überlebt, die Erneuerung erfolgte kontinuierlicher, die Schrumpfung der Industrie hielt sich in Grenzen (siehe Schaubild 12). So lag im Jahr

2007 der Anteil des verarbeitenden Gewerbes an der gesamtwirtschaftlichen Wertschöpfung in der Tschechischen Republik bei 33 Prozent, in der Slowakei bei 31 Prozent und selbst in den traditionell weniger stark industrialisierten Ländern Slowenien, Ungarn und Polen etwa bei 25 Prozent, überall also weit über dem ostdeutschen Niveau von knapp 20 Prozent.

Die Altindustrie blieb also in Mittel- und Osteuropa erhalten. Aber dies geschah nicht nur mit erheblich niedrigeren Arbeitsproduktivitäten (Schaubild 11), sondern auch mit erheblich niedrigeren Industrielöhnen (siehe Schaubild 13). So lagen die Löhne selbst im Ausnahmeland Slowenien im Jahr 2006 gerade mal bei 40 Prozent des gesamtdeutschen Niveaus, in den übrigen Ländern bei 17 bis 21 Prozent. Ein Industriebeschäftigter in Tschechien verdiente 2006 pro Monat im Durchschnitt 666 Euro, das sind 20 Prozent des Lohnes seines westdeutschen und 30 Prozent seines ostdeutschen Kollegen. Diese Zahlen und Fakten machen überdeutlich, dass eine „evolutionäre" Strategie, wie sie in den benachbarten Ländern des Ostens beschritten wurde, für Ostdeutschland niemals gangbar war. Es hätte nämlich bedeutet, dass bis heute nicht annähernd ein Lohnniveau erreicht wäre, das bei der hohen innerdeutschen Mobilität eine Massenwanderung qualifizierter Arbeitskräfte nach Westen hätte verhindern oder zumindest eindämmen können. Was die industrielle Ausgangslage betrifft, unterschieden sich ja zum Beispiel Sachsen und Thüringen nicht allzu sehr von Böhmen und Mähren, und deren Produktivitäts- und Lohnniveau liegen noch heute unter einem Drittel des deutschen Niveaus. Hätte man deren Weg gewählt, wäre das Projekt „Aufbau Ost" durch Massenabwanderung schnell mutiert zu einer „Erweiterung West". Ostdeutschland hatte einfach nicht die Zeit, die sich Mittel- und Osteuropa nehmen konnte und musste. Denn bei dieser Zeit geht es um Dekaden und nicht nur um Jahre.

Kurzum: Der Aufbau Ost machte Sinn, das belegt ge-

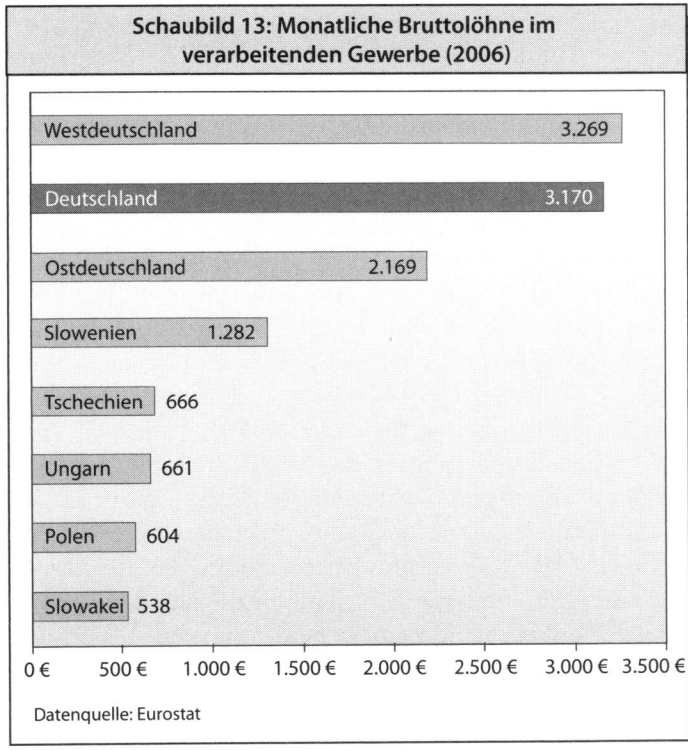

Schaubild 13: Monatliche Bruttolöhne im verarbeitenden Gewerbe (2006)

Westdeutschland	3.269
Deutschland	3.170
Ostdeutschland	2.169
Slowenien	1.282
Tschechien	666
Ungarn	661
Polen	604
Slowakei	538

Datenquelle: Eurostat

rade auch die spätere Entwicklung in Mittel- und Osteuropa. Es gab wohl gar keine Alternative. Wie viel Sinn er machte, das lässt sich mit viel Mut zu gewagten Zahlenspielen sogar aus den Statistiken ermitteln, als eine Art jährliche Ertragssumme des Aufbaus Ost. Die Idee ist ganz einfach: Jener Vorsprung im Bruttoinlandsprodukt je Einwohner, den Ostdeutschland heute gegenüber einer geeigneten mitteleuropäischen Vergleichsregion aufweist, kann als der volkswirtschaftliche Ertrag des Aufbaus Ost interpretiert werden – pro Jahr und pro Kopf. Denn er spiegelt in etwa die Gesamtwirkung wider, die der forcierte Aufbau Ost erzielt hat. Als Vergleichsregion bietet sich, wie stets, das am weitesten entwickelte und „ähnlichste" Nachbarland an: das hoch industrialisierte Tschechien, das in der Zwischenkriegszeit im Lebensstandard in etwa auf dem Niveau Österreichs lag.[83] Aus dieser Differenz des heutigen ostdeutschen und tschechischen Pro-Kopf-Einkommens – hochgerechnet auf die gesamte Bevölkerung – ergibt sich dann eine Art aktuelle jährliche Ertragssumme des Aufbaus Ost, die den Kosten der Einheit gegenübergestellt werden kann.[84]

Das Ergebnis ist durchaus beeindruckend: Da das Pro-Kopf-Einkommen in der Tschechischen Republik heute bei 58 Prozent des ostdeutschen Niveaus liegt (siehe Schaubild 14)[85], könnten als erster Orientierungspunkt 42 Prozent der ostdeutschen Wertschöpfung dem Aufbau Ost zugeschrieben werden. Für 2008 sind dies 122 Milliarden Euro, wenn wir Berlin ausschließen (und 158 Milliarden Euro, wenn Berlin mit einbezogen würde). Also für Ostdeutschland ohne Berlin: pro Jahr an Ertrag rund ein Viertel der bisher kumulierten Kosten des physischen Aufbaus Ost von gut 500 Milliarden Euro und ein Zehntel der bisherigen Gesamtkosten von rund 1.200 Milliarden Euro. Von einer groben gesamtwirtschaftlichen Fehlinvestition kann in Anbetracht dieser Zahlen nicht die Rede sein. Dies gilt selbst dann, wenn man einen guten Teil – sagen wir: 20 Prozentpunkte – des ostdeutschen Vorsprungs als eine Rückkehr zur traditionellen Rangordnung der Zwischenkriegszeit deutet. Denn selbst dann bleiben noch über 60 Milliarden Euro an jährlichem Ertrag übrig, auch das eine durchaus respektable Größenordnung im Vergleich zu den Gesamtkosten des Aufbaus Ost.[86]

Es ist merkwürdig, dass eine derartige Rechnung in der deutschen Öffentlichkeit bisher nie diskutiert wurde, obwohl sie eigentlich sehr naheliegt. Könnte man zumindest meinen, aber vielleicht tut sie es doch nicht. Denn kaum jemand in Deutschland – in West wie Ost – möchte gerne daran erinnert werden, dass die eigentliche Vergleichsgröße für das Erreichte nicht unbedingt der „reiche Westen" sein muss, sondern jene Teile Mitteleuropas, die

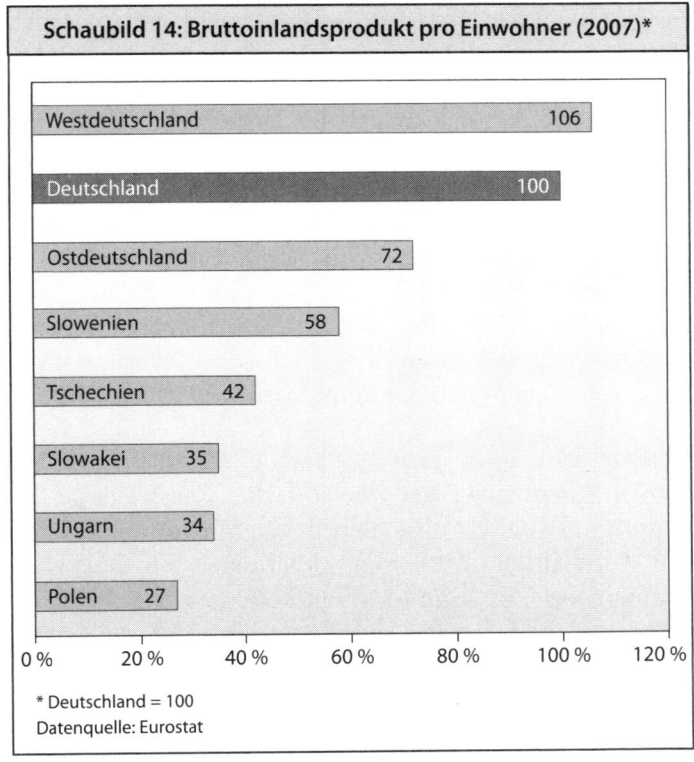

Schaubild 14: Bruttoinlandsprodukt pro Einwohner (2007)*

Westdeutschland	106
Deutschland	100
Ostdeutschland	72
Slowenien	58
Tschechien	42
Slowakei	35
Ungarn	34
Polen	27

0 % 20 % 40 % 60 % 80 % 100 % 120 %

* Deutschland = 100
Datenquelle: Eurostat

1989/90 gemeinsam mit der DDR in eine unsichere Zukunft starteten und, wie das heutige Tschechien, ähnliche industrielle Voraussetzungen mitbrachten. Zwar verweisen Kritiker der Deutschen Einheit gerne auf das dynamische Aufholen Mittel- und Osteuropas in den letzten Jahren, aber sie übersehen geflissentlich, von welchem Niveau aus dies geschieht. Und im Fall eines Landes wie Tschechien ist ein zentraler Grund für das niedrige Niveau, dass gerade kein massives externes Aufbauprogramm vorhanden war. Genau deshalb ist es absolut sinnvoll, den Ertrag des Aufbaus Ost – wenn auch nur ganz grob – am Standard der Entwicklung im postsozialistischen Nachbarland zu messen.

Natürlich sagt diese Art von Rechnung noch gar nichts darüber aus, ob der Aufbau Ost in einem umfassenden Sinne ökonomisch effizient war. Dazu müsste man noch ganz andere Alternativen zurate ziehen, allen voran die „Erweiterung West", also die passive Sanierung des Ostens durch zügige Abwanderung in den Westen. Wie im ersten Kapitel dieses Buches ausgeführt, war dieser Weg theoretisch denkbar und ökonomisch wahrscheinlich die preiswerteste Lösung.[87] Er war aber aus zwingenden politischen, moralischen und historischen Gründen verstellt. Es blieb eben nur ein „Aufbau Ost". Und der hat, wie die Zahlen belegen, durchaus respektable Ergebnisse vorzuweisen.

Zwei Jahrzehnte nach dem Fall der Mauer und des Eisernen Vorhangs ist dies eine einfache, aber wichtige Erkenntnis. Sie setzt im Nachhinein ein großes Fragezeichen hinter die frühen kritischen Äußerungen zur deutschen Vereinigung von prominenten Ökonomen wie dem Nobelpreisträger George Akerlof und Hans-Werner Sinn.[88] Deren Empfehlungen, das Lohnniveau in Ostdeutschland niedrig zu halten, um ein Stück weit die mittel- und osteuropäische Strategie zu verfolgen, ging am Kern der Sache vorbei. Denn sie lieferten nie eine überzeugende Vision davon, wie unter diesen Bedingungen die innerdeutsche Produktivitätslücke schnell und nachhaltig genug hätte geschlossen werden können. Im Nachhinein ist klar: Keinem der mitteleuropäischen Nachbarländer ist bis heute ein Schub der Produktivität gelungen, der für Ostdeutschland auch nur annähernd ausreichend gewesen wäre. Selbst der Tschechischen Republik nicht, dem wirtschaftlich nächsten Verwandten. Offenbar unterschätzten Akerlof, Sinn und viele andere den Zeitbedarf, der für die Entwicklung einer neuen Produktpalette in einer globalisierten Güterwelt nötig ist, auch in Mittel- und Osteuropa. Vom Standpunkt der frühen 1990er-Jahre war dies verständlich. Inzwischen aber wissen wir viel mehr. Implizit findet sich der Irrtum von Akerlof und Sinn auch in Äußerungen, die aus ganz anderen intellektuellen Zirkeln kommen. Gemeint ist der große Chor von Stimmen aus dem Lager kritischer Kulturschaffender, die der Deutschen Einheit noch heute den Stempel aufdrücken, eine Art Übung in Neokolonialismus gewesen zu sein. Allen voran steht in dieser Hinsicht der Literaturnobelpreisträger Günter Grass. Er hat erst jüngst wieder mit der Veröffentlichung seines Tagebuchs „Unterwegs von Deutschland nach Deutschland" deutlich gemacht, dass er die Deutsche Einheit als gründlich misslungenes Experiment ansieht, und zwar vor allem wegen des fehlenden Freiraums, der dem Osten wirtschaftlich gewährt wurde.[89] Diese Sichtweise wird zweifellos von vielen anderen Intellektuellen geteilt und häufig zum Ausdruck gebracht, oft auch in polemischer Form. Sie stützt sich zwar auf keinerlei wirtschaftliche Analyse, ist aber doch außerordentlich ernst zu nehmen. Denn sie könnte sehr leicht zur Grundlage eines populären Geschichtsmythos werden, ähnlich der Dolchstoßlegende nach dem Ersten Weltkrieg. Frei nach dem Motto: Die Deutsche Einheit – und nur sie – ist schuld. Nur sie hat das zählebige Wirtschaftsgefälle zwischen dem Osten und dem Westen Deutschlands zu verantworten.

Wir sind an einem zentralen Punkt unserer Bilanz angelangt. Was ist die Deutsche Einheit wert? Was an Problemen geht wirklich allein auf ihr Konto? Ist es Zufall, dass der Aufholprozess nicht nur in Ostdeutschland, sondern auch in den Ländern Mittel- und Osteuropas viel zögerlicher verläuft, als viele erwartet hatten? Oder gibt es vielleicht doch Spätfolgen der sozialistischen Planwirtschaft, die noch überall wirken und das Aufholen erschweren? Und gilt dies vielleicht umso mehr unter den neuen Bedingungen der Globalisierung mit einem nochmals verschärften internationalen Standortwettbewerb? Um diese Fragen zu beantworten, müssen wir etwas weiter ausholen. Wir setzen dabei Überlegungen fort, mit denen wir im ersten Kapitel dieses Buches begonnen haben.

5.2 | Der Flurschaden des Sozialismus

Vier Jahrzehnte lang, von 1949 bis 1989, herrschte in Ostdeutschland sowie Mittel- und Osteuropa die sozialistische Planwirtschaft. Ihre zentrale Idee war der Verzicht auf freie Preisbildung nach marktwirtschaftlichen Gesetzen, und zwar sowohl nach innen als auch nach außen. Es gibt heute praktisch kaum noch jemanden, der diese Idee verteidigt. Dies mag erfreulich sein, denn die Planwirtschaft gehört zweifellos zu den großen Irrwegen in der Wirtschaftsgeschichte. Aber es hat auch einen schweren Nachteil: Da niemand mehr das damalige System mit Argumenten rechtfertigt, verschwindet auch jede Ahnung davon, was mit ihm überhaupt bezweckt werden sollte. Und damit auch jedes Gefühl, was möglicherweise damit dann tatsächlich erreicht wurde – an Aufbau, aber vor allem auch an Zerstörung. Immerhin war ihr Anspruch hoch: Die sozialistische Planwirtschaft war konzipiert als wohldurchdachter rationaler Gegenentwurf zur vermeintlich chaotischen kapitalistischen Marktwirtschaft. Wohlgemerkt: keine Reparaturwerkstatt des Kapitalismus, wie sie der sozialdemokratische Revisionismus oder auch die Christdemokratie und der Liberalismus des 20. Jahrhunderts im Sinn hatten, mit einem Sozialstaat als Ergänzung zum Markt, sondern wirklich die totale Alternative dazu.

Was war diese Alternative? Worin bestand das Ziel der Planwirtschaft als Teil der sozialistischen Ideologie? Stark vereinfacht lautet die Antwort: Technik ohne Unternehmertum. Nicht vom Markt geleitete Unternehmer sollten Kurs und Geschwindigkeit des wirtschaftlichen Fortschritts in der Gesellschaft bestimmen, sondern allein politisch gesteuerte Techniker. Entsprechend wurden alle Weichen in der Gesellschaft in eine Richtung gestellt, und die hieß: technische Kompetenz fördern, unternehmerische Fähigkeiten unterdrücken. Von der Ausrichtung des Bildungswesens bis zur betriebswirtschaftlichen Praxis herrschte die Technik und fehlte das Unternehmertum. Dies hatte ungeheure Konsequenzen, die noch heute nachwirken, weit über das Ende der Planwirtschaft hinaus.

Es fällt eigentlich gar nicht schwer, sich die Radikalität und Tragweite einer Herrschaft der Technik ohne Unternehmertum vor Augen zu führen. Denn wer sich nur oberflächlich mit den Ursachen unseres Wohlstands seit der Industrialisierung im 19. Jahrhundert beschäftigt, der kommt ganz schnell zu einem simplen Ergebnis: Es war gerade das fruchtbare Zusammenspiel zwischen unternehmerischer Initiative und technischem Fortschritt, das uns immer wieder wirtschaftlich vorangebracht hat. Überspitzt lässt sich sogar formulieren: Der Wohlstand einer Gesellschaft beruht auf nichts anderem als auf unternehmerisch umgesetzter Technik und technisch versiertem Unternehmertum. Ohne Unternehmertum wird die Technik ziellos, ohne Technik das Unternehmertum ärmlich.

Nehmen wir zum Beispiel eine klassische deutsche Industriebranche, die Elektrotechnik. Was hätten die schönsten Entdeckungen zur Wirkung des elektrischen Stroms im 19. Jahrhundert der Gesellschaft genutzt, wenn nicht ein kompetentes, technisch geschultes Unternehmertum bereitgestanden hätte, um diese Entdeckungen in marktgerechte Innovationen umzusetzen und damit Geld zu verdienen? Oder denken wir an die Automobilindustrie. Was hätte die Entwicklung eines Verbrennungsmotors genutzt, wenn nicht daraus irgendwann ein vernünftig chauffierbares Fahrzeug geworden wäre, und zwar durch unternehmerische Orientierung an potenziellen Kundenwünschen?

Umgekehrt ist natürlich genauso klar: Erst das technische Wissen beflügelt das Unternehmertum. Auch hier liefert die Wirtschaftsgeschichte bestes Anschauungsmaterial: Ohne Entdeckung neuen Wissens gibt es für den Unternehmer nichts, was an Innovativem marktfähig gemacht werden könnte. In einer stagnierenden Gesellschaft auf niedrigem technischem Niveau bleibt die unternehmerische Initiative darauf beschränkt, einfachste Waren und Dienste zu verkaufen und zu kaufen. Der Markt ist natürlich nützlich, aber er genügt nicht, um wohlhabend zu werden, jedenfalls nicht für die große Masse der Menschen. Es muss das technische Wissen hinzukommen. Genau dies lässt sich in vielen Entwicklungsländern beobachten: Dort gibt es fast immer ein hohes Maß an unternehmerischer Dynamik, aber es fehlt eben an dem harten technischen Wissen, das nötig ist, um wirklich hochwertige Güter anzubieten. Ein Besuch auf einem traditionellen orientalischen Basar genügt, um sich davon zu überzeugen.

All dies wirkt heute einleuchtend, fast schon trivial. Umso wichtiger ist es, sich klarzumachen, dass die Loslösung der Technik vom Unternehmertum keineswegs vom Himmel fiel, als eine Art abwegige Eigenart sozialistischen Denkens, völlig isoliert vom Zeitgeist. Das Gegenteil war der Fall. Sie war Teil eines machtvollen geistigen Stromes, der Wirtschaft, Wissenschaft, Gesellschaft und Politik erfasste und zunehmend beherrschte – bis tief in die zweite Hälfte des 20. Jahrhunderts.

Woran lag das? In der Industriegesellschaft schien sich seit dem späten 19. Jahrhundert ein grundlegender Wandel zu vollziehen, und zwar zugunsten der Technik und zulasten der unternehmerischen Entscheidungsfreiheit. Denn es war die Technik, die erst das Entstehen gigantischer Industrieanlagen in den schnell wachsenden urbanen Zentren Europas möglich machte. Und mit dieser Technik rückte die Größe wirtschaftlicher Einheiten in den Blickpunkt der Aufmerksamkeit. Und damit auch die Idee der zentralen Lenkbarkeit von sehr großen Produktionseinheiten, dem gedanklichen Dreh- und Angelpunkt der sozialistischen Planwirtschaft. Vor allem in Deutschland, der intellektuellen Wiege des Sozialismus, machten riesige Eisen- und Stahlwerke, Kohlengruben, aber auch Chemiekonzerne und elektrotechnische Werke der ganzen Welt klar, welche Bedeutung die straffe hierarchische Organisation für den wirtschaftlichen Erfolg hatte – durch Umsetzung der vielen technischen Vorteile der Größe („Economies of Scale").

Auch die Wirtschaftswissenschaft selbst folgte dem Trend hin zur Herrschaft der Technik. Zwar hatte Joseph Alois Schumpeter im Jahr 1911 seine später berühmte „Theorie der wirtschaftlichen Entwicklung" veröffentlicht[90], in der er die Taten des innovativen Unternehmers im Strukturwandel als schöpferische Zerstörung darstellte und dessen marktwirtschaftliches Loblied sang. Aber sein Werk hatte keinen durchschlagenden Einfluss auf das intellektuelle Klima. Er selbst prognostizierte später in seinem 1942 erschienenen Buch „Kapitalismus, Sozialismus und Demokratie" den Untergang der Marktwirtschaft, und zwar genau wegen der Monopolisierung, die sich aufgrund einer technisch bedingten Tendenz zu immer größeren Produktionsstätten ergibt.[91]

Tatsächlich spielte das Unternehmertum auch im „Mainstream" der Volkswirtschaftslehre lange Zeit im 20. Jahrhundert praktisch keine Rolle. Der Grund ist fast paradox: Wirtschaftliches Wachstum wurde als eine Art Selbstläufer betrachtet, verursacht durch einen technischen Fortschritt, um dessen Fortgang, Geschwindigkeit und Umsetzung man sich nicht sorgen musste. Dies war durchaus verständlich. Gerade in der Nachkriegszeit ließ das schnelle Wachstum der Produktivität im marktwirtschaftlichen Westen andere Fragen in den Vordergrund rücken: die Verstetigung der Konjunktur, die Verteilung der Einkommen, schließlich den Kampf gegen Inflation, aber sicherlich nicht die Dynamik des Produktivitätsfortschritts, denn dort gab es offenbar keine Engpässe. Über Innovationen am Markt und ihr Entstehen durch unternehmerische Initiative brauchte man sich keine Gedanken zu machen. Sie kamen, so sah es aus, von allein zustande, als eine Art selbstverständliches Nebenprodukt der Wirtschaft.

Besonders augenfällig ist dies in jenem Bereich der ökonomischen Theorie, der eigentlich von der Sache her zu-
ständig war: die Theorie des wirtschaftlichen Wachstums.
Sie wurde in den 1950er-Jahren auf eine völlig neue ana-
lytische Grundlage gestellt, und zwar durch die bahnbre-
chenden Arbeiten des späteren Nobelpreisträgers Robert
Solow.[92] Die neuen Schwerpunkte der Theorie führten
allerdings eher weg von Fragen der unternehmerischen
Tätigkeit und hin zu einem stringenten Modell der Akku-
mulation von Produktionsfaktoren, die für die Produktivität einer Volkswirtschaft von Bedeutung sind: Arbeit,
Sachkapital, später dann auch Rohstoffe und das sogenannte Humankapital. Das technische Wissen und seine
Umsetzung in marktfähige Produkte ist dabei gegeben
und verändert sich mit irgendeiner Wachstumsrate im
Trend. Seine ständigen Verbesserungen werden vorausgesetzt, aber nicht weiter erklärt. Sie liegen außerhalb der
Modellwelt – und damit auch außerhalb jenes Bereiches,
den die Wissenschaft der Wirtschaftspolitik zur besonderen Beachtung empfiehlt.

So weit das intellektuelle Klima in den Wirtschaftswissenschaften. Selbst dort also, wo die Marktwirtschaft
traditionell ihre stärksten Befürworter findet, gab es in
der großen Zeit der Industriegesellschaft keineswegs ein
großes Augenmerk auf die Rolle des Unternehmers. Das
Interesse am Unternehmertum erwachte dort erst wieder
sehr spät, im letzten Quartal des 20. Jahrhunderts, also
kurz vor dem Niedergang der sozialistischen Planwirtschaft.[93] Es kann deshalb auch kaum verwundern, dass in
anderen Bereichen des intellektuellen Lebens die Planwirtschaft als wichtiges Element des Sozialismus kaum ernstlich hinterfragt wurde. Wer sich aus Überzeugung zum
Sozialismus oder gar Kommunismus bekannte – und dies
taten von den 1920er- bis zu den 1970er-Jahren in West
und Ost ganze Heerscharen von Intellektuellen –, der sah
bestimmt nicht in der Idee der Planwirtschaft ein großes
Hindernis. Zumal nach der verheerenden Erfahrung mit

dem Kapitalismus in der Weltwirtschaftskrise 1930 bis 1932, die der Gesellschaft gigantische Pleitewellen und Massenarbeitslosigkeit beschert hatte.

Die konkrete Praxis der Trennung von Technik und Unternehmertum erlebte indes nur der Osten, genauer: der „Ostblock", also Ostdeutschland sowie Mittel- und Osteuropa. Sie wurden zum großen Feldversuch für Technik ohne Unternehmertum. Es kam zur Verstaatlichung auf breiter Front, und die Planwirtschaft wurde nach innen und außen eingeführt, als eine zentral gelenkte Einheit von Politik und Wirtschaft. Innerhalb des Ostblocks entstand eine Arbeitsteilung im „Rat für gegenseitige Wirtschaftshilfe" (RGW), die nur wenig zu tun hatte mit sinnvollen ökonomischen Gesichtspunkten nach Kriterien des Weltmarkts. All dies war durchaus in sich schlüssig: Ein großer sozialistischer Ostblock mit 300 bis 400 Millionen Einwohnen, in dem es kein Unternehmertum geben sollte, sondern nur politisch gesteuerte Technik, konnte auch auf Knappheitssignale von außen verzichten. Die Startbedingungen schienen gut, und zwar umso besser, je technisch gebildeter die Bevölkerung der beteiligten Länder war. Besonders gut also am westlichen Rand in der DDR und der Tschechoslowakei mit ihrer starken industriellen Tradition.

Die Mängel des osteuropäischen Systems lagen allerdings von Anfang an offen zutage. Zunehmend wurde dies auch im Westen bekannt und verbreitet. Dabei standen natürlich jene Schwächen im Vordergrund, die in der breiten Öffentlichkeit die meiste Empörung verursachen. Allen voran die Einschränkung der persönlichen Freiheit, von der Berufswahl bis zum Arbeits- und Wohnort; aber daneben auch die geradezu groteske Ineffizienz, die überall zu beobachten war, weil die Staatsbürokratie sich außerstande sah, mit einer entsprechenden Anpassung der Preise und Produktionsmengen auf veränderte Knappheiten zu reagieren – sei es aus mangelndem politischem Willen, sei es aus schlichter Inkompetenz. Vernachlässigt blieb dagegen die Frage, wie die Herrschaft der Technik ohne privates Unternehmertum auf Dauer wirken würde, vor dem Hintergrund einer völligen Abschottung vom Weltmarkt. Dass eine parallele isolierte Produktwelt entstand, die sich immer mehr vom Weltmarkt entfernte und dadurch schleichend an wirklichem Wert verlor, wurde kaum zur Kenntnis genommen.[94]

Genau an dieser Stelle kommen die Spätfolgen der sozialistischen Planwirtschaft zur Geltung. Den Markt ausschalten: Das hieß über vier Dekaden nicht nur, einen abstrakten Mechanismus der Ressourcenlenkung außer Kraft setzen. Es hieß auch, der Gesellschaft eine wesentliche Quelle an immer neuem Wissen vorzuenthalten, das sonst nirgends zu haben ist. Ohne Kontakt zum Weltmarkt verlor der Ostblock die völlig unersetzbare Rückkoppelung durch kritische Konsumenten und schlagkräftige Wettbewerber, die erst den Suchprozess in Richtung gewinnbringender Produktverbesserungen in Gang setzt. Das nötige Wissen ging einfach verloren. Präziser formuliert: Es entstand erst überhaupt nicht, weil kein privater Unternehmer da war, um ein gefährdetes Produkt durch technische Weiterentwicklung zu verbessern.

Bei komplexen Industrieprodukten ist diese Art von Abschottung nach wenigen Jahren und erst recht nach Jahrzehnten fatal. Selbst dem besten Unternehmer mit hervorragendem Ingenieurwissen ist es in der Regel nicht vergönnt, einen Weg zu finden, ein einmal „veraltetes" Produkt wieder auf dem Weltmarkt zu platzieren. Es sei denn, zu einem enormen dauerhaften Discount, der dem Produkt den Charakter einer „Billigmarke" gibt, die dann auch einen Markt finden kann, vor allem natürlich im heimischen Terrain. Sein unternehmerisches Können wird er unter marktwirtschaftlichen Verhältnissen so einsetzen, dass er entweder ein völlig neues Produkt entwickelt oder die „Billigmarke" Stück für Stück im Markt durch technische oder andere Verbesserungen aufwertet. Hat allein die Marke (und nicht unbedingt die Technik) einen hohen Restwert, dann gibt es noch einen weiteren Weg: Erhalt der Marke und modernisiertes Erscheinungsbild nach außen, aber komplette technische Erneuerung mithilfe all jener anderswo entwickelten Innovationen, die das Produkt selbst in der Planwirtschaft nicht mitmachen durfte. Also: Erhalt des Markenwerts durch Import von Technik.

Genau dies war nach 1990 eine bewährte Strategie in der mittel- und osteuropäischen Automobilindustrie: in der Tschechischen Republik von Volkswagen bei Škoda und in Rumänien von zunächst Peugeot und dann Renault bei Dacia. In diesen Fällen war der Markenwert in den Ländern des Ostblocks hoch genug, um mit entsprechendem Wissensimport aus dem Westen Neues unter altem vertrautem Namen auf dem Weltmarkt zu platzieren. Dies geschah typischerweise im unteren Marktsegment der eher einfacheren Automobile, aber es geschah geschäftlich überaus erfolgreich. Es war Teil einer Strategie der Produktdifferenzierung, die internationale Konzerne wie Volkswagen und Renault gezielt betrieben, um sich „Billigsegmente" für den wachsenden gesamteuropäischen Automobilmarkt zu schaffen, ohne ihre eigenen Kernmarken im Ruf zu beschädigen. Gerade diese Fälle machen allerdings auch deutlich, warum sie in der Breite der Industrie eher die Ausnahme als die Regel darstellen. Es sind Fälle, in denen Markenname und Produktidentität in breiten Kundenkreisen überlebten – genau wie bei einigen Brauereien in der ostdeutschen Ernährungswirtschaft, über die im zweiten Kapitel im Zusammenhang mit der Privatisierung der Treuhandanstalt berichtet wurde.

Im Gesamtbild der Wirtschaftsentwicklung Ostdeutschlands und Mittel- und Osteuropas sind dies allerdings eher Einzelfälle. Häufiger sind die klassischen Direktinvestitionen von westlichen Firmen, die gezielt ihre längst entwickelten Exportprodukte vor Ort im Osten herstellen und dabei die niedrigeren Arbeitskosten und die Nähe wichtiger Absatzmärkte nutzen. In aller Regel ist dies genau der Fall der verlängerten Werkbank, also praktisch des gesamten Wissensimports über fertige Produktionsanlagen. Der Vorteil liegt auf der Hand: sofortige Umsetzbarkeit des modernsten Wissens in hohe Produktivität, zumeist weit über dem ortsüblichen Durchschnitt; und im besten Fall Schaffung eines Kranzes von Zulieferern und Abnehmern vor Ort. Die Grenzen der Direktinvestitionen zeigt allerdings gerade der Fall Ostdeutschland: Ein Schub der Produktivität ist möglich, aber kaum eine Angleichung an westliches Niveau, da zunächst nur verlängerte Werkbänke entstehen und nicht neue Zentren mit eigener Innovationsdynamik im Höchstbereich der Produktivität. In Mittel- und Osteuropa liegen die Grenzen möglicherweise noch niedriger: Bisher hat es kaum Firmen aus dem Westen gegeben, die wirklich zentrale Funktionen ihrer Unternehmensleitung oder Forschung und Entwicklung von west- in osteuropäische Länder verlagerten. Und dies wird auch in der Zukunft so bleiben. Was innerhalb eines Kulturraumes Deutschland (West und Ost) nicht funktioniert, wird auch darüber hinaus kaum zustande kommen.

Kurzum: Die relativ leichten Wege des Rückgewinns von technologischer Marktfähigkeit werden in Ostdeutschland und Mittel- und Osteuropa längst beschritten. Es gibt da wahrscheinlich gar nicht mehr so viel herauszuholen. Und die Größenordnungen der derzeitigen Produktivitätsrückstände spiegeln sicherlich das wider, was überhaupt an schnellem Wissensimport möglich war. Für Ostdeutschland ist dies offenkundig. Aber es gilt auch für Mittel- und Osteuropa: Praktisch alle postsozialistischen EU-Mitgliedsländer – und insbesondere Tschechien, Polen, Ungarn, die Slowakei und Slowenien – haben ihre Wirtschaftspolitik seit den frühen 1990er-Jahren gezielt auf die Anwerbung von Direktinvestitionen ausgerichtet. Und sie waren damit auch durchaus erfolgreich, zumal in den letzten Jahren ein überaus starkes Wachstum von Produktion und Handel in der Weltwirtschaft das Klima für die Eröffnung oder Erweiterung von Produktionsstätten in schnell wachsenden Aufholländern deutlich verbesserte.

Ob dies so bleiben wird, muss dahinstehen. Kurz- und mittelfristig versperren die aktuelle Finanz- und Konjunkturkrise den Weg zur Fortsetzung dieses günstigen Trends. Aber selbst langfristig ist kaum damit zu rechnen, dass es eine weitere deutliche Beschleunigung einer ohnehin schon recht günstigen Entwicklung geben wird. Spektakuläre Direktinvestitionen in Ostdeutschland und Mittel- und Osteuropa sind zwar unverändert wichtig, aber sie werden in der Zukunft auf Dauer nicht der Normalfall des wirtschaftlichen Fortschritts sein, auf den sich der postsozialistische Osten verlassen kann, um die technologische Marktfähigkeit zurückzugewinnen, die durch vier Dekaden sozialistischer Planwirtschaft verloren ging. Der Normalfall muss anders aussehen. In den meisten Branchen der Industrie muss ein eigenes technisch kompetentes, aber weltmarktorientiertes Unternehmertum die Entwicklung vorantreiben.

An dieser Stelle liegt wohl der schwierigste Engpass. Und auch dies ist letztlich eine Spätfolge der sozialistischen Planwirtschaft. Im Osten Deutschlands ist das am offensichtlichsten: Von den späten 1940er-Jahren bis heute hat Ostdeutschland etwa fünf Millionen Menschen durch Abwanderung verloren – drei Millionen bis zum Mauerbau, eine Million in den Wirren von 1989 bis 1991 und nochmals eine Million seither. Ohne Zweifel hat es dabei einen Aderlass an unternehmerischen Talenten mit technischer Begabung gegeben, vor allem in den Flüchtlingswellen bis zum Mauerbau. Es wäre naiv zu glauben, dass dies keine Nachwirkungen hätte auf die Innovationskraft der Region. Dies gilt umso mehr, als auch unter den älteren Emigranten der 1950er-Jahre solche waren, die unter anderen Umständen an ihre Kinder die unternehmerischen Fähigkeiten weitergegeben hätten. Ähnli-

Die Lewerkens

Ein Ehepaar zeigt, wie es geht

Havelberg. Ein malerisches Städtchen in verträumter Landschaft an Elbe und Havel. Wer dort hinreist, in den dünn besiedelten Nordosten Sachsen-Anhalts, der hat eine Vorstellung von dem, was ihn vor Ort erwartet: Schilf und Biber, Störche und Fischreiher, aber bestimmt keine unternehmerische Innovationskraft, so wie sie der Osten so dringend braucht.

Irrtum. In bildschöner Lage mit Blick über die Havel auf den hoch gelegenen Dom findet sich eine kleine Schiffswerft. Die Inhaber: das Ehepaar Lewerken. Er, Andreas, gelernter Tischler aus Thüringen, sie, Renate, Pastorentochter aus Havelberg. Ihre Geschichte gehört ins Handbuch für ostdeutsche Unternehmer, das leider noch nicht geschrieben ist.

Noch in der DDR der 1980er-Jahre eröffnen die Lewerkens eine Tischlerei für therapeutisches Holzspielzeug. Die läuft ordentlich, neue Maschinen werden angeschafft, aber mit der Wende bricht der Markt total zusammen. Es folgt eine Möbelwerkstatt, die bis heute erfolgreich arbeitet. Sie steht auf zwei Standbeinen der Spezialisierung: hochwertige Büromöbel und Sonderformen aus Mineralwerkstoffen (zum Beispiel für Küchen, Bäder und Designprodukte). Das reicht den Lewerkens aber nicht: 1998 kaufen sie die alte Werft von Havelberg, die nach 1990 zunächst von einem Holländer und dann einem Hamburger in die Zahlungsunfähigkeit getrieben wurde. Nicht mehr als eine Konkursmasse? Weit gefehlt. Mit handwerklichem Geschick und kaufmännischem Verstand machen sie was draus, und zwar Schritt für Schritt. Zunächst das für einen Tischler Naheliegende, den Innenausbau von Schiffen. Es folgen zunehmend auch Reparaturaufträge und Ausbesserungsarbeiten. Und schließlich ganze „schwimmende Einheiten".

Kaum zu glauben: Das 21. Jahrhundert erlebt die Wiedergeburt der langen Havelberger Schiffbautradition. Inzwischen haben die Lewerkens rund 100 „schwimmende Einheiten" nach Maß gebaut – von Flößen, Schaufelraddampfern und Barkassen bis zu Jachten, die in den einschlägigen Fachzeitschriften vorgestellt werden. Die Aufträge kommen von weit her, längst hat die Spezialwerft einen guten Ruf im In- und Ausland. Schwierigkeiten gibt es bei der Suche nach Facharbeitern in einem hoch spezialisierten Gewerbe. Auf dem Werftgelände findet sich deshalb eine eigene Ausbildungsstätte. Und wenn in der Konjunkturkrise die Auftragsbücher nicht mehr prall gefüllt sein sollten, so wird eben für eine Weile noch intensiver gelehrt und gelernt.

Die Kiebitzberg Gruppe, so der selbstbewusste Name des gesamten Unternehmens, ist aus Havelberg nicht mehr wegzudenken. Mit 70 Beschäftigten und sieben Auszubildenden ist sie ein wichtiger Arbeitgeber. Jetzt kommt noch ein ortsansässiges Hotel dazu. Zentrum und Seele des Ganzen bleibt aber das drei Hektar große Werftgelände. Dort fanden vor der malerischen Havelkulisse sogar schon Opernaufführungen statt.

Die Geschichte der Lewerkens zeigt eines: Es geht. Auch im Osten entstehen Familienunternehmen. Auch Sohn Florian, ein Mittzwanziger, ist längst mit von der Partie – nach einem Managementstudium in Rotterdam und Tischlerlehre. Man sieht: Selbst in den ländlichen Regionen des Ostens wächst ein gewerblicher Mittelstand mit jenen Spezialkenntnissen der Technik und der Märkte, ohne die in der Globalisierung nichts mehr läuft.

Und noch eines zeigt die Geschichte: Wie viel weiter wären wir heute, hätte die DDR nicht die absurde Idee gehabt, das private Unternehmertum zu unterdrücken. Leute wie die Lewerkens hatten immer Ideen und Mut, nicht erst seit 1990. Bleibt zu hoffen, dass dieser Mittelstand in der Zukunft nicht auch noch in der Marktwirtschaft durch zu viele bürokratische Fesseln daran gehindert wird, seinen Weg zu gehen. Das ist jedenfalls die Hauptsorge des Ehepaars Lewerken. Und vieler Mittelständler in ähnlicher Lage.

ches gilt für Mittel- und Osteuropa, wenn auch in weit weniger dramatischen Größenordnungen.

Es bleibt also vorerst nur der Rückgriff auf die unternehmerisch-technische Innovationskraft einer (geschrumpften) Bevölkerung und einer neu heranwachsenden Generation. Was das technische Können von ausgebildeten Facharbeitern und Ingenieuren betrifft, so ist gerade Ostdeutschland sicherlich noch immer eine der führenden Regionen der Welt – trotz der massiven Abwanderung, die es in den verschiedenen Phasen seiner Geschichte gegeben hat. Das Gleiche gilt auch für Tschechien und mit Abstufungen für andere Länder Mittel- und Osteuropas. Genau deshalb sind diese Länder grundsätzlich auch durchaus interessante Zielregionen für Direktinvestitionen in jenen Industriebranchen, wo es besonders auf spezialisierte Kenntnisse und Traditionen sowie die damit verbundene positive Einstellung der Bevölkerung zu einzelnen Industriebranchen ankommt. Dies gilt für ein breites Spektrum an Industrien, vom Maschinen- und Fahrzeugbau über Elektrotechnik und Feinmechanik bis hin zur Chemie. Gerade dies hilft zu erklären, warum in Ostdeutschland das traditionelle Branchenmuster in den Regionen Mitteldeutschlands im Großen und Ganzen wiedererstanden ist.[95]

Bei der Innovationskraft sieht es indes ganz anders aus. Es geht dabei ja um die Fähigkeit, durch technische Veränderung von Produkten und Produktionsprozessen die Konkurrenzfähigkeit eines Produktes für den Weltmarkt zu schaffen oder zu verbessern. Diese Fähigkeit wird natürlich dort am meisten gebraucht und entwickelt, wo die unternehmerischen Entscheidungen über die Weiterentwicklung von Produktpaletten tatsächlich fallen. Dabei ist sie häufig, aber keineswegs immer in separat eingerichteten Abteilungen für Forschung und Entwicklung (F&E) gebündelt. In jedem Fall kann sie nur dann entstehen, wenn über lange Zeiträume die höchst differenzierte Erfahrung mit spezialisierten Produkten in den

Weltmärkten permanent ausgewertet wird, und zwar in
enger Rückkoppelung zwischen der kaufmännischen und
der technischen Unternehmensleitung. Radikale Brüche,
die zu einer Diskontinuität in der Weiterentwicklung des
technischen Wissens für den Markt führen, sind in aller
Regel für die Innovationskraft äußerst schädlich.

Tatsächlich spricht vieles dafür, dass jene Industrie-
regionen auf lange Zeit die innovativsten bleiben, die über
Jahrzehnte, wenn nicht gar seit der Industrialisierung eine
überaus kontinuierliche Geschichte des Aufbaus von Innovationskraft aufweisen können. Das klassische Beispiel
dafür ist hierzulande Baden-Württemberg. Es ist ein Land,
das im 19. Jahrhundert keineswegs zu den am schnellsten
wachsenden Regionen Europas gehörte, denn die lagen
damals eindeutig dort, wo die Kohlevorkommen die Entstehung einer Eisen- und Stahlindustrie begünstigten,
allen voran das Ruhrgebiet, aber auch die Wallonie, Loth-
ringen, das Saarland und Schlesien. Tatsächlich war gerade Württemberg eine der Regionen Deutschlands, die
über einen langen Zeitraum einen besonders hohen Anteil ihrer Bevölkerung als Emigranten an die Vereinigten
Staaten verlor, einfach weil es an den nötigen Arbeitsplätzen im Land selbst fehlte. Allerdings entstand zeitgleich
ein beachtliches verarbeitendes Gewerbe mit Schwerpunkten in der Feinmechanik und im Maschinenbau, die dann
später zusammen mit dem Fahrzeugbau zur Grundlage
einer hochinnovativen wachstumsträchtigen Industrie
wurden. Von dieser Zeit bis heute reicht in Baden-Württemberg ein ungebrochener Strang der Weiterentwicklung einer mittelständischen Industrie im Weltmarkt. Seit
Jahrzehnten findet sich deshalb das Land in praktisch allen Statistiken der industriellen Leistungsfähigkeit mit an
der Spitze Deutschlands.

Dagegen sind Nordrhein-Westfalen und vor allem das
Ruhrgebiet, im 19. und 20. Jahrhundert die dynamischste
Industrieregion Europas, heute in den meisten Statistiken
nur mehr westdeutsches Mittelmaß. Zwar hat sich das

Ruhrgebiet von der schlimmsten Krise der Eisen- und Stahlindustrie in den 1970er- und 1980er-Jahren einigermaßen erholt, aber die Region ist nie mehr zu jenem Wachstums- und Innovationszentrum geworden, das sie einmal war. Einzelne Teilregionen haben sich respektabel entwickelt (zum Beispiel die Stadt Dortmund), aber insgesamt bleibt das Ruhrgebiet ganz deutlich hinter der süddeutschen Standortkonkurrenz zurück. Offenbar haben industrielle Krisen lange Nachwirkungen, und zwar nicht nur in der Statistik der Arbeitslosen. Im Fall des Ruhrgebiets zerstörten sie für eine ganze Reihe von Branchen rund um Kohle und Stahl nicht nur viele tradierte Märkte, sondern auch die innovative Kraft, die über Jahre und Jahrzehnte für breite Produktpaletten entwickelt worden war. Mit den Energiekrisen musste praktisch neu aufgebaut werden, was denn auch geschah, aber von nun an deutlich im Schatten Süddeutschlands. Zu keinem Zeitpunkt gelang es seither in Nordrhein-Westfalen, an die Position von Baden-Württemberg heranzureichen. Das Zentrum der Innovationskraft war von nun an eindeutig im Süden.

Was im Ruhrgebiet die Kohle- und Stahlkrisen, das leisteten in Ostdeutschland (einschließlich Berlins) die Deutsche Teilung, die sozialistische Planwirtschaft und als Folge davon die Deindustrialisierung im Zuge der Deutschen Einheit. Und sie taten es mit noch erheblich größerer Zerstörungskraft. Von einer eigenen Produktpalette blieb praktisch kaum etwas übrig. Und damit war auch die Innovationskraft jener Ingenieurkunst zerstört, die weitgehend an dieser Produktpalette hing. Diese hatte ihr ursprüngliches Standbein in der stark diversifizierten mitteldeutschen Industriestruktur, die noch aus der Vorkriegszeit stammte. Sie wurde in der DDR-Zeit weiterentwickelt, aber eben hinter den planwirtschaftlichen Mauern der Protektion. Mit ihrem Verschwinden beziehungsweise ihrer totalen Umgestaltung verloren viele Ingenieure und Facharbeiter praktisch den Gegenstand und das Ziel ihrer Arbeit. Sie waren zu sozialistischen Zeiten in der industriellen Forschung und Entwicklung (F&E) tätig, wurden aber jetzt in dieser Funktion einfach nicht mehr gebraucht. Denn mit den Direktinvestitionen, die vor Ort in ihren Branchen erfolgten, blieb die Forschung im Westen. Entweder sie fanden dann Beschäftigung in der Produktion oder sie wurden arbeitslos. Die Innovationskraft der Industrie vor Ort war damit auf ein Minimum reduziert. Sie konzentriert sich im Wesentlichen auf einige Standorte mit technisch orientierten Universitäten, wo sich neue zaghafte Zentren der Wissensbildung zeigen.

Eine ähnliche Entwicklung erlebten jene anderen mittel- und osteuropäischen Länder, die – wie Tschechien – mit Ostdeutschland eine industrielle Tradition teilen. Hier sorgte der industrielle Einbruch in den frühen 1990er-Jahren zwar nicht für Massenarbeitslosigkeit in der Größenordnung Ostdeutschlands, aber die sehr niedrigen industriellen Löhne bewirkten, dass viele Ingenieure und Facharbeiter aus dem verarbeitenden Gewerbe ausschieden und in den neu entstehenden Dienstleistungen Arbeitsplätze fanden. Ähnliches galt für die Akademiker der technischen Fächer an den Universitäten, die zunehmend außerhalb der Forschung ihre wirtschaftliche Zukunft suchten. Hier war es also nicht der Produktionseinbruch, der mit einem Schlag die Innovationskraft zerstörte, sondern ein eher schleichender Prozess der Abwertung von Forschungstätigkeit, der sich in entsprechend schlechter Bezahlung niederschlug.

Kurzum: Die Bilanz der eigenen Innovationskraft in Ostdeutschland und Mittel- und Osteuropa ist vorerst ernüchternd. Dies ist wahrscheinlich der größte Flurschaden, den die sozialistische Planwirtschaft auf Dauer hinterlassen hat. Denn es war die Planwirtschaft, die das Tandem von kaufmännischer und technischer Entwicklung zerstörte und damit – in marktwirtschaftlicher Bewertung – die Produktpalette des Ostens über vier Jahrzehnte in den Ruin trieb. Es kann kaum Zweifel bestehen, dass in einem unverändert vereinten Deutschland das mitteldeutsche Industriedreieck Dresden-Erfurt-Magdeburg mit dem Zentrum rund um Halle und Leipzig unter marktwirtschaftlichen Bedingungen voll mitgespielt hätte im Standortwettbewerb der Regionen. Mit etwas Fantasie lässt sich sogar ausmalen, dass die diversifizierte Industriestruktur Mitteldeutschlands für einen guten Mittelfeldplatz gesorgt hätte – wahrscheinlich hinter Baden-Württemberg, aber vor Nordrhein-Westfalen.

Der Flurschaden des Sozialismus ist also schlimm genug. Er wird aber noch akzentuiert durch die Globalisierung, also den verschärften Standortwettbewerb um mobiles Kapital. Weit mehr als in früheren Zeiten ziehen Unternehmen in Erwägung, ihre Produktionsprozesse und Wertschöpfungsketten regional zu zerlegen und nach strikt ökonomischen Gesichtspunkten aufzuteilen. Wie jeder Wettbewerb hat auch dieser für jede beteiligte Region zwei Seiten: eine positive und eine negative, denn man kann im Standortwettbewerb zusätzliche Unternehmen gewinnen, aber natürlich auch welche verlieren. Es hängt einfach davon ab, wie sich die Bedingungen vor Ort im interregionalen Vergleich darstellen. Die nationale Politik ist dabei keineswegs machtlos, wie gelegentlich von Kritikern der Globalisierung behauptet wird. Sie wird lediglich in eine Konkurrenzsituation gestoßen, vergleichbar einem Gastwirt, der mit seinem Lokal in verstärkten Wettbewerb mit Kollegen treten muss und dabei natürlich Stammkunden verlieren, aber auch welche gewinnen kann.

Aus diesen Überlegungen wird schon deutlich, dass im Grundsatz die Globalisierung durchaus zusätzliche Chancen für Newcomer im Wettbewerb bieten sollte, also gerade auch für Ostdeutschland und Mittel- und Osteuropa nach dem Ende der sozialistischen Planwirtschaft. Denn eine Region, deren industrielle Basis noch schwach ist, kann versuchen, als neuer Standort für Unternehmen aus anderen Regionen attraktiv zu sein und damit die eigene Wirtschaftskraft zu stärken. Umgekehrt muss die bereits starke Region eher defensiv dafür kämpfen, dass ihre Unternehmen nicht zu viele Standorte in neue (und kostengünstigere) Konkurrenzregionen verlagern. Die Analogie zum Wirt liegt wieder auf der Hand: Nur der kann wirklich Stammgäste verlieren, der schon welche hat.

So weit das Grundsätzliche. In der Tat kann kaum Zweifel bestehen, dass die Integration Ostdeutschlands und Mittel- und Osteuropas in die weltwirtschaftliche Arbeitsteilung nach 1990 in einer Welt ohne grenzüberschreitende Kapitalmobilität erheblich schwerer gefallen wäre. Internationale Direktinvestitionen spielen und spielten eine wichtige Rolle, im Osten Deutschlands genauso wie im Osten Europas. Allerdings zeigte sich schnell, dass der gesamte postsozialistische Raum Europas als Newcomer in der Weltwirtschaft keineswegs allein stand. Andere Regionen, mit viel größerer Bevölkerung und erheblich niedrigeren Arbeitskosten, allen voran China und Indien, liberalisierten ihre Wirtschaft etwa zur gleichen Zeit und traten als überaus starke Standortkonkurrenz auf. Gemessen an den Erwartungen blieb deshalb die Bilanz der Direktinvestitionen eher bescheiden, vor allem im Vergleich zu dem China-Boom, der in den 1990er-Jahren einsetzte.

Mit Blick auf Ostdeutschland ist allerdings eine andere Erkenntnis von noch größerer Bedeutung. Sie wurde schon an mehreren Stellen dieses Buches gestreift, insbesondere mit Blick auf die Standorttreue von Dienstleistungen und die verlängerten Werkbänke in der Industrie. Gerade die ostdeutsche Erfahrung mit der Mobilität des Kapitals zeigt nämlich, dass selbst bei starker staatlicher Förderung und minimalen kulturellen Barrieren die Zentren der Wissensbildung sich eben nicht leicht verlagern lassen. Daran hat die Globalisierung mit ihren immer weiter sinkenden Transport- und Kommunikationskosten nur wenig geändert. Im Gegenteil, es ist wegen der großen Bedeutungszunahme des Marktwissens als Produktionsfaktor vielleicht sogar damit zu rechnen, dass die etablierten Zentren als Standorte profitieren und nicht verlieren.

„Die Welt ist flach!" So lautete vor einigen Jahren der provokante Titel eines Buches von Thomas Friedman zu den Konsequenzen der Globalisierung.[96] Er meinte damit ganz konkret, dass sich die Standortbedingungen zwischen den Wirtschaftszentren und der entlegenen und zurückgebliebenen Peripherie stark angleichen würden – durch die sinkenden Kosten des Transports, der Kommunikation und der Kontrolle. Die Erfahrung Ostdeutschlands hat seine Thesen nicht wirklich bestätigt. Im Gegenteil, sie liefert eher ein Beispiel für die sogenannte Neue Ökonomische Geografie, für die der amerikanische Ökonom Paul Krugman im Jahr 2008 den Nobelpreis für Wirtschaftswissenschaften erhielt.[97]

Krugmans Theorie und ihre neueren Fortentwicklungen[98] liefern Modelle dafür, warum einmal etablierte räumliche Industriestrukturen sich verfestigen und es für Neuankömmlinge sehr schwer machen, in kurzer Zeit Spitzenwerte der Produktivität zu erreichen. Die Entwicklung neuer Produktideen erfordert nämlich eine arbeitsteilige Konzentration von hoch spezialisierten Wissensträgern, Zulieferern und Abnehmern, die sich typischerweise in den etablierten Ballungszentren finden. Dies führt zu stark zentripetalen Tendenzen der Entwicklung. Wegen der regionalen Konzentration von Arbeitsmärkten für Spezialisten und von Gütermärkten für innovative Produkte bleibt es schwierig, Unternehmen zu veranlassen, im Kernbereich ihrer forschungsintensiven Produktion Auslagerungen vom Zentrum zur Peripherie vorzunehmen. Selbst massive Investitionsförderung wie im Falle Ostdeutschlands kommt da an die Grenzen ihrer Wirksamkeit. Überspitzt formuliert könnte man sagen: Sie sorgt für eine gut ausgebaute verlängerte Werkbank; sie verlagert auch Wissen, aber noch lange nicht die Brutstätten des Wissens. Die Globalisierung ist also nur von begrenzter Hilfe, wenn es um die Stärkung der Innovationskraft der Region geht. Zu der Diagnose einer geschwächten Innovationskraft tritt also noch eine nur begrenzte Attraktivität im Standortwettbewerb.

Vielleicht liegt hier eine der tragischsten Züge der Wirtschaftsgeschichte Ostdeutschlands und Mittel- und Osteuropas. Nirgendwo sonst wurde seinerzeit das technische Wissen als treibende Kraft für den gesellschaftlichen Fortschritt stärker betont und gefeiert wie im sozialistischen Osten. Nirgendwo sonst verließen so viele gut ausgebildete Ingenieure die verschiedensten Ausbildungsstätten – von den technischen Universitäten bis zu dem, was heute als technische Fachhoch- und Fachschulen bezeichnet würde. Nirgendwo sonst wurde auch in den allgemeinbildenden Schulen so viel Wert gelegt auf solide mathematische und naturwissenschaftliche Grundlagen, oft auch kombiniert mit technischen Betriebspraktika in der Industrie. Nirgendwo sonst wurden Lerninhalte des wirtschaftsfernen Bildungsbürgertums (Sprachen, Literatur, klassisches Altertum) so stark zurückgedrängt zugunsten einer vermeintlich modernen Aufnahme von technisch-naturwissenschaftlichen, industrienahen Alternativen. Und trotzdem leidet die Region an mangelnder Innovationskraft. Und es fällt ihr nicht leicht, im Standortwettbewerb zu einer neuen Brutstätte des Wissens zu werden.

Genau bei solchen Überlegungen wird die Zerstörungskraft deutlich, die in der deutschen Teilung und den 40 Jahren Planwirtschaft steckte. Für jeden, der Ostdeutschland gut kennt, wird die Tragik der Situation immer wieder ganz konkret spürbar, auch menschlich. Dies gilt besonders für die industriellen Kernregionen Mitteldeutschlands. Gerade weil der Sozialismus die absolute Dominanz der Technik in Wirtschaft und Gesellschaft vertrat, ist dort auch heute noch eine tiefe emotionale Verbundenheit mit der Ingenieurkunst zu spüren, weit

mehr als in anderen Teilen Deutschlands. Die Industriegeschichte der Region steckt noch in allen Köpfen und
Herzen. Und groß sind die Anteilnahme und das Engagement, wenn es um den Erhalt von Industriedenkmälern
geht, von denen es sehr viele gibt.

Kehrseite dieser emotionalen Bindung an die Technik
ist natürlich ein großer innerer Widerstand, die Entwicklung nach 1990 ganz nüchtern als das zu sehen, was sie
letztlich ist: ein unvermeidbares Aufdecken all jener auf-
gestauten Fehlleistungen, die auf das Konto der sozialistischen Planwirtschaft gebucht werden müssen. Zu nahe
liegt es, nach einfacheren Erklärungen zu suchen, die
auch ein identifizierbares Feindbild hergeben. Diese Rolle übernimmt in der Hauptsache die Treuhandanstalt als
einzelne Institution, daneben aber auch die Marktwirtschaft als ganzes System. Man muss dafür Verständnis
haben: Es ist ungeheuer verführerisch, hinter dem drastischen Preis- und Marktverfall der DDR-Produkte nach
1990 und dem Zusammenbruch der Industrie samt ihrer
Forschungskapazität das Walten dunkler kapitalistischer
Verschwörer zu wittern. Denn das liefert Schuldige, die
noch da sind und Verantwortung tragen. Die sozialistische Planwirtschaft dagegen ist Geschichte, und über
längst Vergangenes zu schimpfen ist weit weniger erleich-
ternd als über die Gegenwart. Es entsteht dabei ein nos-
talgisches Bild des Alten, das sich verfestigt – trotz des
spürbaren Wachstums der Industrie in den letzten Jahren.

Dieses Bild trifft man häufig an, vor allem in der Generation älterer Ingenieure, die zur DDR-Zeit in den Betrieben technische Verantwortung trugen, völlig gleichgültig
übrigens, wo genau sie politisch in ihren Überzeugungen
standen. Sie fühlen sich in gewisser Weise durch die Deutsche Einheit um ihr Lebenswerk betrogen. Ihr Weltbild
ist menschlich nachvollziehbar, aber man muss ihm wis-
senschaftlich entgegentreten. Denn es birgt die Gefahr
einer Dolchstoßlegende, zumal dann, wenn es indirekt

gestützt wird durch machtvolle Worte von wirtschaftsfernen Intellektuellen wie dem Literaturnobelpreisträger
Günter Grass.

Tatsache ist doch, dass die politisch Verantwortlichen
der DDR es waren, die mit der sozialistischen Planwirtschaft das Band zwischen Unternehmertum und Technik
zerschnitten. Damit zerstörten sie die Quelle der marktorientierten Innovationskraft. Sie taten es wissentlich und
willentlich, obwohl sie sich der verheerenden Folgen vielleicht selbst nicht bewusst waren. Aber die Geschichte
hat gezeigt, dass die Folgen tatsächlich verheerend waren.
Ohne das Band zwischen Unternehmertum und Technik
blieb selbst einer hoch zivilisierten Gesellschaft mit qualifizierter Facharbeiterschaft und weltweit geachtetem
Ingenieurwesen keine Chance, den Kontakt zum Weltmarkt aufrechtzuerhalten. Mehr als eine Generation von
Menschen wurde somit daran gehindert, ihre Originalität, Motivation und Kraft so einzusetzen, dass wirklich
ein nachhaltiger weltwirtschaftlicher Mehrwert entstand,
und zwar nach den Gesetzen des Marktes und nicht nach
denen einer Politbürokratie. Ähnlich war es in den anderen sozialistischen Ländern, soweit sie wie Tschechien
über eine renommierte Industrie verfügten. Dies ist ein
wirtschaftshistorisch einmaliges Zerstörungswerk, das seit
1990 aufgedeckt wurde: in Ostdeutschland sehr rasch im
Zuge der Deutschen Einheit und in den anderen mittel-
und osteuropäischen Ländern mit abgestuftem Tempo.

Es ist merkwürdig, dass die Bedeutung dieses Zerstö-
rungswerks in Deutschland noch immer nicht wirklich
zur Kenntnis genommen wird. Vielleicht liegt es daran,
dass man einfach derzeit noch nicht daran erinnert werden möchte, wie hoch der Preis ist, den die Geschichte an
dieser Stelle verlangt hat. Es ist ja psychologisch sehr
schwierig, Spätfolgen früheren Handelns einzugestehen,
wenn es keine einfachen Lösungen gibt, diese Spätfolgen
zu beseitigen. Ignoriert man allerdings weiterhin diesen
hohen Preis, so wird man auch nicht ermessen können,

was die Deutsche Einheit wert ist, und zwar nicht nur
politisch und humanitär, sondern auch wirtschaftlich.
Denn nur vor dem Hintergrund der Größe des historischen Flurschadens lässt sich vernünftig einschätzen, was
in den letzten zwei Dekaden aufgebaut und geleistet wurde. Sonst bleiben nämlich in einer wirtschaftlichen Bilanz
eigentlich nur die Kosten übrig, und das ergibt dann
wahrlich ein schiefes Bild.

Kehren wir an dieser Stelle nach langem Bogen zurück zu unserer Ausgangsfrage, und die lautete: Was ist die
Deutsche Einheit wert? Wir haben gesehen: Die Spätfolgen des Sozialismus wogen schwer, viel schwerer, als
viele im Vorhinein vermuteten. Denn das technische
Marktwissen war zerstört und nicht einfach durch den
Systemwechsel wieder aufzubauen, bis heute. Und die
Globalisierung hat die Einstiegschancen vielleicht verbessert, aber die Brutstätten des Wissens eher konserviert als
verlagert. Stellt man all dies in Rechnung, dann ist ein
Ost-West-Rückstand der Arbeitsproduktivität von – je
nach Messung – 20 bis 30 Prozent des Westniveaus nach
zwei Dekaden Deutscher Einheit kein schlechtes Ergebnis. Und dies vor allem auch mit dem vergleichenden
Blick nach Mitteleuropa, wo der Rückstand aus ebenfalls
nachvollziehbaren Gründen noch in einer viel größeren
Dimension liegt.

Der Aufbau Ost ist deshalb im Kern eine große historische Leistung. Natürlich ist es völlig legitim, von einer
besseren und schöneren Welt zu träumen – mit einem
Osten Deutschlands, dessen Wirtschaft den Gipfel der
Innovationskraft und Prosperität erstürmt hat und Menschen aus nah und fern wie ein Magnet anzieht. Aber es
bleibt eben ein Traum. Denn nach 40 Jahren Abschottung
vom Weltmarkt war es extrem schwierig, auf den fah-
renden Schnellzug der Globalisierung überhaupt aufzu-
springen. Dabei einen Spitzenplatz zu ergattern, das war
unmöglich. Was erreicht wurde, ist eine Position im Mit-
telfeld – ein Stück hinter dem wohlhabenden Westen,

aber ein gewaltiges Stück vor den Schicksalsgefährten in Mitteleuropa aus sozialistischer Zeit. Eine gute verlängerte Werkbank des Westens. Noch nicht viel mehr, aber auch nicht weniger.

5.3 | Zukunftsaufgaben

Der Aufbau Ost ist abgeschlossen, die Deutsche Einheit noch lange nicht. So lässt sich die derzeitige wirtschaftliche Situation der neuen Länder zwei Dekaden nach Mauerfall und Wiedervereinigung in überspitzten Schlagworten charakterisieren. Ostdeutschland hat sich im Rahmen des Möglichen entwickelt, aber das Mögliche ist noch ein gutes Stück entfernt von dem, was Regionen ohne sozialistische Vergangenheit vorzuweisen haben. Was bleibt in dieser Situation in der Zukunft zu tun? Welche Aufgaben hat die Politik? Wir werden uns zum Schluss unserer Bilanz auf jene zwei Gebiete konzentrieren, die für die Deutsche Einheit entscheidend sind: die Wirtschaftspolitik und die Finanzpolitik.

Wir beginnen mit der Wirtschaftspolitik. Ganz oben muss die banale Erkenntnis stehen, dass die Politik nicht alles regeln kann. Vor allem: Sie kann das wirtschaftliche Wachstum einer Region nicht erzwingen. Das ist ja gerade eine der furchtbaren Lehren aus dem Scheitern der sozialistischen Planwirtschaft. Die Politik kann nur die Bedingungen für das Wachstum schaffen. Der Rest ergibt sich aus dem Zusammenspiel von Unternehmen, Arbeitskräften und Verbrauchern in zunehmend globalisierten Märkten, und da bleiben immer große Unwägbarkeiten.

Tatsächlich hat die Politik, was die Wachstumsbedingungen betrifft, in Ostdeutschland eine Menge getan. Was zu tun bleibt, muss einer klaren wirtschafts- und standortpolitischen Leitlinie für die Zukunft folgen. Und die heißt: Stärkung der industriellen Innovationskraft.[99] So einfach diese Leitlinie, so kompliziert allerdings ist ihre

Umsetzung in konkrete Politik. Denn Innovationskraft ist nicht wie Sachkapital einfach durch Investitionen aufzubauen und auch nicht wie Schulwissen zu erlernen.

Gerade die Beispiele außerordentlich erfolgreicher Regionen zeigen die ganze Komplexität des Wachstums. Auch Württemberg brauchte lange Zeit, um jene Tüftlertalente zu entwickeln, die sich dann später als genau die richtigen in der neuen weltwirtschaftlichen Arbeitsteilung erwiesen. Auch der Zufall spielt gelegentlich eine wichtige Rolle. So wurde Südbayern zur erfolgreichsten Aufholregion Deutschlands in der zweiten Hälfte des 20. Jahrhunderts. Warum? Weil es zunächst massiv vom Niedergang des geteilten Berlin als Industriemetropole profitierte. Siemens und andere Unternehmen „auf der Flucht" aus dem Osten wurden in München zum Zentrum eines regionalen Wirtschaftswachstums, das dann später auch starke Unterstützung durch eine offensive Technologie- und Industriepolitik der Bayerischen Landesregierung erfuhr. Sicherlich ein erfolgreiches Beispiel, aber unter ganz anderen historischen Bedingungen nicht so leicht zu reproduzieren. Es steht ja auch recht allein. Es hat in Deutschland in den letzten Jahrzehnten keine einzige andere Region gegeben, der es gelang, sich in einer Generation vom rückständigen Agrarland auf das Niveau eines führenden Industriezentrums der Hochtechnologie zu katapultieren.

Es spricht deshalb alles für einen eher mühseligen Prozess, ohne Begünstigung durch historische Zufälligkeiten, vergleichbar am ehesten noch mit dem langsamen Rückgewinn von Wirtschaftskraft in Altindustrieregionen wie dem östlichen Ruhrgebiet mit der Stadt Dortmund oder den Midlands in England oder Glasgow in Schottland. Von zentraler Bedeutung ist dabei das Vorhalten einer Infrastruktur leistungsfähiger Wissenschafts- und Forschungseinrichtungen, die bereitstehen, um die nötigen ausgebildeten Ingenieure und potenziellen Unternehmer zu liefern. Nur so kann es überhaupt jene Bedingungen geben, die erst eine erfolgreiche Verzahnung von öffentlicher und privater Forschung erlauben.

Eine solche Infrastruktur existiert in Ostdeutschland, auch als erfolgreiches Ergebnis des Aufbaus Ost. Es gibt ein durchaus dichtes Netz an Wissenschaftseinrichtungen, die eine Brücke schlagen zwischen öffentlicher Grundlagenforschung und privatwirtschaftlich angewandter Technologie. Tatsächlich sind die Erfahrungen hier positiv: Im weiteren Umfeld von Hochschulen haben sich längst Ballungen innovativer Tätigkeit angesiedelt, wenn auch noch nicht annähernd in der Dichte, wie es im Vergleich zum Westen des Landes nötig wäre. Die bekanntesten Beispiele sind Jena und Dresden. Es gilt aber auch für praktisch alle anderen Hochschulstandorte. In einigen wenigen Branchen hat es der Osten in den letzten Jahren sogar geschafft, eine Spitzenposition zu erreichen, und zwar innerhalb Deutschlands und sogar international. Dafür stehen die Schlagworte „Silicon Saxony" für die größte Ballung der Halbleiterindustrie Europas im Raum Dresden und „Solar Valley" für die ausgeprägte Konzentration von hochinnovativen Produktions- und Forschungsstätten der Fotovoltaik im Raum Bitterfeld-Wolfen, mit Ausstrahlung auch auf Standorte außerhalb der Chemieregion Sachsen-Anhalts.[100] Aber die Beispiele sind noch zu wenige. Mehr muss folgen.

Es gibt sinnvolle Möglichkeiten, die Forschungsschwäche der Privatwirtschaft ein Stück weit zu kompensieren – durch kommunale Technologie- und Gründerzentren (TGZ), die jungen Unternehmern ermöglichen, ihre Ideen bis zur Marktreife unter begünstigten Bedingungen voranzutreiben. Die bisherigen Erfahrungen damit sind, wie stets bei kommunalen Initiativen, von Ort zu Ort sehr unterschiedlich. Sie deuten darauf hin, dass auch die TGZ nur dort positive Ergebnisse erzielen, wo es ohnehin schon eine gewisse Verzahnung von Wissenschaft und Wirtschaft gibt, also im weiteren Umfeld der Hochschulstandorte (und nicht auf dem „flachen Land").[101] Wunderdinge darf man also auch davon keineswegs erwarten, denn ein vibrierendes Umfeld der öffentlichen und privaten Forschungszusammenarbeit ist kaum künstlich zu schaffen.

Von zentraler Bedeutung ist in jedem Fall, dass die Bundesregierung bei der räumlichen Verteilung von Forschungsmitteln und Forschungseinrichtungen mit Wirtschaftsnähe die Wachstumsinteressen des Ostens besonders berücksichtigt. Es besteht derzeit die akute Gefahr, dass im Zuge einer auf Exzellenz ausgerichteten Forschungspolitik die Innovationskraft nur mehr dort weiter gestärkt wird, wo sie ohnehin schon besonders ausgeprägt ist, vor allem im Süden der Republik. Diese Politik ist mit Blick auf den globalen Wissenschaftswettbewerb nachvollziehbar. Sie birgt aber die große Gefahr, dass es für den Osten – und im Übrigen auch den Norden Deutschlands – immer schwieriger wird, den innovativen Anschluss an die Spitze Deutschlands zu erreichen beziehungsweise dort, wo er erreicht ist, zu halten. Die Wissenschaft und vor allem die technisch orientierte Forschung haben nun einmal stets auch eine regionalwirtschaftliche Dimension. Und die darf nicht völlig außer Acht bleiben. Es geht dabei nicht um eine gezielte Verzerrung des Wettbewerbs zugunsten des Ostens und des Nordens der Republik, sondern allein um die Berücksichtigung von besonders schwierigen Ausgangspositionen.

Weiterhin von zentraler Bedeutung ist die unverminderte Anwerbung von Direktinvestitionen aus dem In- und Ausland. Hier sollte die Förderung erhalten bleiben, und zwar konzentriert auf das verarbeitende Gewerbe. Sie hat sich im Wesentlichen bewährt. Sie könnte allerdings auf längere Sicht in eine allgemeine Regionalförderung für alle strukturschwachen Wirtschaftsräume in Deutschland münden, gleichgültig ob Ost oder West. Schwerpunkt sollte dabei die Gemeinschaftsaufgabe (GA) „Verbesserung der regionalen Wirtschaftsstruktur" sein und nicht mehr die allgemeine Investitionszulage, die derzeit noch bis 2013 läuft. Die Zulage, die bei praktisch jeder Investition im verarbeitenden Gewerbe gewährt wird, ist nicht mehr zeitgemäß. Sie war gedacht als Kompensation für allgemeine Standortnachteile vor allem im Bereich der ostdeutschen Infrastruktur, und mit deren Verschwinden verliert sie zunehmend ihre Begründung.[102] Stattdessen geht es heute vorrangig um die Stärkung der industriellen Innovationskraft, und dies ist ein Ziel, das besser mit dem differenzierten Instrumentarium der GA zu bewältigen ist.

Dabei wird den Landesregierungen bewusst erlaubt, regional- und strukturpolitische Prioritäten zu setzen. Diese werden sich notwendigerweise zwischen Ländern im Einzelnen unterscheiden, da längst ausgeprägte regionale Schwerpunkte der Industrie entstanden sind. Mit Blick auf die Bilanz des Erreichten und Nicht-Erreichten muss es allerdings auf allen Ebenen eine gemeinsame Verschiebung der politischen Prioritäten geben: weg vom physischen Ausbau der Infrastruktur und hin zur Stärkung der industriellen Innovationskraft. Dort – und nicht bei Straßen und Bauten – liegt heute der maßgebliche Engpass im Osten.[103] Da gerade Verkehrsprojekte enorm teuer sind, könnten durch eine solche Umschichtung vielleicht sogar beträchtliche Summen freigemacht werden, um Ansiedlungen und Erweiterungsinvestitionen mit innovativen Schwerpunkten zu befördern. Es müssen deutliche Signale gesetzt werden, dass die Verlagerung von Geschäftsführungen, Forschungsabteilungen und neuen forschungsintensiven Produktionslinien von der Politik besonders ernst genommen werden. Der Osten muss den Willen zeigen, auf längere Sicht mehr zu werden als eine verlängerte Werkbank.

Eine gemeinsame Grundorientierung darf allerdings nicht zu einem bürokratischen Korsett werden, das lokale Entscheidungsträger vor Ort in irgendeiner Weise einzwängt. Die Erfahrung lehrt, dass es selbst innerhalb überschaubarer Regionen ausgeprägte Unterschiede im

Bemühen um industrielle Ansiedlungen zwischen einzelnen Städten und Gemeinden gibt, selbst bei sehr ähnlicher finanzieller Ausstattung und Förderkulisse. Dies deutet darauf hin, dass der persönliche Einsatz engagierter Kommunalpolitiker Früchte trägt, gerade auch wenn es um Investitionen mit hohem Innovationsgehalt geht. Hier gilt es, bei den politischen Rahmenbedingungen ein Maximum an Entscheidungsfreiheit zu erlauben, um den Bürgermeistern vor Ort noch breitere Wege zu eröffnen, die Wirtschaftskraft ihrer Gemeinden zu stärken.

Genau an dieser Stelle müsste auch eine weitere Reform des Föderalismus gezielt ansetzen. Je mehr an staatlicher Regulierung von der Bundes- auf die Landesebene und von der Landes- auf die kommunale Ebene verlagert werden kann, umso eher können die zuständigen Bürgermeister und Landräte in einem offenen Standortwettbewerb ihre Gewerbeflächen ungehindert vermarkten. In strukturschwächeren Regionen verstärkt dies die politischen Anreize für lokale Entscheidungsträger, durch unbürokratisches Handeln und niedrige Hebesätze auf die Gewerbesteuer noch mehr Ansiedlungserfolge zu erzielen.

Man beachte, dass auf der Ebene der industriellen Organisation ein solcher Prozess der Deregulierung im Osten längst stattgefunden hat, insbesondere mit Blick auf die Arbeitsbedingungen, die im Westen durch den Flächentarifvertrag starr fixiert sind. Wegen des geringen Organisationsgrades von Arbeitgebern und Arbeitnehmern herrscht in der mittel- und ostdeutschen Industrie längst ein extrem hohes Maß an betrieblicher Flexibilität. Genau dies – und nicht etwa die Investitionsförderung – hat dazu geführt, dass bestehende Unternehmen des verarbeitenden Gewerbes im Osten seit den späten 1990er-Jahren ihre Lohnstückkosten kräftig senken und die Ertragslage deutlich verbessern konnten. Tatsächlich gibt es in dieser Hinsicht längst keine Rückstände mehr. Im Gegenteil, die gemessenen Renditen in der Industrie liegen seit 2002 im Durchschnitt sogar deutlich höher als im Westen.[104]

Ohne Zweifel hat diese Flexibilität in den vergangenen Jahren die Standorte für Investitionen attraktiver gemacht. Dies muss in der Zukunft so bleiben. Es sollte auch, viel stärker als bisher, zu einem Markenzeichen des Ostens werden, denn hier liegt der Schwachpunkt der westdeutschen Ballungsräume. Ostdeutschland kann – mit längerer Arbeitszeit und größerer betrieblicher Beweglichkeit – auch im internationalen Standortwettbewerb beweisen, dass es in gewisser Weise die Vorteile zweier Welten kombiniert: die gute Qualifikation der Facharbeiterschaft, ganz so wie im Westen, aber gleichzeitig ein Maß an individueller Bereitschaft zur Flexibilität, die eher Ähnlichkeiten hat mit dem, was außerhalb Deutschlands üblich ist.

Genau dies erfordert allerdings auch einen Bewusstseinswandel, den die Politik vorantreiben kann und sollte: Nicht starre Orientierung an dem, was der Westen schon hat, sondern die Entwicklung einer eigenen Wirtschaftsidentität und deren durchaus offensive Vermarktung. In dieser Hinsicht haben die ersten 20 Jahre seit der Wiedervereinigung bisher kaum Fortschritte gebracht. Dies ist sicherlich ein unerwünschter Nebeneffekt des Aufbaus Ost mit seiner starken Fixierung auf den Westen. Insofern haben manche wirtschaftsferne Intellektuelle wie Günter Grass durchaus nicht unrecht, wenn sie das Fehlen eines eigenständigen Weges beklagen. Allerdings ist es höchst fraglich, ob die Eigenständigkeit, die sie meinen, wirklich historisch zu haben war. Denn zum Ausleben einer Eigenständigkeit in der unmittelbaren Nachbarschaft des Wohlstands braucht es einen festen Grund an Wirtschaftskraft; und solange der nicht geschaffen ist, ergreifen die Leistungsträger die Flucht vor jedem undurchsichtigen wirtschaftlichen Experiment. Heute ist dieser feste Grund geschaffen: durch betriebsnahe Lösungen, die kaufmännisch sinnvoll sind und den Standort auszeichnen. „Bei uns geht mehr", das wäre eine selbstbewusste Devise, mit der Ostdeutschland den Standortwettbewerb offensiv fortsetzen könnte.

Die Kehrseite der erreichten Flexibilität ist natürlich, dass es im Bereich der betriebsnahen Organisation im Osten kaum noch weiteren politischen Handlungsbedarf gibt. Dies gilt insbesondere am Arbeitsmarkt: Nirgendwo sonst in Deutschland – und vielleicht sogar im gesamten westlichen Europa – gibt es bereits heute eine derart große Bereitschaft, auch für relativ niedrige Löhne zu arbeiten wie in Ostdeutschland. Dies gilt für die Industrie, aber noch stärker für das Dienstleistungsgewerbe, und zwar nicht nur für den außertariflichen Bereich. So liegt zum Beispiel in Thüringen der tarifliche Mindestlohn im Friseurhandwerk bei 3,18 Euro, im Gartenbau bei 3,33 Euro, in der Floristik bei 4,54 Euro. Selbst bei Vollzeitbeschäftigung ergibt dies Monatsverdienste, die nicht höher als 750 Euro liegen.[105] Das ist wahrlich nicht viel, selbst bei moderaten Lebenshaltungskosten.

Es existiert also längst ein ausgeprägter Niedriglohnsektor. Dies ist einer der Gründe dafür, dass es in Ostdeutschland seit den Hartz-IV-Reformen überproportional viel „Aufstocker" gibt, also erwerbstätige Hilfsbedürftige im Sinne des Sozialgesetzbuches II, die staatliche Ergänzungszahlungen erhalten. Im Jahr 2007 waren es fast 460 000 Menschen – im Vergleich zu rund 760 000 im fünfmal größeren Westen.[106] Grundsätzlich ist dies sinnvoll, weil in vielen Fällen die Alternative einfach die Arbeitslosigkeit wäre. Ein hoher allgemeiner Mindestlohn würde deshalb gerade im Osten viele Arbeitsplätze im Dienstleistungsgewerbe zerstören.

Allerdings macht die große Zahl der Aufstocker eines auch überdeutlich: Es gibt kaum noch zusätzlichen Spielraum für eine Ausweitung dieses Instrumentariums. Zugespitzt lässt sich formulieren: Ostdeutschland war zunächst ein Land der ABM und der Ein-Euro-Jobs. Seit den Hartz-Reformen ist es ein Land des Kombilohns geworden. Es ist deshalb nicht zu erwarten, dass es im Niedriglohnbereich der Dienstleistungen noch viel Potenzial für weitere privatwirtschaftliche Jobs gibt. Dies kann sich nur dann ändern, wenn auch im Bereich der höher produktiven industriellen Arbeitsplätze weitere Fortschritte erzielt werden, die dann die Einkommen in der Region nach oben ziehen und insgesamt für das nötige Wachstum sorgen, das dann auch weitere Arbeitsplätze im Dienstleistungsbereich entstehen lässt. Es sollte deshalb wirtschaftspolitisch ein klarer Schwerpunkt gesetzt werden: weg von immer neuen Varianten der Arbeitsmarktpolitik, keine weiteren Experimente mit Kombilöhnen, auch keine Mindestlöhne, aber Fortführung der derzeitigen Aufstockpraxis des ALG II, die durchaus funktioniert. Oberste Priorität muss aber etwas anderes haben: die aktive Standortpolitik zur Stärkung der industriellen Basis.

Zurück also zum Kern der Sache: der Industrie. Immer öfter wird eine gezielte Konzentration der industriellen Förderung auf die städtischen Ballungszentren des Ostens gefordert. Das übliche Bild, das dabei verwendet wird, entstammt dem Gartenbau: Nicht mit der Gießkanne sollte die Förderung erfolgen, sondern gezielt und konzentriert. Auf den ersten Blick sieht diese Forderung extrem plausibel aus, denn wer würde schon dafür plädieren, dort zu fördern, wo ohnehin nichts wächst? Bei näherem Hinsehen erweist sie sich als fragwürdig, und zwar aus dem einfachsten aller Gründe: Sie ist unpraktikabel. Die geografischen Entfernungen in den ostdeutschen Großräumen fallen so bescheiden aus, dass sich kaum sinnvolle Abgrenzungen der Förderkriterien finden lassen. So sind zum Beispiel die Distanzen innerhalb des mitteldeutschen Wirtschaftsdreiecks zwischen Dresden, Erfurt und Magdeburg derart klein, dass es kaum nachvollziehbar wäre, Ansiedlungen regional differenziert zu fördern (sagen wir, in Bernburg und Bitterfeld weniger als in Halle/Saale und Leipzig). Es geht hier letztlich um einen einzigen Großraum, und der heißt Mitteldeutschland.

Tatsächlich zeigt der durchaus spektakuläre Aufstieg der Fotovoltaik im Raum Bitterfeld, dass es Investoren gerade nicht auf die allgemeine wirtschaftliche Ballung ankommt, sondern auf spezifische Bedingungen vor Ort, die bisweilen gar nichts mit der Urbanität des Umfelds zu tun haben. So war in Bitterfeld die Vergangenheit als Standort der Chemie und Fotoindustrie von Bedeutung, nicht aber eine bereits existierende industrielle Arbeitsteilung vor Ort. Und auch nicht die unmittelbare räumliche Nachbarschaft von Hochschulen und anderen öffentlichen Forschungseinrichtungen, denn die befanden sich zur Genüge im größeren Umkreis der mitteldeutschen Universitätsstädte in Sachsen, Sachsen-Anhalt und Thüringen.

Eine abgewandelte Form der Forderung, nicht mehr zur Gießkanne zu greifen, orientiert sich nicht an der städtischen, sondern an der industriellen Ballung, genannt: „Cluster".[107] Nach dieser Sicht sollten jene Industrien an bestimmten Standorten besonders gefördert werden, die bereits ansatzweise einen Cluster bilden. So formuliert geht die Forderung weitgehend ins Leere, weil ohne jeden Zweifel die wirtschaftspolitischen Entscheidungsträger – vom Bund über die Länder bis zu den Kommunen – längst ein großes Augenmerk darauf werfen, welche regionalen Industriestrukturen sich gebildet haben und welche komplementären Branchen und Betriebe zu einem Standort passen. Gerade das Arsenal der vorhandenen Förderinstrumente auf Landesebene gibt heute schon einen maximalen Spielraum, entsprechende Schwerpunkte zu setzen.

Allerdings erlaubt dieser Spielraum der Wirtschafts- und Standortpolitik auch, im Einzelfall von allzu rigiden Cluster-Vorstellungen abzuweichen. Und auch dies sollte so bleiben: Es wäre nicht einzusehen, warum eine strukturelle Veränderung regionaler Schwerpunkte der Indus-

trie unterbunden werden sollte, weil sie nicht in die bisherigen Raster und Muster passt. Genau dies würde den
Strukturwandel vor Ort auf Dauer behindern und es regionalen Entscheidungsträgern erschweren, ihre Industriestruktur hinreichend zu diversifizieren und damit auch
gegebenenfalls gesamtwirtschaftliche Risiken besser abzufedern. Es würde dadurch auch jener (durchaus häufi-
ge) Typus des Kommunalpolitikers bestraft, der seine
Gemeinde im Standortwettbewerb sehr erfolgreich positioniert. Darunter leiden würde auch jene diversifizierte
„Autobahnökonomie", die sich herausgebildet hat, mit
gut gefüllten Gewerbegebieten in verkehrsgünstiger Lage.
Gerade sie ist aber ein wichtiges Rückgrat der Wirtschaftskraft geworden, und zwar sowohl im Osten als auch im
Westen.

Hinter der konkreten Frage nach der Konzentration
der Förderung stehen denn auch ganz alte und grundsätzliche Fragen der Ordnungspolitik: Wie weit sollte der
Staat durch eine engmaschige Investitionslenkung in unternehmerische Entscheidungen eingreifen? Wie weit
sollte er die regional und lokal verantwortlichen Politiker
in ihrer Standortpolitik steuern? Und auf welcher Ebene
sollte dies geschehen – vom Bund aus oder gar von der
Europäischen Union? Es gibt in der Wirtschaftswissenschaft einen recht breiten Konsens, dass auch in Fragen
der Standortpolitik so weit wie möglich das Prinzip der
Subsidiarität gelten sollte. Jenseits allgemeiner regional-
politischer Ziele wie der industriellen Entwicklung Ostdeutschlands ist es schwer zu begründen, warum eine
zentrale Instanz weitgehende Festlegungen über die räumliche Verteilung von wirtschaftlichen Ansiedlungen treffen
sollte. Denn es fehlt ihr regelmäßig am nötigen Wissen
über die lokalen Details für die richtige Entscheidung.

Auf einer praktischen, politischen Ebene mag man
sich zudem fragen, was konkret ein „Masterplan" für den
Aufbau Ost auf Bundesebene[108] viel anderes hervorbrin-
gen würde als genau die strukturelle Schwerpunktset-

zung der Branchen, die wir bisher bereits im räumlichen Muster Ostdeutschlands beobachten. Diese sind ja keineswegs ökonomisch unvernünftig. Sie sind nur eben noch zu schwächlich. Ein Masterplan könnte sehr wohl dazu dienen, den gemeinsamen politischen Willen zum Ausdruck zu bringen, die vorhandene Struktur weiter auszubauen. Damit würde potenziellen Investoren die nötige Entschlossenheit demonstriert, den Osten als Standort weiter zu stärken. Das wäre durchaus sinnvoll. Darüber hinaus sollte ein Masterplan aber nicht gehen. Insbesondere darf er nicht als eine Art zentrale Planungsdirektive die regionalen und lokalen Bemühungen um Ansiedlungen lähmen oder bürokratisch behindern.

So weit zu den Kernelementen einer zweckmäßigen Wirtschafts- und Standortpolitik für Ostdeutschland. Selbst auf lange Sicht wird diese Politik nur dann erfolgreich sein können, wenn die deutsche Wirtschaft insgesamt schnell wächst, schneller jedenfalls als im Durchschnitt der letzten eineinhalb Jahrzehnte. Die historische Erfahrung lehrt, dass Aufholprozesse in strukturschwächeren Teilräumen einer Wirtschaft nur dann an Fahrt gewinnen, wenn die Ballungsräume bei hohem Beschäftigungsstand hart an die Grenzen ihrer Kapazitäten stoßen. So wurde der Grundstein für den Aufstieg einer Vielzahl von ehemals strukturell schwächeren Regionen innerhalb Westdeutschlands (zum Beispiel Rheinland-Pfalz und Teile Bayerns) im Wachstumsklima der zweieinhalb Nachkriegsjahrzehnte gelegt. Damals gingen immer mehr Industrieunternehmen dazu über, Teile ihrer Produktion bei neuen Investitionen in die „Peripherie" zu verlagern. Der Grund war vor allem die extreme Knappheit an hoch qualifizierten Arbeitskräften in den Zentren, wo Vollbeschäftigung herrschte. Erst dies sorgte für die ökonomische Dringlichkeit, über neue Standorte nachzudenken. Und dies betraf dann auch zunehmend innovative Produktionslinien, die selbst zum Kern neuer regionaler Schwerpunkte werden konnten.

Es geht deshalb auch heute bei der weiteren Stärkung des Ostens um eine Gesamtstrategie der Wirtschaftspolitik für Deutschland. Einige wichtige Schritte in diese Richtung wurden in den letzten Jahren gemacht – durch die Hartz-IV-Reformen und durch eine moderate Lohnpolitik, die zu einer deutlichen Verbesserung der Wettbewerbsposition der deutschen Industrie führte. Es ist deshalb nicht verwunderlich, dass von 2003 bis 2008 das verarbeitende Gewerbe in Deutschland eine Renaissance erlebte – mit einem überaus kräftigen Wachstum der Produktion und einem beachtlichen Anstieg der Beschäftigung, zuletzt sogar nicht nur im Osten, sondern auch wieder im Westen. Genau diese Konstellation ist optimal, um die wirtschaftliche Vollendung der Deutschen Einheit zu befördern.

Klar ist allerdings auch, dass diese günstige Konstellation mit der einsetzenden Finanz- und Konjunkturkrise 2008 zum Ende kam. Auf absehbare Zeit sind die Möglichkeiten für Ostdeutschland, neue Investitionen anzuziehen, erheblich eingeschränkt. Denn die schwere Krise wird über Jahre dazu führen, dass genügend industrielle Kapazitäten im Westen (und anderswo) brachliegen. Unter diesen Umständen kommt es nur für die allerwenigsten Unternehmen infrage, über Neuansiedlungen in Regionen mit noch höherer Arbeitslosigkeit nachzudenken. Denn auch an ihren traditionellen Standorten finden sie genug unterbeschäftigte, gut qualifizierte Arbeitskräfte. Der Aufholprozess des Ostens wird dadurch verzögert. Erst im Zuge einer nachhaltigen Erholung der Weltwirtschaft kann er wieder den wichtigen Rückenwind von Direktinvestitionen aus dem Westen und dem Ausland erhalten.

Kommen wir nun zum zweiten großen Gebiet künftiger Gestaltungsaufgaben: der Finanzpolitik. Dort stehen die ostdeutschen Länder in der kommenden Dekade vor äußerst schwierigen Aufgaben. Der Grund: Die zusätzlichen Zuwendungen im Rahmen des Solidarpakts II – die

SoBEZ – werden bis zum Jahr 2019 schrittweise auf null abgeschmolzen, von zuletzt über zehn Milliarden Euro pro Jahr. Im Grundsatz heißt dies: Ab dem Jahr 2020 werden die ostdeutschen Länder im Rahmen des Finanzausgleichs wie westdeutsche Länder behandelt. Sie erhalten also danach nur mehr den Betrag, der ihnen aufgrund ihrer eigenen Steuerkraft zusteht. Ihr Sonderstatus ist dann beendet.

Dies hat weitreichende Folgen: Das Haushaltsvolumen wird schrumpfen müssen. Die Größenordnung der Schrumpfung lässt sich grob ermitteln. Es geht um etwa 15 Prozent der öffentlichen Ausgaben, also pro Jahr um eine Abnahme von rund 1,5 Prozent, wenn wir unterstellen, dass der derzeitige Status quo des Saldos der öffentlichen Haushalte gewahrt bleiben soll und – rein rechnerisch – keine zusätzlichen Einnahmen und Ausgaben zu erwarten sind. Dies ist eine gewaltige Aufgabe der Konsolidierung. Und das umso mehr, als die jüngste Reform des Finanzföderalismus vorsieht, dass eine Nettoneuverschuldung von null als Vorgabe in alle Landesverfassungen Eingang finden soll.

Ist diese Aufgabe überhaupt lösbar? Es wäre völlig vermessen, diese Frage zum heutigen Zeitpunkt schlüssig beantworten zu wollen, denn der derzeitige Konjunktureinbruch – der schwerste seit der Weltwirtschaftskrise 1930 bis 1932 – entzieht allen früheren Planungen der finanzpolitischen Entwicklung die Geschäftsgrundlage. In den kommenden Jahren wird es jedenfalls deutschlandweit massive Steuerausfälle geben. Mit Blick auf das Auslaufen des Solidarpakts hängt alles Weitere entscheidend davon ab, wie schnell sich die deutsche Wirtschaft und damit die Steuereinnahmen anschließend erholen werden. Die Antwort auf diese Frage ist aber hochspekulativ, und genauso jede Mutmaßung über die künftige Finanzlage in den ostdeutschen Ländern.

Gleichwohl können wir versuchen, einige wichtige Aspekte der Aufgabe zu umreißen und deren Konsequenzen aufzuzeigen. Völlig außer Zweifel steht, dass die ostdeutschen Länder ihre öffentlichen Investitionen drastisch absenken müssen. Dies ist auch nachvollziehbar, denn die SoBEZ waren ja gerade dazu bestimmt zu helfen, den Nachholbedarf an Investitionen als Folge der deutschen Teilung abzudecken.[109] Tatsächlich sind die Investitionsquoten in den öffentlichen Haushalten, also der Anteil der Haushaltsmittel, die für öffentliche Investitionen ausgegeben werden, in allen ostdeutschen Flächenländern deutlich höher als im Westen. Es geht dabei um eine Größenordnung von sechs bis acht Prozentpunkten des Haushaltsvolumens, also in etwa die Hälfte des Konsolidierungsbedarfs.

Wie gesagt: Diese Anpassung ist nachvollziehbar, zumal tatsächlich der zusätzliche Bedarf an Ausbau der physischen Infrastruktur bis 2019 weitgehend gedeckt sein dürfte. Hinzu kommt, dass die aktuellen Konjunkturprogramme der Bundesregierung auch den ostdeutschen Ländern erlauben, so manches Großprojekt zu günstigen Bedingungen vorzuziehen. Allerdings wird die generelle Kürzung der öffentlichen Investitionen insofern kompliziert, als viele Projekte kofinanziert werden, mit Mitteln des Bundes und der Europäischen Union. Dies bedeutet, dass ein Zurückfahren des Eigenmittelanteils auch zu einem Verzicht auf Einnahmen führt, was den Prozess der Haushaltskonsolidierung erheblich erschwert.

Tatsächlich steckt hinter dieser Anpassung weit mehr als eine rein fiskalische Konsolidierung. Es geht hier um die umfassende Überprüfung all jener hochkomplexen Finanzierungsverflechtungen zwischen praktisch allen föderalen Ebenen – von den Kommunen über die Länder, den Bund und die Europäische Union –, die sich über Jahre entwickelt haben und extrem unübersichtlich sind. So verfügen alle Finanz- und Fachministerien der ostdeutschen Länder über einen Stab von Spezialisten, die mit praktisch nichts anderem beschäftigt sind, als diese komplexen Strukturen zu durchschauen, im öffentlichen Auftrag bestmöglich zu nutzen und den politisch verantwortlichen Staatssekretären und Ministern zu erklären. Dieses Fachpersonal könnte auf Dauer eingespart werden.

Weit wichtiger noch wäre aber der politische Effekt einer Überprüfung der Kofinanzierung. Derzeit werden viele vor allem kommunale Entscheidungsträger politisch dazu verleitet, Projekte nur deshalb durchzuführen, weil sie von höheren Ebenen mitfinanziert werden. Denn es ist für einen Bürgermeister politisch außerordentlich schwierig, auf eine populäre Maßnahme zu verzichten, wenn die Kosten zu einem großen Teil andere tragen. So manche fragwürdigen Infrastrukturvorhaben von Städten und Gemeinden wären sicherlich nie zustande gekommen, hätten sie allein von den betreffenden Kommunen aus Eigenmitteln finanziert werden müssen. Hier liegt also auch eine Chance, dem Förderwirrwarr der Vergangenheit – und der Verschwendung von Steuergeldern – ein Ende zu setzen.

So weit zur Rückführung der Investitionen. Sie wird nötig sein, aber wahrscheinlich nicht reichen. Und genau deshalb wird die Konsolidierung zu einer besonders anspruchsvollen Aufgabe. Denn es verbleibt dann eigentlich nur eine einzige zentrale Stellschraube des Haushalts: der sogenannte Staatskonsum, also die gesamten Kosten der angebotenen öffentlichen Leistungen. Der Staatskonsum besteht zum Großteil aus Personalausgaben. Hier hat der Osten in den letzten Jahren bereits einen strikten Sparkurs verfolgt, vor allem durch Personalabbau und Streichungen von Sonderzuwendungen. Tatsächlich ist der gesamte Staatskonsum der fünf ostdeutschen Flächenländer in jedem Jahr seit 2000 zurückgegangen, in manchen Ländern wie Sachsen-Anhalt und auch Mecklenburg-Vorpommern zeitweise sogar außerordentlich drastisch. Das Ergebnis war im Zeitraum 2000 bis 2006 eine reale Senkung um fast sieben Prozent – im Unterschied zu den alten Ländern, wo es eine Steigerung um über fünf Prozent gab.[110]

Durch diesen Sparkurs gelang es immerhin, den Staatskonsum unter das westdeutsche Durchschnittsniveau zu
drücken: Wurden im Jahr 2006 in den westdeutschen
Ländern 5 149 Euro je Einwohner ausgegeben, waren es
im Osten nur mehr 5 062 Euro. Dies bedeutete eine wesentliche Verbesserung gegenüber der zweiten Hälfte der
1990er-Jahre, als der Osten wegen eines großen Personal-
überhangs im öffentlichen Dienst noch deutlich über dem
Westniveau lag. Lediglich das Land Sachsen hatte durch
eine frühzeitige Entlassungswelle nach 1990 eine solche
Schieflage vermieden, was bis heute die deutlich niedrigere Verschuldung des Landes erklärt. Alle anderen Länder
folgten erst erheblich später, zumeist in den ersten Jahren
der laufenden Dekade, auf den strikten Kurs der Konsolidierung.

In jedem Fall ist bereits heute absehbar, dass es nicht
leicht sein wird, den Staatskonsum weiter zurückzudrän-
gen. Denn dies wird praktisch nur über Personalabbau
im öffentlichen Dienst möglich sein, und der ist bereits in
den vergangenen Jahren recht konsequent erfolgt. Weitere Personaleinsparungen werden immer schwieriger, zumal bei einer Schrumpfung der Bevölkerung gerade in
ländlichen Regionen viele fixe Kosten öffentlicher Leistungen bleiben werden.[111] Hier bedarf es umfassender und
frühzeitiger Planungen, wie der Prozess der Anpassung
vollzogen werden kann, ohne einen Zusammenbruch öffentlicher Leistungen zu provozieren. Gerade die Kommunen – und insbesondere die Gemeinden in entlegenen
Gebieten – stehen hier vor großen Herausforderungen.
Wahrscheinlich liegen die Einsparpotenziale vor allem in
der allgemeinen Verwaltung: durch Zusammenlegung
von Gemeinden, Nutzung neuer Technologien in der behördlichen Arbeit sowie Überprüfung und Wegfall von
Aufgaben. Schwer fällt es dagegen, sich in Bildung und
Kultur massive Kürzungen vorzustellen, da dies sehr
stark die Lebensqualität und die Attraktivität als Wirtschaftsstandort beeinträchtigen würde.

Große Oper in einer kleinen Stadt

Dessau kämpft um sein Publikum

9. Mai 2009. Ein besonderer Tag in Dessau. Im Anhaltischen Theater findet eine Opernpremiere statt: Elektra von Richard Strauss. Es ist die letzte Premiere von Johannes Felsenstein, seit 1991 Intendant in Dessau und seit 1995 Generalintendant des Anhaltischen Theaters. Der Sohn von Walter Felsenstein, dem legendären Gründer der Komischen Oper Berlin, hat in Dessau Maßstäbe gesetzt. Unter seiner Leitung ist das kleine Dessau zu einem Zentrum großer Oper in Deutschland geworden. Zu seinen opulenten Inszenierungen kommen regelmäßig Stammgäste aus Japan geflogen. Busse aus Berlin, Leipzig und anderen umliegenden Großstädten sind selbstverständlich.

Und nötig. Denn das Anhaltische Theater, ein imposanter neoklassizistischer Kolossalbau, fasst 1100 Zuschauer. Es war zur Zeit seiner Fertigstellung 1938 der größte Theaterbau nördlich der Alpen. Die Ränge zu füllen wäre schon in München oder Wien eine Herausforderung. In Dessau ist es im Normalfall praktisch unmöglich. Die Stadt selbst ist seit 1990 stark geschrumpft. Sie hat heute nur noch 75 000 Einwohner, als Doppelstadt mit dem benachbarten Roßlau auf der anderen Elbseite gerade mal 90 000. Drum herum gibt es nicht viel – außer wunderbarer Auen- und Parklandschaft. Diese geht in das Dessau-Wörlitzer Gartenreich über, ein Kleinod an englischem Landschaftsgarten, UNESCO-Weltkulturerbe, von Frühjahr bis Herbst gut besucht von Tagestouristen, die am Abend aber längst auf dem Heimweg sind.

Dessau ist ein mitteldeutscher Extremfall. So viel Kultur bei so wenig Einwohnern und so wenig Wirtschaftskraft gibt es wohl nur noch in Weimar. Die Vergangenheit ist stolz: malerische Residenzstadt der anhaltischen Fürsten im 19. Jahrhundert, ab den 1920er-Jahren Sitz des Bauhauses und Wiege des modernen Flugzeugbaus. Aber nach schwerer Kriegszerstörung wird die Stadt zur reinen sozialistischen Industrieschmiede – als Zentrum des DDR-Waggonbaus, der nach 1990 auf breiter Front zusammenbricht. Es bleibt ein Missverhältnis zwischen glanzvoller Vergangenheit und problembeladener Gegenwart. Da stehen exquisite Schloss- und Parkanlagen, die Fachhochschule und die Meisterhäuser des Bauhauses (noch ein UNESCO-Weltkulturerbe!) nicht weit von riesigen Industriebrachen. Und große historische Persönlichkeiten wie der Architekt Walter Gropius, der Flugingenieur Hugo Junkers und der Komponist Kurt Weill tragen zwar den Namen der Stadt in die Welt, können aber die harten Fakten des Bevölkerungsschwunds nicht ändern.

Oberbürgermeister Klemens Koschig ist jedenfalls nicht zu beneiden. Er, parteiloser Pragmatiker durch und durch, gibt sein Bestes. Er hat sich den Optimismus aus seiner Zeit der Bürgerbewegung im Neuen Forum bewahrt. Er ist froh, dass wenigstens der Umzug des Umweltbundesamts von Berlin nach Dessau gelang, auch wenn so mancher Beamter seinen Wohnsitz in der Hauptstadt behalten hat. Er kann in jüngster Zeit auch auf Ansiedlungserfolge verweisen, aber die Zahl von knapp 5 000 industriellen Arbeitsplätzen reicht noch lange nicht, um die Zukunft zu sichern. Dabei ist die geografische Lage der Stadt nicht schlecht, nur wenige Kilometer entfernt von der Autobahn A 9 Berlin-München. Und die Arbeitslosigkeit liegt keineswegs über dem ostdeutschen Durchschnitt, da wegen der guten Verkehrsanbindung für Pendler auch einiges an Produktionsstätten in Bitterfeld, Leipzig und selbst im Großraum Berlin zu erreichen ist.

Der stolzen Kultur Dessaus hilft dies aber wenig. Sie wird nur Bestand haben können, wenn die Wirtschaftskraft der Stadt in den nächsten Jahren einen ordentlichen Sprung nach oben macht. Brillante Ideen und künstlerische Leidenschaft reichen da leider nicht aus. Die große Oper braucht mehr. Sie braucht Steuereinnahmen, und die gibt es nur mit mehr Industrie. Jedenfalls in Dessau.

Neben Investitionen und Staatskonsum gibt es nur noch wenig, was überhaupt zum Gegenstand einer strikten Konsolidierungspolitik gemacht werden kann. So ist das Ausmaß der Sozialtransfers, das die Haushalte belastet, im Wesentlichen das Ergebnis der allgemeinen wirtschaftlichen Entwicklung. Läuft sie gut, gibt es Entlastungen. Läuft sie nicht gut, gibt es das Gegenteil. Lediglich eine tief greifende Reform des deutschen Sozialsystems könnte zusätzlichen Spielraum bringen, aber damit ist nicht zu rechnen, zumal erst vor wenigen Jahren mit der Hartz-IV-Gesetzgebung grundlegende Weichen neu gestellt wurden.

Ähnlich sieht es mit den Zinszahlungen aus: Ob sie steigen oder fallen, hängt sowohl von den Kapitalmärkten als auch von den Steuereinnahmen ab. Beides ist gesamtwirtschaftlich nur schwer lenkbar. Dabei gibt es allerdings zwischen den fünf ostdeutschen Flächenländern beträchtliche Unterschiede im Niveau der Belastung, und die resultieren aus dem Stand der Verschuldung: Sachsen lag dabei 2007 mit einer Pro-Kopf-Verschuldung von 2 851 Euro ganz unten, Sachsen-Anhalt mit 8 257 Euro ganz oben und die Länder Mecklenburg-Vorpommern mit 6 219 Euro, Thüringen mit 7 242 Euro und Brandenburg mit 7 242 Euro knapp dahinter. Diese Niveaudifferenzen spiegeln im Wesentlichen die Erblast wider, die durch ganz unterschiedliche Finanzpolitiken in den 1990er-Jahren zustande kam: Sachsen baute damals konsequent Personal ab, und die anderen Länder taten dies nicht.[112] Das spätere Umschalten auf fiskalische Stabilisierung vor allem in Mecklenburg-Vorpommern und Sachsen-Anhalt half zwar, ein weiteres Ausufern der Zinsbelastung zu verhindern, doch gelang es noch nicht, auch nur annähernd das sächsische Niveau zu erreichen. Die Länder gehen insofern – bei ansonsten sehr ähnlicher Haushaltsstruktur – mit ganz unterschiedlichen Hypotheken in die Zukunft. So muss Sachsen derzeit nur maximal vier Prozent seines Haushaltsvolumens für Zinsen aufwenden, Sachsen-Anhalt dagegen fast zehn Prozent.

Alles in allem stehen die ostdeutschen Länder vor einer äußerst schwierigen Zeit der fiskalischen Anpassung. Derzeit können sie etwas mehr als die Hälfte ihrer Ausgaben aus eigenen Steuereinnahmen finanzieren – im Vergleich zu den westdeutschen Flächenländern, wo die „Steuerdeckungsquote" bei den finanzschwächsten bei etwa 70 Prozent liegt. Diese Anpassung kann nur gelingen, wenn neben der massiven Kürzung bei den öffentlichen Investitionen alle Personal- und Projektausgaben auf den Prüfstand kommen, und zwar auf allen Ebenen einschließlich der Kommunen. Tatsächlich erfordert dies ein Stück weit einen Mentalitätswechsel: weg von dem hohen Maß an Förderung, das sich als Folge der Finanzierung der Deutschen Einheit breitgemacht hat, und hin zu mehr striktem Kostenbewusstsein. Dieser Prozess ist längst im Gange, und er darf nicht zum Erlahmen kommen.

Bei der Aufzählung der großen fiskalischen Aufgaben der nächsten Jahre darf allerdings eines nicht aus dem Blick geraten: Der eigentliche Grund für die Schwierigkeiten des Ostens ist nicht ein übermäßiges Niveau der Staatsausgaben an sich, sondern die strukturelle Wirtschaftsschwäche, dadurch bedingt entsprechend niedrige Steuereinnahmen und die Abwanderung junger Menschen, die dann wieder die Steuerbasis in der ferneren Zukunft unterminiert. Selbst die demografischen Trends, die gerne als unabänderliche Konstanten dargestellt werden, sind natürlich abhängig von der Entwicklung der Wirtschaftskraft.[113] Die schärfste Konsolidierungspolitik wird deshalb nur dann zu einer geringeren Transferabhängigkeit im Finanzausgleich führen, wenn die Stärkung der Wirtschaftskraft gelingt, und zwar nachhaltig. Es ist deshalb die Wirtschafts- und Standortpolitik, die den aktiven Teil bei der Vollendung der Deutschen Einheit übernehmen muss. Der Finanzpolitik bleibt ein wichtiger, aber passiver Teil. Sie muss deshalb auch im Zuge der Konsolidierung klare Prioritäten setzen: Weg von Investitionen in Beton und hin zu Investitionen zur Stärkung der Innovationskraft der Region.

Genau an dieser Stelle bietet die Deutsche Einheit auch eine wichtige Gelegenheit, über den Sinn und Unsinn des traditionellen Verständnisses von Investitionen neu nachzudenken. Denn „Investitionen in Innovationskraft" sind im haushaltsrechtlichen Sinn oft genug gar keine Investition, sondern Konsum. Ein Beispiel: Der Bau einer Straße, die nie jemand benutzt, ist haushaltsrechtlich eine Investition; aber die Finanzierung des Personals in einem industrienahen Forschungsinstitut, das die Qualität eines Standorts für Industrieansiedlungen maßgeblich verbessert, gehört zum Staatskonsum. Dies macht mit Blick auf das wirtschaftliche Wachstum keinen Sinn. Im Gegenteil, es sorgt für ökonomisch fragwürdige Messlatten, wenn Haushalte nach der Höhe des Investitionsanteils beurteilt werden. Das mag in der Frühphase des Aufbaus Ost noch akzeptabel gewesen sein. Heute – und auch in Zukunft – ist es dies nicht mehr.

Hier bietet die Reform des Föderalismus möglicherweise eine ungeahnte Chance zur Korrektur des Unsinnigen. Die angestrebte Nettoneuverschuldung der Länder von null ab dem Jahr 2020 hat nämlich zur Folge, dass die traditionelle Verschuldungsgrenze des Grundgesetzes und vieler Länderverfassungen keine Rolle mehr spielen wird. Diese Grenze orientierte sich aber an der Höhe der eigenfinanzierten Investitionen. Sie wird in Zukunft ganz einfach ersetzt durch die Null, sodass über die Produktivität von Ausgaben für eine Wirtschaft und eine Gesellschaft freimütig neu nachgedacht werden kann, ohne die buchhalterischen Fesseln der begrifflichen Kategorisierung nach dem Haushaltsrecht. Für die Orientierung an der wirtschaftlichen Innovationskraft in Ostdeutschland sollte dies ein Vorteil sein, zumindest in der finanzpolitischen Diskussion.

Es bleibt ganz zum Schluss eine Frage, die in der deutschen Öffentlichkeit immer wieder mit großer Aufregung diskutiert wird. Brauchen wir nicht doch zur Lösung der Probleme des Ostens eine Neugliederung der Länder? Können wir es uns bei diesem reichhaltigen Menü an Problemen leisten, mit fünf kleinen Flächenländern plus Berlin mit der Geschichte fortzufahren, statt den Osten neu aufzuteilen, zum Beispiel in eine Art Mitteldeutschland – bestehend aus Sachsen, Thüringen und dem Süden Sachsen-Anhalts – und eine Art preußisches Brandenburg-Berlin bestehend aus dem Rest?

Kein Zweifel, dies ist eine faszinierende Frage, die wie kaum eine zweite die historische, politische und wirtschaftliche Fantasie anregt. Durch die vielen Brüche in unserer Geschichte sind wir Deutsche ja immer schnell bereit, nach neuen Strukturen zu suchen, die mit einem Schlag alles verändern – und natürlich verbessern. Wir stehen damit übrigens im Kreis der föderalistischen Länder merkwürdig allein. Kaum jemand in den Vereinigten Staaten ist jemals auf den Gedanken gekommen, die Länder Idaho, Montana oder Wyoming aufzulösen, weil sie zu klein und deshalb nicht lebensfähig sind.

Aber fragen wir ganz konkret: Was würde eine Länderneugliederung für die drängenden politischen Fragen bringen, die in Ostdeutschland anliegen? Vor allem: Welches wirtschaftliche und fiskalische Problem würde dadurch gelöst? Die Antwort ist: praktisch keines. Ein Zusammenschluss von Ländern, die alle in etwa den gleichen Rückstand gegenüber dem Westen haben, bringt an zusätzlicher Wirtschaftskraft nichts. Denn keine wirtschaftliche Strukturschwäche verschwindet allein deshalb, weil eine Verwaltungsgrenze neu gezogen wird. Auch die Einsparpotenziale durch eine Länderneugliederung werden überschätzt: Der Wegfall von vier Landesparlamenten spart natürlich, aber er schlägt weit weniger zu Buche als eine tief greifende Verwaltungsreform auf allen Ebenen. Die aber lässt sich in jedem Land, in jedem Land-

Mitteldeutschland

Ein Begriff macht Karriere

Wer hätte das gedacht. Mitteldeutschland ist wieder da. Der Begriff ist heute in aller Munde. Dabei war er in den 1980er-Jahren der westdeutschen Bundesrepublik doch so gut wie ausgestorben. Wenn jemand es damals wirklich wagte, ihn zu gebrauchen, dann kam es zu Wellen des Protests: Revanchismus, das war das Stigma, das dem Begriff anhing. Denn wer von Mitteldeutschland sprach, der meinte doch wohl, dass es jenseits von Oder und Neiße noch ein wirkliches Ostdeutschland gebe, in den Grenzen von 1937. Also ein Ewiggestriger, und das wollten sich nur die allerwenigsten vorwerfen lassen.

Wie hat sich das verändert! Und, Hand aufs Herz, wem verdanken wir das? In erster Linie natürlich dem Mitteldeutschen Rundfunk, der Dreiländeranstalt von Sachsen, Sachsen-Anhalt und Thüringen. Denn nichts ist besser für einen Begriff als seine tägliche Wiedergabe in Funk und Fernsehen. Hinzu kamen die *Mitteldeutsche Zeitung* in Halle, eine Initiative Mitteldeutschland der Politik, eine Wirtschaftsinitiative für Mitteldeutschland, eine Deutsche Rentenversicherung Mitteldeutschland, ein mitteldeutscher Musiksommer und vieles andere mehr.

Kein Zweifel, der Begriff ist mittlerweile rundum positiv besetzt. Ja, ihm werden sogar allerlei mythische Zauberkräfte zugesprochen – nach dem Motto: Machen wir es mitteldeutsch, und alles wird gut. Das ist nicht ungefährlich, vor allem wenn es um die beliebte Frage der Länderneugliederung in, na ja, Mitteldeutschland geht. Es vergeht kaum eine öffentliche politische Diskussion, ohne dass irgendjemand im Saal mit bebender Stimme fordert, endlich die Länder Sachsen, Sachsen-Anhalt und Thüringen zu fusionieren. Dabei wird völlig übersehen, dass, wenn sich drei arme Länder zusammenschließen, daraus noch kein reiches Land wird. Und dass so furchtbar viel auch nicht gespart werden kann, wenn zwei Landesparlamente verschwinden. Und dass noch keine einzige Industrieansiedlung allein dadurch gewonnen ist, dass sich ein Gewerbegebiet plötzlich mitteldeutsch nennt.

Aber darum geht es wahrscheinlich auch gar nicht. Es geht nicht um Fakten, es geht um Gefühle: Mitteldeutschland, das war einmal eine wirtschaftlich starke Region, ein industrielles Powerhouse von überragender Bedeutung. Und es war eine Kulturregion von europäischem Rang. So viele Fürstenhäuser und kleine Residenzen, alle mit ihren eigenen Initiativen der Kunst, Literatur und Musik, hat es nirgends sonst in Deutschland gegeben. Goethe, Schiller, Bach und Händel – das sind nur einige der allergrößten Namen. Die Zeugnisse dieses kulturellen Reichtums finden sich überall, bis hin zu den weltberühmten Landschaftsparks und Gartenreichen, die versponnene Adlige wie Fürst Franz in Dessau-Wörlitz oder Fürst Pückler in Muskau hinterlassen haben. Diese Fürsten hatten zwar lächerlich wenig politische Macht, aber sie hatten Ideen und Visionen, manche davon ganz schön ausgefallen und schräg, aber die Touristen von heute wissen das zu schätzen.

So liegt denn eine eigentümliche Nostalgie über dem Begriff Mitteldeutschland, eine Art Sehnsucht nach Wirtschaftskraft und Kultur. Aber auch nach bürgerlicher Geborgenheit, nach Maß und Mitte, nach dem geliebten Mittelstand, wo sich die Deutschen so gern einordnen. Wer durch typische mitteldeutsche Städte spaziert, durch Naumburg an der Saale, Freyburg an der Unstrut oder Weimar an der Ilm, oder wer bei einem Glas sächsischen Weins in Radebeul oder Meißen auf die Elbe blickt, der fragt sich wirklich, was der Sowjetsozialismus jemals in dieser Welt verloren hatte. Es gab wohl kaum weniger geeignete Orte, um im Gleichschritt den Marsch in Richtung der klassenlosen Gesellschaft anzutreten als ausgerechnet dieses bürgerliche Mitteldeutschland. Ein Grund mehr, sich genau darauf zu besinnen.

kreis und in jeder Kommune durchführen. Dazu braucht es keine neue Länderstruktur.

Umgekehrt bringen eine Länderneugliederung und die damit verbundene politische Diskussion neue Probleme mit sich: eine jahrelange Kontroverse über gemeinsame Verwaltungsstrukturen, eine bittere Auseinandersetzung über historische Zugehörigkeiten und eine komplizierte Zuordnung der Altlasten in Form von Schulden – ganz abgesehen von den kniffligen Fragen der künftigen Landeshauptstadt und den Sitzen der verschiedenen Behörden. Eine solche Diskussion kann Ostdeutschland derzeit gerade nicht gebrauchen. Viel zu brennend und drängend sind die konkreten wirtschaftlichen und fiskalischen Fragen, die auf dem Tisch liegen.

Der Vollendung der Deutschen Einheit wäre am meisten gedient, wenn in den nächsten Jahren alle politischen Energien auf das Ziel konzentriert würden, die Innovations-, Wirtschafts- und Finanzkraft des Ostens zu stärken. Parallel dazu sollte die Diskussion um den Finanzföderalismus fortgesetzt werden. Eine Länderneugliederung kann warten. Sie wird dann von selbst auf die Tagesordnung kommen, wenn sich eine neue Identität entwickelt, und zwar als Ergebnis des gemeinsamen wirtschaftlichen Erfolgs.

Aber dieser Erfolg muss zunächst einmal erreicht werden. 20 Jahre nach dem Fall der Mauer hat die ostdeutsche Wirtschaft den Einstieg in die Globalisierung geschafft. Nicht mehr, aber auch nicht weniger. Noch mehr muss folgen, um die Abwanderung zu stoppen, die Überalterung der Gesellschaft in Grenzen zu halten und finanziell auf eigenen Beinen zu stehen. Dies zu schaffen ist noch immer eine nationale Aufgabe, auch wenn sie vielleicht heute nicht mehr so viele Menschen fasziniert wie in den frühen 1990er-Jahren. Aber der Flurschaden des Sozialismus ist noch immer da, in Ostdeutschland und in Mitteleuropa. Ihn zu beseitigen bleibt ein großes Ziel.

Dank

Zu diesem Buch haben viele einen Beitrag geleistet, bewusst oder unbewusst. Nur einige seien hier genannt. Unter meinen Fachkollegen sind es besonders Michael C. Burda, Gerhard Schwödiauer, Hans-Werner Sinn und Carl Christian von Weizsäcker, denen ich über einen langen Zeitraum viele Anregungen verdanke. In den letzten Jahren kamen die Mitarbeiter des Instituts für Wirtschaftsforschung Halle hinzu, insbesondere Frau Dr. Jutta Günther, Leiterin der Abteilung Strukturökonomik. Daneben wurde Erhard Möller, Ministerialrat im Ministerium der Finanzen Sachsen-Anhalts, ein wichtiger Gesprächspartner in volkswirtschaftlichen Finanzfragen. Während meiner Zeit in der Landespolitik waren es meine Freunde Curt Becker und Michael Schenk, die meinen Blick für die Praxis schärften: der eine als Ministerkollege und erfahrener Kommunalpolitiker, der andere als Leiter eines Instituts der Fraunhofer-Gesellschaft, mitten zwischen Technik, Wirtschaft und Wissenschaft, also genau dort, wo die Herausforderungen der Deutschen Einheit liegen.

Die konkrete Vorbereitung des Buches fand an meinem Lehrstuhl für Internationale Wirtschaft statt. Dank gilt dabei besonders Jessica Mohr und Christoph Wiese, die als wissenschaftliche Hilfskräfte die Daten für die Schaubilder aufbereiteten, den Text betreuten und Recherchen durchführten. Ihr Einsatz war vorbildlich. Ich danke auch meinen Mitarbeiterinnen Dr. Bettina Büttner, Narine Karakhanyan, Caterina Kausch und Elisabeth Kutschka sowie Kristina John für die engagierte Unterstützung in der Schlussphase des Buchprojekts.

Eine besonders wichtige Datenquelle für dieses Buch

waren die Volkswirtschaftlichen Gesamtrechnungen der
Länder. Sie werden vom Statistischen Landesamt Baden-
Württemberg bearbeitet. Herrn Dr. Frank Thalheimer
und seinem Mitarbeiterstab danke ich herzlich für die
freundliche Unterstützung bei der Suche und Interpretation der einschlägigen Quellen.

Die Zusammenarbeit mit dem Carl Hanser Verlag
klappte reibungslos. Mehr als das: Sie sorgte für maximale
Motivation und Freude bei der Arbeit. Ein besonderer
Dank gilt dabei Martin Janik. So wünscht man sich einen
Verlagslektor: begeisterungsfähig, ideenreich, anregend.

Zum Schluss danke ich meiner geliebten Frau Sabine.
Die Deutsche Einheit ist ein Teil unseres Lebens. Mit niemandem sonst habe ich so viel darüber nachgedacht und
diskutiert.

Anmerkungen

1 Siehe dazu Sinn, Sinn (1993), S. 22–23. Die maßgeblichen Schätzungen, die damals in der Öffentlichkeit kursierten, kamen vom DIW (1990), von der Deutschen Bundesbank (1990) und vom IfW (Schmieding [1990]). Sie bezifferten die Arbeitsproduktivität auf die Hälfte (DIW), 40 Prozent (Deutsche Bundesbank) und ein Drittel (IfW) des westdeutschen Niveaus. Spätere Schätzungen, so Filip-Köhn, Ludwig (1990) und die sogenannte Berkeley-Studie (Akerlof et al. [1991]), bestätigten die eher pessimistische Sicht, wobei die Berkeley-Studie für das verarbeitende Gewerbe den Rückstand sogar auf rund eins zu vier bezifferte. Allerdings spielte dieses Ergebnis in der deutschen Öffentlichkeit keine gewichtige Rolle. Stark beeinflusst wurde die öffentliche Meinung sicherlich auch durch die offiziellen Statistiken, die das Bruttoinlandsprodukt pro Erwerbstätigen der DDR für das Jahr 1989 bei 49,2 Prozent der alten Bundesrepublik ansetzten und das Lohnniveau bei 33 Prozent (vgl. Sinn, Sinn [1993], Anhang I, S. 270–271). Der verwendete Umrechnungskurs Ostmark zu D-Mark betrug dabei eins zu eins.

2 Dazu Sinn, Sinn (1993), S. 32, die Daten von Abelshauser (1983) zitieren. Danach betrug das jeweilige Bruttosozialprodukt pro Einwohner in der (späteren) britischen Zone 121 Prozent, in der sowjetischen 111, in der amerikanischen 86 und in der französischen 84 Prozent des Niveaus im Durchschnitt des Deutschen Reiches.

3 Siehe Wissenschaftlicher Beirat (1998a), (1998b). Zu den Befürwortern in Politik und Wissenschaft, siehe Heering (1998), S. 24–25. Besonders fundierte und umfassende Begründungen für die Notwendigkeit einer Währungsunion lieferten frühzeitig Kurt Biedenkopf und Klaus von Dohnanyi (Biedenkopf [1990], Dohnanyi [1990]).

4 Dazu ausführlich Heering (1998), S. 23–30.

5 Sachverständigenrat (1990), Ziffern 32–40, S. 287–289.

6 Sachverständigenrat (1990), Ziffern 38–40, S. 289.

7 Der klassische Artikel zur Theorie des optimalen Währungsraums wurde bereits 1961 von Robert Mundell veröffentlicht (Mundell [1961]). In praktisch jedem Standardlehrbuch der Außenwirtschaft (z. B. Krugman, Obstfeld [2009]) findet sich eine Darstellung dieser Theorie.

8 Wiederabgedruckt in Sachverständigenrat (1990), S. 306–308.

9 Dazu im Einzelnen Heering (1998), S. 30–33. Mitte 1991 beendete Karl Otto Pöhl seine Tätigkeit als Bundesbankpräsident vorzeitig. Pöhl hatte vor dem Wirtschafts- und Währungsausschuss des Eu-

ropaparlaments am 19. März 1991 die Folgen der Währungsunion
als „Katastrophe" bezeichnet.

10 Dazu umfassend Sinn, Sinn (1993), S. 65–72, insbesondere Tabelle
III. 1, S. 66, in der fünf relevante Schätzungen gegenübergestellt
werden, die zu sehr ähnlichen Ergebnissen kamen.

11 Schmidt (2005), S. 114.

12 Siehe dazu die Ausführungen im folgenden Teil 3 dieses Kapitels.
Es wird regelmäßig übersehen, dass es bei den frühen Lohnverhandlungen nach 1990 praktisch nie um die prozentuale Steige-
rungsrate der ostdeutschen Löhne ging, sondern immer nur um
das relative Niveau zum Westen. Ein niedrigeres Startniveau der
Verhandlungen hätte deshalb fast nichts geändert. Siehe dazu
Paqué (2001a).

13 Siehe auch Sachverständigenrat (1995), Ziffern 95–99, S. 88 und
Treuhandanstalt (1994a), (1994b) mit weiteren statistischen Details.
Leichte Unterschiede in den Zahlenangaben zwischen diesen
Quellen sind für die Größenordnungen ohne Bedeutung.

14 Eine sorgfältige ökonometrische Untersuchung auf der Grundlage
eines reichhaltigen Datensatzes aus dem Vertragscontrolling der
Treuhandanstalt bestätigt dies (Lucke [1995]). Sie kommt zu dem
Ergebnis, dass die Arbeitsplatz- und Investitionszusagen der Käufer in fast allen untersuchten Branchen des verarbeitenden Gewerbes eine statistisch nachweisbare Bindungswirkung hatten.

15 Eine detaillierte empirische Bilanz der Treuhandprivatisierung findet sich in DIW, IfW, IWH (1999), Teil B. I, S. 28–43.

16 So Rohwedder am 19. Oktober 1990 nach einer Meldung der
Nachrichtenagentur ADN.

17 Dazu treffend Heering (1998), S. 32–33.

18 So u. a. Wissenschaftlicher Beirat (1991a), Sinn, Sinn (1993),
S. 210–216 und auch Paqué (2001a).

19 Sinn, Sinn (1993), S. 193–216; auch später Sinn (2002).

20 Im Kern läuft die Argumentation wie folgt. Startpunkt ist die Erkenntnis, dass ein Gut dann profitabel produziert werden kann,
wenn die Erlöse am Markt die Produktionskosten decken. Langfristig müssen dies alle Produktionskosten sein, kurzfristig reichen
sogar die laufenden Kosten (ohne die Kapitalkosten). Erlebt ein
Unternehmen für sein Produkt eine drastische Senkung seiner Erlöse, so kann es diese theoretisch immer durch eine Senkung der
Löhne kompensieren, soweit überhaupt noch die Erlöse des Gutes
am Markt über den sonstigen Produktionskosten liegen. Erst wenn
dies nicht mehr der Fall ist, muss die Produktion eingestellt werden, denn dann ist das Unternehmen kein „Wertschöpfer", sondern
ein „Wertzerstörer". Schließt man diesen Extremfall aus, so konnte theoretisch auch in Ostdeutschland nach 1990 mit sehr niedrigen Löhnen weiterproduziert werden. Genau dies meinten Sinn,
Sinn (1993), wenn sie wörtlich feststellten: „Jedes Produkt hat seinen Preis, und wenn er nur niedrig genug ist, dann werden auch
die Produkte der ostdeutschen Industrie in der Lage sein, ihre alten Märkte zu verteidigen und neue Märkte zu finden"(Sinn, Sinn

[1993], S. 202). Akerlof et al. (1991) legten sogar ökonometrische Rechnungen vor, nach denen das verarbeitende Gewerbe Ost-deutschlands mit einem Lohn von 23 Prozent des Westniveaus wettbewerbsfähig geblieben wäre, da eben dort die von ihnen berechnete Arbeitsproduktivität lag. Große Zweifel an diesen Rechnungen sind angebracht, wie im ersten Kapitel dieses Buches begründet wurde. Aber selbst wenn man die Rechnungen ernst nimmt, bedeuten sie nur, dass theoretisch mit weniger als einem Viertel des westdeutschen Lohns die Güterpalette der DDR – von Trabant und Wartburg bis zu Plaste und Elaste aus Schkopau – hätte wirtschaftlich weiter hergestellt werden können. Das heißt aber noch nicht, dass dies auch tatsächlich geschehen konnte, denn bei einem solch niedrigen Lohnniveau hätten die Arbeitskräfte über kurz oder lang ihre Arbeitsplätze freiwillig verlassen und wä-ren in den Westen gegangen. Genau so lautete auch damals schon die wissenschaftliche Gegenposition zu Akerlof et al. (1991) und Sinn, Sinn (1993), wie u. a. Burda, Wyplosz (1992) und Burda, Funke (1993). Wichtig ist es dabei, zwischen den historischen Lohnverhandlungen und den tieferen ökonomischen Triebkräften zu unterscheiden. In der Interessenlage der Tarifpartner 1990 und 1991 spielte die Mobilität der Arbeitskräfte eine untergeordnete Rolle (siehe dazu Paqué [2001a], S. 62–63). Dies ändert aber nichts daran, dass auch ohne Tarifverhandlungen ein Lohnniveau von ei-nem Drittel oder gar einem Viertel des Westens ökonomisch un-haltbar war.

21 Siehe Sachverständigenrat (1994), Ziffern 93–94, S. 85.

22 Sinn, Sinn (1993), vor allem S. 144–157.

23 Siehe u. a. Jürgs (1997).

24 Auf diese Einmaligkeit weisen zu Recht die meisten Beiträge in Breuel (2005) hin.

25 So auch in jüngerer Zeit der Tenor von Baale (2008), Hartmann (2008) und Wenzel (2009).

26 Sinn, Sinn (1993), S. 164.

27 In der Wirtschaftswissenschaft ist bisher die grundlegendste Ge-genposition zur Privatisierungsmethode der Treuhandanstalt die-jenige gewesen, die Gerlinde und Hans-Werner Sinn in ihrem Buch „Kaltstart" präsentierten (Sinn, Sinn [1993]). Im Kern schlugen sie ein Beteiligungsmodell vor, in dem die Treuhandanstalt den Kapi-talbestand nicht verkauft, sondern verschenkt, dafür aber im Ge-genzug im Auftrag der ehemaligen DDR-Bürger stiller Teilhaber bleibt und zu einem späteren Zeitpunkt – nach gelungener Teilpri-vatisierung und Sanierung – den erzielten Gewinn an diese aus-kehrt, in welcher Form auch immer (Sinn, Sinn [1993], S. 157–177). Orientierungspunkt, wenn auch nicht konkretes Vorbild in Ein-zelpunkten, war dabei die Vorgehensweise in Tschechien unter der Regierung Klaus. Aus meiner Sicht war ein Beteiligungsmodell dieser Art für die ostdeutschen Verhältnisse ungeeignet, und zwar letztlich aus einem einzigen, alles überragenden Grund: der hohen Anziehungskraft des Westens für ostdeutsche Arbeitskräfte. Diese

sorgte zwingend für ein (erwartetes) Lohnniveau, das den vorhandenen Kapitalbestand insgesamt endgültig entwertete – mit allen in diesem Buch geschilderten Konsequenzen. Daran hätte eine fortgeführte staatliche Beteiligung nichts Wesentliches ändern können. Offenbar nahmen Sinn, Sinn (1993) zumindest zum Zeitpunkt der Abfassung ihres Buches noch immer an, dass dieser industrielle Kapitalbestand insgesamt einen hohen Wert hatte, so wie – bei einem auf Dauer viel niedrigeren Lohnniveau – derjenige in Tschechien. Nichts spricht nach der Erfahrung der Treuhandanstalt dafür, dass dies wirklich der Fall war, denn sonst müsste man ihr der Größenordnung ihres endgültigen Defizits (mehr als 200 Milliarden D-Mark!) im Nachhinein totale Inkompetenz und abenteuerliche Verschwendung vorwerfen, was selbst die schärfsten Kritiker nicht getan haben. Die Beteiligungen wären also, anders als in Tschechien, praktisch nichts wert gewesen, zur Frustration ihrer ostdeutschen Eigentümer. An Wert hätten sie nur gewinnen können, wenn – wie bei der tatsächlichen Praxis der Treuhandanstalt auch – die Teilprivatisierung massiv subventioniert worden wäre, dann allerdings mit der im Text dieses Buches geschilderten Frustration aufseiten der westdeutschen Steuerzahler. Einen Ausweg aus diesem Dilemma gab es nicht. Ein Ausweg wäre nur möglich gewesen, wenn sich die Arbeitnehmer im Osten auf Dauer mit „tschechischen" Löhnen zufriedengegeben hätten. Nur dann hätten sie die künftige Wertsteigerung ihrer Beteiligungen selbst erwirtschaftet. Nichts spricht dafür, dass diese Bereitschaft mit Blick auf die Beschäftigungsalternativen im Westen vorhanden war. Und wenig spricht dafür, dass potenzielle Käufer der Unternehmen diese Bereitschaft ernst genommen hätten, selbst wenn sie kurzfristig bekundet worden wäre. Denn sie widersprach total der öffentlichen Meinung und auch dem gesunden Menschenverstand. Damit gab es aber für ein Beteiligungsmodell keine Geschäftsgrundlage, weder wirtschaftlich noch politisch.

28 Siehe Wissenschaftlicher Beirat (1991b).

29 Gelegentlich wird behauptet, dass gerade die unzureichende Durchsetzung des Prinzips Rückgabe vor Entschädigung viele alte ostdeutsche Unternehmerfamilien daran hinderte, nicht mehr aus dem Westen in den Osten zurückzukehren, weil sie es – rein emotional – ablehnten, ihr Alteigentum für viel Geld „zurückzukaufen". Sicherlich hat es solche Fälle gegeben. Allerdings ist anzunehmen, dass sie eher selten vorkamen, denn es zeigte sich ja schnell, dass die Treuhandanstalt bemüht war, mit einem „goldenen Handschlag" Investoren anzulocken. Anders als bei landwirtschaftlichen Flächen gab es bei vielen industriellen Objekten überhaupt keinen positiven Kapitalwert, sodass die Verhandlungsposition eines Kaufinteressierten regelmäßig sehr stark war. Finanziell war ein Kauf deshalb oft eher günstiger als eine subventionslose Restitution. Hier spielten wahrscheinlich doch in der Regel wirtschaftliche Erwägungen die entscheidende Rolle, wenn dies auch zumeist nicht offen ausgesprochen wurde.

30 Siehe dazu Feldmeyer (1998). Unter dem Titel „Schwierige Heimkehr" schildert er mit großem Einfühlungsvermögen das Schicksal
von Familien, die nach 1990 nach Ostdeutschland zurückkehrten.

31 Dazu Giersch, Paqué, Schmieding (1994), Kapitel 3 A, insbesondere S. 60–61.

32 Eine Übersicht über die Wirtschaftsförderung ab den frühen
1990er-Jahren bietet Sachverständigenrat (1991), Tabelle 14, S. 73–
74. Weitere Informationen zur Förderung finden sich in späteren
Jahresgutachten des Sachverständigenrats sowie in den 19 sogenannten Fortschrittsberichten, die im Zeitraum 1991 bis 1998 von
DIW, IfW und IWH erstellt wurden. Die Darstellung im Text
konzentriert sich auf die zentralen Elemente der Wirtschaftsförderung.

33 Die folgenden Informationen entstammen BMWi (2009) und dem
BMF.

34 Die Kontroverse wurde maßgeblich belebt durch einen Vorschlag
zur Lohnsubventionierung, der von Akerlof et al. (1991) gemacht
wurde, und zwar als direkte Konsequenz ihrer ökonometrischen
Forschung, die den Schuldigen am massiven Anstieg der Arbeitslosigkeit im sprunghaften Anstieg der Löhne ortete. Andere Befürworter von Lohnsubventionen waren Begg, Portes (1992) und
Klodt (1996). Zu der akademisch höchst reichhaltigen Diskussion,
siehe umfassend Sinn, Sinn (1993), S. 216–232.

35 Ein wesentlicher Aspekt war dabei ein Problem des „Moral Ha-
zard". Es war zu erwarten, dass eine Subventionierung der Löhne
(und auch der Wertschöpfung) Einfluss auf Tarifverhandlungen
haben würde, da sie erlaubte, einen Teil der Kosten von Lohnab-
schlüssen auf den Steuerzahler abzuwälzen. Genau dieser Nachteil
veranlasste die große Mehrheit der deutschen Ökonomen, sie ab-
zulehnen. Siehe dazu Sinn, Sinn (1993), S. 222–223, 230–232.

36 So u. a. Sachverständigenrat (1990), S. 234–236, Wissenschaftlicher
Beirat (1991b) sowie durchgängig die an den sogenannten Fortschrittsberichten beteiligten drei Wirtschaftsforschungsinstitute,
insbesondere DIW, IfW, IWH (1999), S. 44–47.

37 So u. a. Klodt (2000) und Snower, Merkl (2006).

38 Dazu im Einzelnen weiter unten in Kapitel 4, Teil 2.

39 Zu erwarten wäre allerdings eine Kapitalintensität, die höher liegt
als jene, die sich ohne die Investitionsförderung ergäbe. Der Vergleich wäre dann kontrafaktisch, also mit einem Ostdeutschland
ganz ohne Förderung und nicht mit Westdeutschland. Dieser Vergleich ist praktisch nicht durchführbar.

40 Zu qualitativ dem gleichen Ergebnis kommen DIW, IfW, IWH
(1999), S. 48–51, in einer detaillierten Analyse von Industriebranchen für das Jahr 1997.

41 Zu den Leerständen, siehe Statistisches Bundesamt (destatis.de);
zu der Entwicklung der Immobilienpreise, siehe Rat der Immobilienweisen (2007).

42 Siehe dazu Ritter (2006), insbesondere Teil II und III.

43 Die im Text folgenden Statistiken sind eigene Berechnungen aus Deutsche Rentenversicherung Bund (2008).

44 Siehe Münnich (2007).

45 Die Grundidee einer solchen Berechnung lässt sich in drei Punkten zusammenfassen: (i) Hätte die DDR nicht existiert, wären die strukturellen Charakteristika der Rentner in Ost und West ungefähr gleich, und zwar gleich denen, die wir heute im Westen vorfinden. (ii) Unter der Annahme, dass alle Unterschiede der Charakteristika heute auf die DDR-Vergangenheit zurückzuführen sind, können wir hypothetisch unterstellen, dass der Osten dann heute den gleichen Anteil seiner Wertschöpfung für Renten verwenden würde wie der Westen. (iii) Die Differenz des tatsächlichen Anteils zum hypothetischen Anteil liefert uns dann den „Rentenüberhang" des Ostens, der die im Text angegebenen 21 Milliarden an Transfers begründet.

46 Siehe dazu Ritter (2006), S. 251–253.

47 Die folgenden statistischen Angaben beruhen auf (gerundeten) eigenen Berechnungen auf der Grundlage der offiziellen Arbeitsmarktstatistik der Bundesanstalt bzw. Bundesagentur für Arbeit.

48 So u. a. Hujer, Thomsen (2006).

49 Hier und im Folgenden wird der Begriff der (innerdeutschen) „Leistungsbilanz" in einem etwas engeren Sinn gebraucht als in der außenwirtschaftlichen Zahlungsbilanzrechnung. Dort umfasst die Leistungsbilanz die Handels-, Dienstleistungs- und Übertragungsbilanz, schließt also die Finanzierung von Defiziten im Handel mit Waren und Dienstleistungen durch Transfers in Form von Schenkungen mit ein. Wir verstehen dagegen darunter nur die Zahlungsströme, die sich aus dem Handel mit Waren und Dienstleistungen ergeben. Ein Defizit in der Leistungsbilanz zeigt damit an, dass mehr verbraucht als produziert wird, ein Überschuss das Umgekehrte.

50 Auf die weitere Entwicklung des Defizits in den 1990er- und 2000er-Jahren werden wir im Zusammenhang mit den Kosten der Deutschen Einheit in Kapitel 5 (Abschnitt 5.1) ausführlich zurückkommen.

51 *The Economist* vom 30. September 1995, S. 21–24.

52 Sehr deutlich wird dies in dem abschließenden 19. Fortschrittsbericht der wirtschaftswissenschaftlichen Forschungsinstitute, insbesondere DIW, IfW, IWH (1999), Teil C, S. 102–200. Eine umfassende Analyse der Theorie und Empirie der Transferökonomie Ostdeutschlands liefert Simons (2009).

53 So u. a. – und besonders zugespitzt – Möller (1996).

54 Diese Diskussion spiegelt sich insbesondere in Forschungsprojekten des IfW wider. Dazu insbesondere Klodt et al. (1994), (1997).

55 Das Lohnniveau wird hier gemessen als sogenanntes Arbeitnehmerentgelt, definiert als ausgezahlter Bruttolohn, der die Sozialversicherungsbeiträge des Arbeitnehmers und dessen gezahlte Steuern enthält, zuzüglich der Sozialversicherungsbeiträge des Ar-

beitgebers. Es ist also das weiteste Maß für den Lohn, denn es geht hier um die Lohnkosten für den Arbeitgeber.

56 Die günstige Entwicklung der Lohnstückkosten führte in Ostdeutschland auch zu einer nachhaltigen Verbesserung der Ertragslage der Unternehmen im verarbeitenden Gewerbe. Seit 2002 liegt die „Rendite" – hier definiert als der Gewinn (vor Ertragssteuern) bzw. Verlust dividiert durch den Bruttoproduktionswert – im verarbeitenden Gewerbe im Osten sogar deutlich höher als im Westen. Siehe dazu Brautzsch (2008).

57 Zu den folgenden statistischen Angaben, siehe DIW, IfW, IWH (1999), Tabellen 42 und 43, S. 99–101.

58 Tatsächlich setzte sich, wie Umfragen des IWH seit 2001 zeigen, seit den späten 1990er-Jahren die Tarifflucht zunächst noch fort. Seit Mitte des laufenden Jahrzehnts hat sich die Lage stabilisiert, und zwar auf einem sehr niedrigen Niveau der tariflichen Organisation. Bei der letzten Umfrage (2006) waren weiterhin nur 20 Prozent aller Unternehmen durch Flächentarifvertrag gebunden. Selbst bei Unternehmen mit mehr als 250 Beschäftigten waren es weniger als 40 Prozent. Siehe dazu Lang (2007).

59 Dies schließt natürlich nicht aus, dass die tatsächlich am Arbeitsplatz angewandte Technologie zwischen West und Ost höchst unterschiedlich sein kann, einfach weil unterschiedliche Produkte hergestellt werden. Dies hat dann aber nichts mit der reinen Verfügbarkeit von Technologie zu tun, sondern beruht einfach auf dem Spezialisierungsmuster der Industrie, zu dem wir weiter unten im Text noch kommen.

60 Buettner, Rincke (2007) und vor allem Fuchs-Schündeln, Izem (2008), auf deren Arbeit sich die folgenden Ausführungen im Text konkret beziehen.

61 Genau: in Kapitel 3, Teil 1.

62 Im Jahr 2007 betrug im verarbeitenden Gewerbe der Modernitätsgrad für Anlagen im Westen 59,5 und im Osten 67,7 Prozent. Der Modernitätsgrad ist dabei definiert als der Anteil der nicht abgeschriebenen Anlagen am Gesamtbestand der Anlagen (siehe Glossar).

63 Die folgenden quantitativen Angaben stammen vom Statistischen Bundesamt (destatis.de).

64 Siehe Paqué (2009), Tabelle 7, S. 32.

65 Bemerkenswert sind aber die geringen Unterschiede der Arbeitslosenquoten in den ostdeutschen Flächenländern. Sie lagen 2008 für vier Länder (Sachsen 12,8, Brandenburg 13,0, Sachsen-Anhalt 14,0 und Mecklenburg-Vorpommern 14,1 Prozent) in einem Intervall von 1,3 Prozentpunkten. Lediglich Thüringen hatte mit 11,3 Prozent eine deutlich niedrigere Quote. Im Vergleich zu den westdeutschen Flächenländern sind die Unterschiede auffallend klein, was ein weiterer Beleg ist für die interregionale Ähnlichkeit der Situation.

66 So Helmut Schmidt in einem Interview der Zeitschrift *Focus* Nr. 21 (2005) und sinngemäß in Schmidt (2005), S. 199–219. Ganz ähnlich

Sinn (2003), Kapitel 5. Im Ergebnis vergleichbar, in der Darstellung aber extrem polemisch Müller (2005).

67 Genau genommen umfasst die Leistungsbilanz in der außenwirtschaftlichen Zahlungsbilanzrechnung die Handels-, Dienstleistungs- und Übertragungsbilanz, schließt also die Finanzierung von Defiziten im Handel mit Waren und Dienstleistungen durch Transfers in Form von Schenkungen mit ein. Wir verstehen dagegen darunter allein die Zahlungsströme, die sich aus dem Handel mit Waren und Dienstleistungen ergeben. Ein Defizit in der Leistungsbilanz zeigt damit an, dass mehr verbraucht als produziert wird, ein Überschuss das Umgekehrte.

68 Dieses Ergebnis liegt in ähnlicher Größenordnung wie die Berechnung der sogenannten Nettotransfers für Ostdeutschland von Schroeder (2006), Tabelle 16, S. 228–229. Er berechnet mit einer ganz anderen Methodik für den Zeitraum 1990 bis 2003 eine Summe von Nettotransfers in Höhe von 0,9 Billionen Euro. Auf Basis dieser Zahlen prognostiziert er für den Zeitraum 1990 bis 2004 eine Summe von 1,2 Billionen Euro, für 1990 bis 2006 von 1,4 Billionen Euro. Dies erscheint etwas zu hoch, zumindest aus heutiger, aktualisierter Sicht. Bedenkt man nämlich, dass die wirtschaftliche Entwicklung in Ostdeutschland in Schroeders Prognosezeitraum wahrscheinlich besser verlief als antizipiert und gleichzeitig die Länder im Osten ihre Haushaltskonsolidierung stärker vorantrieben als von vielen Beobachtern prognostiziert (siehe dazu Kapitel 5, Teil 3 dieses Buches), so ist es nicht unplausibel zu unterstellen, dass eine Neuschätzung auch bei Schroeder die Größenordnung der Nettotransfers in die Nähe von 1,2 Billionen Euro brächte. Frühere Schätzungen von Wirtschaftsforschungsinstituten (siehe Busch [2002], S. 154) reichen nur bis zum Ende der 1990er-Jahre.

69 Hinzu kommt die Problematik der Diskontierung: Eine „späte" Ausgabe ist selbst bei unverändertem Preisniveau anders – und zwar niedriger – zu gewichten als eine „frühe" Ausgabe der gleichen Höhe.

70 Rechnet man Berlin mit ein, so betrug die Defizitquote bereits weniger als zehn Prozent, und zwar vor allem wegen der Pendlerströme von Brandenburg nach Berlin, die das Defizit bei Ausschluss von Berlin nach oben ziehen.

71 Die Grundidee einer solchen Berechnung lässt sich, wie schon in Anmerkung 45 ausgeführt, in drei Punkten zusammenfassen: (i) Hätte die DDR nicht existiert, wären wahrscheinlich die strukturellen Charakteristika der Rentner bzw. Sozialtransferempfänger in Ost und West gleich, und zwar gleich denen, die wir heute im Westen vorfinden. (ii) Unter der Annahme, dass alle Unterschiede der Charakteristika heute auf die DDR-Vergangenheit zurückzuführen sind, können wir hypothetisch unterstellen, dass der Osten ohne DDR-Vergangenheit dann heute den gleichen Anteil seiner Wertschöpfung für Renten bzw. Sozialtransfers verwenden würde wie der Westen. (iii) Die Differenz des tatsächlichen Anteils zum hypothetischen Anteil gibt uns dann den „Überhang" des Ostens

bei Renten bzw. Sozialtransfers an, der durch die DDR-Vergangenheit bedingt ist. Dies sind die im Text genannten 21 Milliarden bzw. 35 Milliarden Euro.

72 Über das Ausmaß dieser Transfers gibt es keine verlässlichen Statistiken. Immerhin hatten nach dem IAB-Betriebspanel etwa 14 Prozent aller Betriebe des verarbeitenden Gewerbes westdeutsche oder ausländische Eigentümer. In diesen Betrieben waren 47 Prozent aller Beschäftigten des verarbeitenden Gewerbes tätig. Siehe Paqué (2009), Tabelle 7, S. 32.

73 Ältere Rechnungen der Nettotransfers für die 1990er-Jahre (siehe Busch [2002], S. 154) kommen für einzelne Jahre noch zu höheren West-Ost-Nettotransfers, als sie unserer Rechnung zugrunde liegen. Dies macht sie allerdings suspekt. Offenbar liefern sie nicht wirklich ein Maß für die Nettobilanz der Transfers von Ressourcen, denn die ist volkswirtschaftlich definiert als die „Leistungsbilanz", wie der Begriff hier verwendet wird. Die neuere Rechnung von Schroeder (2006) kommt dagegen zu ähnlichen Ergebnissen wie wir (Schroeder (2006), Tabelle 16, S. 228–229). Siehe auch Anmerkung 68.

74 BMF (2009).

75 Dem Leser mag aufgefallen sein, dass im Text der sogenannte Solidaritätszuschlag auf die Einkommensteuerschuld, der deutschlandweit erhoben und explizit mit den Kosten der Deutschen Einheit begründet wird, hier nicht als Position in der Berechnung der Kosten aufgetaucht ist. Dafür gibt es – volkswirtschaftlich betrachtet – zwingende Gründe: Der Solidaritätszuschlag ist fiskalisch eine Sondersteuer, deren Ertrag dem allgemeinen Steueraufkommen zugeschlagen wird. Er ist deshalb in unserer Rechnung den Kosten des Aufbaus Ost nicht zurechenbar. Generell gilt: Nicht die politische Zuordnung zu einem Zweck zählt für die ökonomische Kategorisierung, sondern allein die tatsächliche Verwendung.

76 Wiederum gilt: Eine Rechnung in inflationsbereinigten und diskontierten Größen mag ökonomisch angemessener sein, lässt sich aber nicht mehr gut interpretieren.

77 Die Schätzung beruht auf dem Sozioökonomischen Panel (SOEP) für das Jahr 2003. In jenem (und nur jenem) Jahr wurde im SOEP die Frage gestellt, ob der/die in Ostdeutschland lebende Befragte bis 1989 Bürger der DDR oder der alten Bundesrepublik (einschließlich Westberlins) war. Daraus lässt sich der relevante Anteil hochrechnen.

78 Es gibt deshalb auch in jüngster Zeit eine verstärkte Diskussion, inwieweit entlegene Räume Ostdeutschlands überhaupt auf Dauer „zu stabilisieren" sind, was immer das konkret heißen mag. Eine noch nicht veröffentlichte Studie des Berlin-Institus für Bevölkerung und Entwicklung bezweifelt dies. Zur regionalen Struktur der Wanderungen, siehe Kubis, Schneider (2008).

79 Siehe dazu die Ausführungen in Kapitel 4, Teil 3.

80 Klar ist allerdings die Altersstruktur: Der stärkste (Netto-)Wanderungsverlust ist in der Altersgruppe von 18 bis 25 Jahren festzu-

stellen, und dort bei Frauen stärker als bei Männern. Mit Blick auf unser noch immer geringes Wissen über die strukturellen Charakteristika der Mobilität ist es zwar durchaus plausibel, aber auch spekulativ, die Veränderung von Mobilitätskosten zum Kernpunkt von Modellen zu machen, um die Entwicklung in Ostdeutschland zu erklären, so wie Burda (2006) es tut.

81 So u. a. Sinn, Sinn (1993), S. 30–31.

82 Dies ergibt sich aus den neuesten historischen Berechnungen von Maddison (2001).

83 Slowenien, das osteuropäische EU-Mitgliedsland, das in praktisch allen Statistiken der wirtschaftlichen Leistungsfähigkeit an der Spitze der postsozialistischen Nationen steht, eignet sich nicht gut zum Vergleich mit Ostdeutschland. Dafür gibt es vor allem drei Gründe: (i) Slowenien gehörte in sozialistischer Zeit zu Jugoslawien, das zu keinem Zeitpunkt vom Weltmarkt derart stark isoliert war wie der sowjetisch dominierte Ostblock. (ii) Slowenien ist ein Land, das als kleiner Nachbar zu Österreich eine sehr lange Grenze zu einem traditionell marktwirtschaftlichen Land aufweist. Es konnte deshalb nach seiner Unabhängigkeit wesentliche Vorteile kombinieren: eine starke wirtschaftliche Verflechtung mit Österreich, aber gleichzeitig hohe kulturelle, sprachliche und rechtliche Wanderungsbarrieren (im Unterschied zu Ostdeutschland). (iii) Slowenien war zu sozialistischer Zeit (und davor) weit weniger industrialisiert als Ostdeutschland und das heutige Tschechien.

84 Diese Rechnung macht nur Sinn, wenn Ostdeutschland und Tschechien von ihrem wirtschaftlichen Potenzial her tatsächlich einigermaßen vergleichbar sind. Ein Blick auf Vorkriegsdaten zeigt, dass dies der Fall ist. Die modernsten und methodisch überzeugendsten Schätzungen des Pro-Kopf-Einkommens der Zwischenkriegszeit der west- und osteuropäischen Länder hat im Rahmen eines groß angelegten Millennium-Projekts der OECD der britische Wirtschaftshistoriker Angus Maddison (2001) vorgelegt. Seine Berechnungen für das Jahr 1929, dem letzten wirtschaftlich normalen Jahr vor Einbruch der Weltwirtschaftskrise und der nationalsozialistischen Machtergreifung in Deutschland, weisen für die damalige Tschechoslowakei ein Pro-Kopf-Einkommen aus, das in etwa 75 Prozent des Deutschen Reiches und 82 Prozent Österreichs ausmacht. Da es immer ein beträchtliches Produktivitätsgefälle zwischen dem tschechischen und dem slowakischen Teil des Landes gab, ist anzunehmen, dass das Territorium der heutigen Tschechischen Republik damals annähernd auf dem Niveau des Pro-Kopf-Einkommens von Österreich und nicht weit unter dem Deutschlands lag. Auch Grad und Typ der Industrialisierung lassen diese Vermutung plausibel erscheinen. Wenn überhaupt, dann kann es im Vergleich zwischen den beiden Wirtschaftsregionen nur einen moderaten „natürlichen" Vorsprung Ostdeutschlands geben, maximal in der Größenordnung von 20 Prozent des Pro-Kopf-Einkommens. Frühere Berechnungen von Kaser, Radice (1985), die für 1938 einen größeren Abstand zwischen dem Le-

bensstandard in Deutschland und der Tschechoslowakei aus-
weisen, können heute in Anbetracht der modernen OECD-Be-
rechnungsmethodik von Maddison (2001) als überholt gelten. Im
Übrigen beziehen sie sich auf einen denkbar ungeeigneten Zeitpunkt, da sich Deutschland 1938 auf dem Höhepunkt eines staatlich initiierten Rüstungsbooms befand, der das Produktionsniveau
vorübergehend aufblähte.

85 Man beachte, dass der Rückstand im Pro-Kopf-Einkommen
Tschechiens gegenüber Ostdeutschland deutlich geringer ist als
der Rückstand in der Arbeitsproduktivität und im Lohnniveau des
verarbeitenden Gewerbes. Dies erklärt sich wahrscheinlich aus
zwei Gründen. Zum einen ist der Anteil der Erwerbstätigen an der
gesamten erwerbsfähigen Bevölkerung in der Tschechischen Republik höher als in Ostdeutschland. Mehr Menschen tragen deshalb
zur Produktion bei. Dies erhöht das Pro-Kopf-Einkommen, nicht
aber die Arbeitsproduktivität. Zum anderen verfügt Tschechien
anscheinend über einen relativ produktiven Dienstleistungssektor,
was möglicherweise ein Reflex des großen volkswirtschaftlichen
Gewichts des urbanen Großraums Prag darstellt. Dort befinden
sich u. a. die größten Banken des Landes.

86 Es ließe sich allerdings auch mit gutem Recht argumentieren, dass
die rund 120 Milliarden Euro eher eine Untergrenze der jährlichen
Ertragssumme im Vergleich zur Entwicklung in Tschechien darstellen. Denn im Gesamtbild der Produktivitätsvergleiche fällt auf,
dass sich in Ostdeutschland der Produktivitätsfortschritt stärker
als in den mittel- und osteuropäischen Nachbarländern (einschließlich Tschechiens) auf das verarbeitende Gewerbe konzentriert. Es
gibt gute Gründe zur Annahme, dass gerade eine solche Entwicklung stabiler und nachhaltiger ist als gemessene Produktivitätsstei-
gerungen bei Dienstleistungen, die oft nur die Konsequenz sind
von gestiegenen Kosten und Bodenpreisen in urbanen Ballungszentren (wie z. B. in Mitteleuropa Prag und Budapest). Dies ist ein
Reflex von Zusammenhängen, wie sie die Außenhandelstheorie
mit dem sogenannten Balassa-Samuelson-Effekt beschreibt. (Siehe
dazu Balassa [1964], Samuelson [1964] und mit Blick auf Ostdeutschland Simons [2009]). Gerade die jüngste Finanzkrise hat
deutlich gemacht, dass ein über Jahre währender kreditfinanzierter
Immobilienboom das Wachstum von Volkswirtschaften statistisch
massiv aufblähen kann. Eine solche Entwicklung hat es in Ostdeutschland nicht gegeben. Im Gegenteil, die Bewertung des Im-
mobilienbestands gilt heute als angemessen und eher niedrig.

87 Siehe Abschnitt Kapitel 1, Teil 3.

88 Akerlof et al. (1991) und Sinn, Sinn (1993).

89 Grass (2009).

90 Schumpeter (1911).

91 Schumpeter (1942). Andere gingen noch weiter als Schumpeter
(1942). Der polnisch-amerikanische Ökonom Oskar Lange ent-
warf in den 1930er-Jahren das Bild einer rationalen Planwirtschaft,
die effizient funktionierte, weil sie jede Verschwendung durch ent-

sprechende Anpassungen der Preise vermied (Lange, Taylor [1938]). Das Unternehmertum war insofern entbehrlich. Seine Funktion übernahm das zentrale Planungsamt, das sich nach Marktsignalen richtete, die sich auch im Zusammenspiel sozialistischer Unternehmen ergeben würden. Diese eigenwillige Idee stieß zwar auf Widerspruch, am stärksten bei dem späteren Nobelpreisträger Friedrich A. Hayek (1944). Er wies zu Recht auf die fundamentale Bedeutung privater Eigentümer und Unternehmer in Märkten hin, und zwar mit Blick darauf, dass nur diese den ökonomischen Anreiz hätten, auf die Fülle der Marktinformationen sachgerecht zu reagieren. In der wissenschaftlichen Öffentlichkeit wurde Hayek damit allerdings keineswegs zum strahlenden Sieger der Debatte. Denn der akademische Zeitgeist stand gegen ihn. Seine Ideen – und die des frühen Schumpeter – erlebten erst sehr viel später eine Renaissance, und zwar in den 1980er-Jahren, als sich die Wirtschaftswissenschaft wieder verstärkt der Rolle des Unternehmers annahm.

92 Solow (1956).

93 Pionier dieser Entwicklung war Giersch (1979). Theoretisch ausgearbeitet wurde das Zusammenwirken von Unternehmertum und technischem Fortschritt – beginnend in den 1980er-Jahren – von der sogenannten Neuen Wachstumstheorie. Siehe u. a. Aghion, Howitt (1998) und Grossman, Helpman (1991).

94 Es gehört zu den unaufgearbeiteten Merkwürdigkeiten der Wirtschaftsgeschichte, dass die schleichende Entwertung der abgeschotteten Produktpalette des Ostens im Westen weithin unbeachtet blieb. Dies lag wohl auch daran, dass es an konkreten Messgrößen in Form von freien Preisen an freien Weltmärkten mit konvertibler Währung fehlte. Alle Versuche, mit den üblichen Mitteln der Volkswirtschaftlichen Gesamtrechnung irgendwie doch zu vernünftigen Schätzungen zu kommen, führten regelmäßig zu Resultaten, die den Kern des Problems offenbar nicht annähernd abbildeten. So hieß es z. B. im Weltbank-Atlas 1974, das Pro-Kopf-Einkommen der DDR betrage 3 430 US-Dollar, das Großbritanniens 3 360 US-Dollar und das der Tschechoslowakei 3 220 US-Dollar (so *Die Zeit* [1976]). Die DDR hatte also angeblich Großbritannien im Lebensstandard überholt – ein Ergebnis übrigens, das über Jahre als weithin akzeptierte Tatsache galt und regelmäßig wiederholt wurde (so u. a. *Der Spiegel* [1977], [1979]). Im Nachhinein gehört es eher zu den Skurrilitäten der Statistikgeschichte, wovon sich jeder auch damals schon leicht überzeugen konnte, der beide Länder kurz hintereinander bereiste. Das Ergebnis kam wohl dadurch zustande, dass für die DDR von Marktwerten der ostdeutschen Produktpalette ausgegangen wurde, die völlig neben der Realität lagen. Wo die Gründe für solcherart massive Fehleinschätzungen im Westen lagen, muss hier offenbleiben. Bei dem amerikanischen Geheimdienst (CIA), der regelmäßig Zahlen über die Wirtschaftsstärke des Ostens veröffentlichte, spielte sicherlich interessengebundene Panikmache eine wichtige Rolle: Je stärker der Feind statistisch dargestellt wurde, umso größer er-

schien die militärische Bedrohung und umso mehr Geld war von der Regierung für Geheimdienstzwecke zu erwarten. Daneben gab es aber auch unschuldigere Motive: bei Laien die schlichte methodische Blindheit vor dem Ausmaß des Problems; und selbst bei den zuständigen Wissenschaftlern eine gewisse positivistische Neigung, lieber mit kleingedruckten Warnungen etwas Quantitatives vorlegen zu können, als vor dem Problem der Messung offen zu kapitulieren. Dies mag neben politischen Argumenten auch eine Erklärung dafür sein, dass noch bis Mitte der 1980er-Jahre trotz aller erkennbaren wirtschaftlichen Probleme des Ostblocks kaum jemand mit dem baldigen Zusammenbruch des Systems rechnete; und dass auch nach 1990 die Chancen des baldigen Aufholens von Mittel- und Osteuropa viel zu optimistisch eingeschätzt wurden.

95 Siehe oben in Kapitel 4. Teil 3.

96 Friedman (2005).

97 Krugman (1991), (1994). Auf das West-Ost-Gefälle im wiedervereinigten Deutschland hat Uhlig (2006) ein Modell der regionalen Netzwerkexternalitäten angewandt. Es führt zu ähnlichen Ergebnissen wie die im Text beschriebenen.

98 Es geht dabei vor allem um die Theorie der heterogenen Firmen, die Erklärungen dafür bietet, warum es nur einem Teil von Anbietern industrieller Produkte gelingt, in Weltmärkten erfolgreich zu sein. Siehe dazu Meltiz (2008).

99 So auch eine der Kernbotschaften, die 2004 von dem sogenannten Gesprächskreis Ost um Klaus von Dohnanyi vertreten wurde. Siehe dazu Dohnanyi, Most (2004).

100 Zur Entwicklung verschiedener innovativer Industriezentren in Ostdeutschland, siehe Brachert, Hornych (2009), Franz (2007), Hornych (2008) und Günther, Michelsen, Titze (2009).

101 Siehe dazu Schwartz (2008a), (2008b), Schwartz, Hornych (2008).

102 Siehe auch Titze (2008).

103 So auch nachdrücklich Dohnanyi, Most (2004).

104 Siehe Brautzsch (2008). Genau deshalb gehen an dieser Stelle die Empfehlungen von Dohnanyi, Most (2004) zur Stärkung der Ertragslage (z. B. ein Niedrigsteuergebiet Ost oder Sonderwirtschaftszonen) an der heutigen Lage vorbei. Seit der Tätigkeit des „Gesprächskreises Ost" sind mehr als fünf Jahre vergangen, in denen die ostdeutsche Industrie tatsächlich ihre Ertragslage grundlegend verbesserte, ohne allerdings ihre Innovationsschwäche zu beseitigen. Aus heutiger Sicht ist deshalb die Stärkung der Ertragslage für sich genommen wirtschaftlich kein vorrangiges Ziel (und wird es wahrscheinlich auf absehbare Zeit auch nicht werden). Aus diesem Grund sind entsprechende Vorschläge auch politisch nicht konsensfähig, weil es der westdeutschen Konkurrenz kaum zu vermitteln wäre, dass eine regionale Vergünstigung gewährt wird, um eine ohnehin nicht schlechte Ertragslage zu verbessern.

105 WSI (2008).

106 Bundesagentur für Arbeit, Arbeitsmarkt 2007, S. 141–143. Nürnberg.

107 So vor allem Dohnanyi, Most (2004) und Schmidt (2005), S. 219.

108 Diesen forderten Dohnanyi, Most (2004).

109 Rein formal sind die SoBEZ zwar nicht zweckgebunden. Es wird allerdings in den sogenannten Fortschrittsberichten der ostdeutschen Länder stets eine Nachweisquote für die Mittelverwendung ausgewiesen. Als zweckgemäße Mittelverwendung wird dabei im Wesentlichen nur der Saldo aus (eigenfinanzierten) Investitionen und Nettokreditaufnahme des Landes erfasst. Im aktuellsten verfügbaren Jahr (2007) hatten alle fünf ostdeutschen Flächenländer sehr hohe Nachweisquoten, Mecklenburg-Vorpommern, Sachsen und Thüringen sogar 100 Prozent (siehe Wilde, Freye [2009]). Im Jahr 2008 wird dies wohl ähnlich sein. In früheren Jahren war dies allerdings – außer für Sachsen – ganz anders: Es wurde regelmäßig ein beträchtlicher Teil der SoBEZ als „fehlverwendet" klassifiziert, und zwar einfach deshalb, weil die Nettokreditaufnahme noch hoch lag und deshalb nach deren Abzug in der Berechnung der zweckgemäßen Verwendung nur ein relativ kleiner Anteil an zweckgemäßer Verwendung übrig blieb. Nur bei Sachsen, das einen annähernd ausgeglichenen Haushalt hatte, war das nicht so. Dies sorgte in der Öffentlichkeit regelmäßig für Vorwürfe an die Adresse der ostdeutschen Flächenländer (außer Sachsen), sie würden ihre erhaltenen SoBEZ „verschwenden". Diese Vorwürfe waren insofern nie berechtigt, als die investiven Ausgaben in diesen Ländern sich kaum von denen Sachsens unterschieden, also eine echte „Verschwendung" auf der Ausgabenseite nicht vorlag (oder nicht mehr oder weniger vorlag als in Sachsen). Richtig war allerdings, dass die konsumtiven Ausgaben in diesen Ländern noch insgesamt zu hoch lagen, um einen ausgeglichenen Haushalt zu erreichen. Insofern wäre eine Aufforderung zur weiteren Haushaltskonsolidierung angemessen gewesen, nicht aber eine Aufforderung, eine Fehlverwendung (also Verschwendung) zu beenden. Die Diskussion ist ein klassisches Beispiel für die polemische Rezeption einer unglücklichen finanztechnischen Begrifflichkeit. Sie wird sich übrigens wahrscheinlich in den nächsten Jahren wiederholen, weil wegen des Einbruchs der Steuereinnahmen wiederum Haushaltsdefizite entstehen werden – und damit, rein rechnerisch, „Fehlverwendungen".

110 Im Zeitraum 2000 bis 2006 veränderte sich der Staatskonsum in den einzelnen ostdeutschen Flächenländern preisbereinigt wie folgt (in Prozent): Sachsen-Anhalt –15,6; Mecklenburg-Vorpommern –6,1; Brandenburg –5,3; Thüringen –4,7; Sachsen –3,1. Vor allem in Sachsen-Anhalt und Mecklenburg-Vorpommern ist diese Entwicklung durch rigorosen Personalabbau sowie Streichung bzw. Kürzung der Sonderzuwendungen zu erklären.

111 Dazu im Einzelnen Seitz (2004).

112 In jüngster Zeit hat sich allerdings bei Sachsen die Erblast erhöht, und zwar durch die Bürgschaft von 2,75 Milliarden Euro, die das Land im Jahr 2007 für die Sächsische Landesbank übernehmen musste – im Zusammenhang mit der Übernahme der notleidenden

Bank durch die Landesbank Baden-Württemberg (LBBW). Pro Einwohner ergibt sich daraus ein maximales Risiko zusätzlicher Verschuldung von rund 655 Euro.

113 Insofern sind pessimistische Prognosen zur Belastung der ostdeutschen Haushalte in der Zukunft (so u. a. von Seitz [2004]) nicht sehr robust gegenüber unterschiedlichen Annahmen, was die wirtschaftliche Entwicklung betrifft. Sie sind deshalb am besten eng zu interpretieren: als Szenarien von Haushaltsrisiken auf der Ausgabenseite. Die Gefahr ist sonst, dass sie die Vorstellung eines unabänderlichen Determinismus vermitteln, der politisch eher lähmend wirken kann. Wie stark eine (nicht antizipierte) Wachstumsbeschleunigung die öffentlichen Haushalte beeinflusst, zeigte sich erst jüngst in den Jahren 2005 bis 2008, als – viel schneller als erwartet – der Haushaltsausgleich in praktisch allen ostdeutschen (und westdeutschen!) Flächenländern erreicht wurde, und zwar vor allem durch die Wirkungen des wirtschaftlichen Wachstums und deren Einfluss auf die Steuereinnahmen.

Glossar

Die folgenden Begriffserklärungen beschränken sich auf die Verwendung im Text dieses Buches. Andere Begriffsverständnisse sind nicht ausgeschlossen.

Abhängig Beschäftigte: Arbeitnehmer, in Abgrenzung zu Selbständigen.

Abschreibung: Wertminderung von Unternehmensgütern, vor allem von dauerhaften Produktionsmitteln (Anlagevermögen).

Anlagevermögen: Wert der dauerhaften Produktionsmittel in einem Wirtschaftsgebiet (siehe auch „Bruttoanlagevermögen", „Kapitalstock", „Nettoanlagevermögen").

Anteilsschein: (verbriefte) Beteiligung an einem Unternehmen.

Arbeitskosten: Kosten der Beschäftigung einer Arbeitskraft (Lohn und Lohnnebenkosten).

Arbeitslosenquote: Anteil der Erwerbspersonen, die als arbeitslos gemeldet sind.

Arbeitsproduktivität: Verhältnis der Produktionsmenge zur eingesetzten Arbeitsmenge.

Arbeitteilung: Spezialisierung auf die Produktion bestimmter Waren und/oder Dienstleistungen.

Aufstocker: Erwerbstätiger, dessen durch Arbeit erzieltes Einkommen nicht ausreicht, um seinen Lebensunterhalt zu bestreiten, und der deshalb nach deutschem Sozialrecht zusätzliche staatliche Unterstützung erhält (als „Aufstockung").

Außenwirtschaftliches Gleichgewicht: Zustand einer Volkswirtschaft, in dem auf längere Sicht die Importe von Waren und Dienstleistungen bei stabilem Wechselkurs der Währung durch Exporterlöse finanziert werden können.

Autarkiepolitik: Politik der Abschottung von den Weltmärkten.

Autobahnökonomie: eine Wirtschaftsstruktur, die nachhaltig bestimmt wird durch industrielle Ansiedlungen entlang großer Verkehrsachsen.

Bemessungswert der Rentenversicherung: jene Größe, nach der sich die Höhe des Rentenanspruchs bei ansonsten gleichen individuellen Anspruchsvoraussetzungen bemisst (siehe auch „Rentenwert").

Beschäftigte: Arbeitnehmer, Personen in abhängiger Beschäftigung, in Abgrenzung zu Selbständigen (siehe auch „abhängig Beschäftigte").

Bestandsgröße: zeitpunktbezogene Größe (in Abgrenzung zur „Stromgröße"), z. B. das Vermögen (im Unterschied zum Einkommen).

Binnenmarkt: jener Teil der Wirtschaft, der innerhalb eines Landes oder einer Region liegt.

Binnenwanderung: jener Teil der Wanderungen, der innerhalb eines Landes oder einer Region stattfindet.

Bonität: Fähigkeit bzw. Bereitschaft eines Kreditnehmers, seinen Verpflichtungen aus einem Kreditgeschäft (Zinszahlung und Tilgung) fristgerecht nachzukommen.

Branchenstruktur: Gliederung einer Wirtschaft oder eines Teils einer Wirtschaft (z. B. der Industrie) in unterschiedliche Produktionszweige.

Bruttoanlagevermögen: Wert der dauerhaften Produktionsmittel in einem Wirtschaftsgebiet ohne Berücksichtigung von Abschreibungen, also Wertminderungen nach der Anschaffung (siehe auch „Anlagevermögen", „Kapitalstock", „Nettoanlagevermögen").

Bruttoinlandsprodukt: Wert aller innerhalb eines Wirtschaftsgebiets während einer Periode produzierten Waren und Dienstleistungen (Bruttowertschöpfung zuzüglich Gütersteuern und abzüglich Gütersubventionen).

Bruttowertschöpfung: Produktionswert zu Herstellungspreisen aller innerhalb eines Wirtschaftsgebiets während einer Periode produzierten Waren und Dienstleistungen.

Chief Executive Officer (CEO): Geschäftsführer oder Vorstandsvorsitzender eines Unternehmens.

Cluster: Ballung von Betrieben auf relativ engem Raum, die einer gemeinsamen Branche entstammen.

Currency Board: ein Währungssystem, bei dem sich eine Zentralbank verpflichtet, zu jeder Zeit jede Menge der inländischen Währung für eine ausländische Währung zu einem festen Wechselkurs zu tauschen und dies über eine 100-prozentige Deckung durch die Reservewährung absichert. Währungspolitisch ist der Currency Board (auf Deutsch: Währungsamt) die konsequenteste Variante der Bindung an eine Reservewährung.

Devisenreserven: Bestände einer Zentralbank an ausländischer Währung.

Dienstleistungen: Güter immaterieller Art.

Direktinvestition: Anlage von Vermögen in einem fremden Wirtschaftsgebiet aus Gründen der Unternehmensstrategie, nicht der reinen renditeorientierten Vermögensanlage (im Unterschied zur „Portfolioinvestition"); in der Regel durch Unternehmenskauf, Gründung einer Tochtergesellschaft oder eines Zweigbetriebs.

Diskontierung: Gewichtung von Geldbeträgen, die zu unterschiedlichen Zeitpunkten anfallen, mit einem in der Regel positiven Zinssatz als Maß für die entgangenen Erträge bei alternativer Verwendung.

Erwerbsbeteiligung: Bereitschaft der Menschen, erwerbstätig zu sein, also einer bezahlten Tätigkeit (Arbeit) nachzugehen.

Erwerbspersonen: alle Personen, die bereit sind, einer auf Erwerb gerichteten Tätigkeit (Arbeit) nachzugehen und dies tatsächlich auch tun (Erwerbstätige) oder nicht tun (Erwerbslose).

Erwerbsquote: Anteil der Erwerbspersonen an der Wohnbevölkerung.

Erwerbstätige: alle Erwerbspersonen, die tatsächlich einer auf Erwerb gerichteten Tätigkeit nachgehen; im Wesentlichen bestehend aus der Summe von abhängig Beschäftigten (Arbeitnehmern) und Selbständigen.

Exportquote: Verhältnis der Exporte zum Bruttoinlandsprodukt in der gesamten Wirtschaft oder in Teilen davon (zumeist das verarbeitende Gewerbe).

Freihandel: Handel zwischen Wirtschaftsgebieten ohne künstliche Handelsbarrieren (z. B. Zölle).

Geldpolitik: Maßnahmen der Zentralbank, die auf die Steuerung der Geldmenge, des Zinsniveaus, der Währungsparität oder anderer monetärer Größen gerichtet ist.

Globalisierung: Trend zu einer stärkeren internationalen Verflechtung von Güter- und Finanzmärkten, bedingt vor allem durch sinkende Transport- und Kommunikationskosten.

Hebesatz: Instrument (genau: individueller Prozentsatz), mit dem die Gemeinden in Deutschland die Höhe der ihnen zustehenden Gemeindesteuern (Gewerbe- und Grundsteuer) beeinflussen können.

Holding: Unternehmen, das Beteiligungen an anderen Unternehmen hält und Einfluss auf deren Geschäftstätigkeit ausübt.

Industrie: Betriebe, die materielle Güter herstellen; im Text häufig synonym verwendet für „verarbeitendes Gewerbe" im Sinne der Volkswirtschaftlichen Gesamtrechnung.

Inflation: anhaltende Abnahme des Geldwertes; Kurzform für „Preisinflation".

Infrastruktur: alle langlebigen Einrichtungen materieller, personeller oder institutioneller Art, die das Funktionieren einer arbeitsteiligen Wirtschaft garantieren; im Text häufig auf die materielle Infrastruktur (z. B. Verkehrswege und Kommunikationsnetze) beschränkt.

Innovation: Entwicklung und kommerzielle Nutzung neuer Produkte, Herstellungsverfahren oder Organisationsformen; im Text zumeist im Sinne von „Produktinnovation" verwendet.

Investitionsgüterindustrie: jene Branchen des verarbeitenden Gewerbes, die langlebige Güter für den Gebrauch in der Produktion oder in privaten Haushalten herstellen.

Kapitaleinsatz: der Einsatz von Sachkapital (z. B. Maschinen) in der Produktion.

Kapitalimport: der Zufluss von Finanzkapital in ein Wirtschaftsgebiet.

Kapitalintensität: das Verhältnis zwischen Kapitalstock und Arbeitseinsatz.

Kapitalmarkt: der Markt für Finanzkapital, auf dem Sparer auf Investoren sowie Anleger auf Anbieter von Vermögenstiteln treffen.

Kapitalstock: Wert der dauerhaften Produktionsmittel in einem Wirtschaftsgebiet (siehe auch „Bruttoanlagevermögen" und „Nettoanlagevermögen").

Kaufkraftparität: liegt dann vor, wenn der Wechselkurs zweier Währungen dem Verhältnis der Preisniveaus entspricht, sodass mit beiden Währungen die gleiche Gütermenge gekauft werden kann.

Konvertibilität: das Recht von in- und ausländischen Personen, für Zahlungen an Güter- und Finanzmärkten Währungsguthaben an beliebigen Orten zu halten, zu transferieren und zu tauschen.

Länderfinanzausgleich: System der Angleichung der finanziellen Leistungskraft der Länder in Deutschland, und zwar durch Zahlungen zwischen den Ländern (horizontal) und zwischen dem Bund und den Ländern (vertikal).

Leistungsbilanz: Außenwirtschaftliche Bilanz, in der die Leistungstransaktionen eines Wirtschaftsgebietes mit dem Rest der Welt verzeichnet werden, also in erster Linie der Saldo aus Export- und Importwert im Handel mit Gütern und Dienstleistungen und zusätzlich der Saldo von Übertragungen zwischen Inland und Ausland; im Text wird die Idee einer innerdeutschen Leistungsbilanz in leicht modifizierter Form verwendet, und zwar unter Ausschluss von Übertragungen.

Lohnkosten: Kosten der Beschäftigung einer Arbeitskraft; im Text stets einschließlich der Lohnnebenkosten definiert, also synonym zu Arbeitskosten.

Lohnstückkosten: Verhältnis von Lohnkosten und Arbeitsproduktivität, jeweils pro eingesetzte Arbeitsmenge.

Management-Buy-out: Verkauf eines Unternehmens der Treuhandanstalt an frühere, in der Regel leitende Angestellte des Unternehmens.

Marktmacht: Möglichkeit, als Produzent und Verkäufer höhere Preise am Markt durchzusetzen, als dies bei schärfstem Wettbewerb möglich wäre.

Modernitätsgrad: Anteil des Bruttoanlagevermögens, das noch nicht abgeschrieben ist, also auch Verhältnis von Netto- zu Bruttoanlagevermögen.

Nettoanlagevermögen: Wert der dauerhaften Produktionsmittel in einem Wirtschaftsgebiet unter Berücksichtigung von Abschreibungen, also Wertminderungen nach der Anschaffung (siehe auch „Bruttoanlagevermögen", „Kapitalstock", „Nettoanlagevermögen").

Nominalwert: Wert zu aktuellen, also laufenden Preisen.

Ökonometrie: Wissenschaft von der empirischen Messung wirtschaftlicher Zusammenhänge mithilfe von Methoden der Statistik.

Parität: Wechselkurs zwischen Währungen.

Portfolioinvestition: Anlage von Vermögen in einem fremden Wirtschaftsgebiet aus Gründen der reinen renditeorientierten Vermögensanlage, nicht der Unternehmensstrategie (im Unterschied zur „Direktinvestition").

Preisinflation: anhaltende Abnahme des Geldwertes.

Produktion: Ergebnis des zielgerichteten Zusammenwirkens von „Produktionsfaktoren" (in der Regel Arbeit, Kapital und Land); wird im Text synonym für den Begriff „Wertschöpfung" verwendet.

Produktionsfaktor: Güter und Leistungen, die in einen Produktionsprozess eingehen und ihn beeinflussen; insbesondere die Nutzung von Arbeit, Kapital und Land.

Produktivität: Verhältnis der Produktionsmenge zur eingesetzten Menge an Produktionsfaktoren; im Text durchweg als Kurzform für „Arbeitsproduktivität" verwendet.

Realwert: ein um die Preisinflation bereinigter (Nominal-) Wert.

Rendite: Kennzahl zur Messung des unternehmerischen Gewinns im Verhältnis zu einem bestimmten Kapitaleinsatz (Kapitalrendite) oder zu einem erzielten Umsatz (Umsatzrendite).

Rentenwert: jene Größe, nach der sich die Höhe des Rentenanspruchs bei ansonsten gleichen individuellen Anspruchsvoraussetzungen bemisst (siehe auch „Bemessungswert der Rentenversicherung").

Reservewährung: ausländische Währung, die von einer Zentralbank gehalten wird, um die jederzeitige Konvertibilität der eigenen Währung zu sichern.

Sachkapital: physischer Kapitalstock (z. B. Maschinen), im Unterschied zu reinem Finanzkapital (z. B. Schuldverschreibungen oder Aktien).

Solidaritätszuschlag: Sondersteuer als fester Prozentsatz auf die Einkommensteuerschuld, in ganz Deutschland nach der Wiedervereinigung eingeführt, um zusätzliche Steuermittel zu erzielen; als Sondersteuer nicht den West-Ost-Transfers zurechenbar (im Unterschied zu konkreten Solidarpaktmitteln).

Solidarpakt (I und II): zwei umfassende Pakete politischer, fiskalischer und wirtschaftlicher Maßnahmen zur Finanzierung der Deutschen Einheit, als konkrete Grundlage für West-Ost-Transfers (im Unterschied zum Solidaritätszuschlag).

Sozialunion: der Zusammenschluss zweier Wirtschaftsräume in einem sozialstaatlichen Regelwerk; neben der Wirtschafts- und Währungsunion die dritte Säule der deutschen Wiedervereinigung.

Staatsholding: staatliches Unternehmen, das Beteiligungen an anderen Unternehmen hält und Einfluss auf deren Geschäftstätigkeit ausübt.

Staatskonsum/Staatsverbrauch: staatliche Ausgaben zur Finanzierung öffentlicher Dienstleistungen; besteht zum Großteil aus Personalkosten.

Stromgröße: zeitraumbezogene Größe (in Abgrenzung zur „Bestandsgröße"), z. B. das Einkommen (im Unterschied zum Vermögen).

Subsidiarität: Grundsatz, dass staatliche Leistungen auf der untersten staatlichen Ebene bereitgestellt werden sollten, soweit es keine zwingenden Effizienzgründe dagegen gibt; Ziel ist es dabei, ein Maximum an Bürgernähe zu erreichen.

Treuhandanstalt: Staatsholding, die nach der Wiedervereinigung mit der Privatisierung und zum Teil Sanierung der früheren staatseigenen Betriebe beauftragt war.

Verarbeitendes Gewerbe: Begriff der Volkswirtschaftlichen Gesamtrechnung; bezeichnet Betriebe, die materielle Güter herstellen; im Text häufig auch einfach als „Industrie" oder verarbeitende Industrie bezeichnet.

Verbrauchsgüterindustrie: jene Branchen des verarbeitenden Gewerbes, die Güter für den zeitnahen Verbrauch für private Haushalte herstellen.

Verlustvortrag: steuerliche Möglichkeit, heutige Verluste in der Zukunft steuerlich geltend zu machen.

Volkswirtschaftliche Gesamtrechnung: Rechenwerk zur umfassenden Darstellung der Wirtschaftstätigkeit in einem Wirtschaftsgebiet, und zwar in Werten und Mengen.

Währungsunion: die Übernahme derselben Währung in Wirtschaftsräumen, die vormals unterschiedliche Währungen verwendeten.

Wertschöpfung: Produktionsergebnis, das aus dem gemeinsamen Einsatz von „Produktionsfaktoren" (in der Regel Arbeit, Kapital und Land) zustande kommt; wird im Text synonym für den Begriff „Produktion" verwendet.

Wirtschaftsunion: der Zusammenschluss zweier Wirtschaftsräume zu einem umfassenden Binnenmarkt.

Zentralbank: zentrale geld- und kreditpolitische Autorität in einem Währungsgebiet, ausgestattet mit dem Recht, Zahlungsmittel zu emittieren.

Abkürzungen

ABM: Arbeitsbeschaffungsmaßnahme

ADN: Allgemeiner Deutscher Nachrichtendienst

BMF: Bundesministerium der Finanzen

BMWi: Bundesministerium für Wirtschaft und Technologie

BVS: Bundesanstalt für vereinigungsbedingte Sonderaufgaben

DIW: Deutsches Institut für Wirtschaftsforschung Berlin

DLG: Deutsche Landwirtschaftsgesellschaft

EFRE: Europäischer Fonds für regionale Entwicklung

ERP: European Recovery Program

F&E: Forschung und Entwicklung

GA: Gemeinschaftsaufgabe zur Verbesserung der regionalen Wirtschaftsstruktur

IAB: Institut für Arbeitsmarkt- und Berufsforschung der Bundesagentur für Arbeit (vormals Bundesanstalt für Arbeit)

IfW: Institut für Weltwirtschaft an der Universität Kiel

IG Metall: Industriegewerkschaft Metall

IWH: Institut für Wirtschaftsforschung Halle

LPG: Landwirtschaftliche Produktionsgenossenschaft

OECD: Organisation for Economic Cooperation and Development

RGW: Rat für gegenseitige Wirtschaftshilfe

Sachverständigenrat: Sachverständigenrat zur Begutachtung der gesamtwirtschaftlichen Entwicklung

SoBEZ: Sonderbedarfsbundesergänzungszuweisungen

SOEP: Sozioökonomisches Panel

TGZ: Technologie- und Gründerzentrum

VDE: Verkehrsprojekte Deutsche Einheit

VEB: Volkseigener Betrieb (in der ehemaligen DDR)

Wissenschaftlicher Beirat: Wissenschaftlicher Beirat beim Bundesministerium für Wirtschaft

Statistische Quellen

Folgende Datenquellen wurden genutzt (in alphabetischer Reihenfolge):

Bundesagentur für Arbeit (www.arbeitsagentur.de),

Bundesinstitut für Bevölkerungsforschung (www.bib-demographie.de),

Bundesministerium der Finanzen (www.bundesfinanzministerium.de),

Bundesministerium für Wirtschaft und Technologie (www.bmwi.de),

Bundesverband deutscher Wohnungs- und Immobilienunternehmen (www.gdw.de),

Deutsches Institut für Wirtschaftsforschung Berlin (www.diw.de),

Eurostat, das Statistikportal der Europäischen Union (http://epp.eurostat.ec.europa.eu/portal/page/portal/eurostat/home),

Institut für Arbeitsmarkt- und Berufsforschung (www.iab.de),

Institut für Weltwirtschaft an der Universität Kiel (www.ifw-kiel.de),

Institut für Wirtschaftsforschung Halle (www.iwh-halle.de),

Internationale Arbeitsorganisation (www.ilo.org/public/german/region/eurpro/bonn/datenbanken/index.htm),

Rat der Immobilienweisen,

Rentenversicherungsanstalt (www.deutsche-rentenversicherung-bund.de),

Sozio-oekonomisches Panel (www.diw.de/deutsch/soep/forschungsdatenzentrum_des_soep/27175.html),

Statistisches Bundesamt (www.destatis.de),

Volkswirtschaftliche Gesamtrechnungen der Länder (www.vgrdl.de/Arbeitskreis_VGR).

Bei den Berechnungen für Ostdeutschland gilt grundsätzlich Folgendes: Berlin wird weder West- noch Ostdeutschland zugeordnet. Lediglich bei den Arbeitslosenzahlen und Erwerbsquoten der Bundesagentur für Arbeit wird davon abgewichen. Dort zählt Berlin bis 1994 zu Ost- und ab 1995 zu Westdeutschland.

Literatur

Abelshauser, W. (1983): *Wirtschaftsgeschichte der Bundesrepublik Deutschland (1945–1980)*. Frankfurt am Main.

Aghion, P.; Howitt, P. (1998): *Endogenous Growth Theory*. Cambridge, MA.

Akerlof, G. A. et al. (1991): „East Germany in from the Cold: The Economic Aftermath of the Currency Union". In: *Brookings Papers on Economic Activity* 1, S. 1–87.

Allgemeiner Deutscher Nachrichtendienst (1990): Meldung am 19. Oktober.

Baale, O. (2008): *Abbau Ost. Lügen, Vorurteile und sozialistische Schulden*. 4. Auflage. München.

Balassa, B. (1964): „The Purchasing Power Parity Doctrine: A Reappraisal". In: *Journal of Political Economy* 72 (6), S. 584–596.

Begg, D.; Portes, R. (1992): „Eastern Germany since Unification: Wage Subsidies Remain a Better Way". Discussion Paper 730. Centre for Economic Policy Research. London.

Biedenkopf, K. H. (1990): *Offene Grenzen, offener Markt. Voraussetzungen für die Erneuerung der DDR-Volkswirtschaft*. Wiesbaden.

Brachert, M.; Hornych, C. (2009): „Die Formierung von Fotovoltaik-Clustern in Ostdeutschland". In: *Wirtschaft im Wandel*, Nr. 2, S. 81–90.

Brautzsch, H.-U. (2008): „Aktuelle Trends: Renditeanstieg in Ostdeutschland zum Stillstand gekommen". In: *Wirtschaft im Wandel*, Nr. 7, S. 259.

Breuel, B. (Hrsg.) (2005): *Ohne historisches Vorbild. Die Treuhandgesellschaft 1990 bis 1994. Eine kritische Würdigung*. Berlin.

Buettner, T.; Rincke, J. (2007): „Labor Market Effects of Economic Integration: The Impact of Re-Unification in German Border Regions". In: *German Economic Review* 8, S. 536–560.

Bundesministerium der Finanzen (2009): Daten zur horizontalen Umsatzsteuerverteilung, zum Länderfinanzausgleich und zu den Bundesergänzungszuweisungen. Aktuelle Fassung eines Auszugs aus der BMF-Dokumentation Bund/Länder-Finanzbeziehungen auf der Grundlage der geltenden Finanzverfassungsordnung. (www.bundesfinanzministerium.de).

Bundesministerium für Wirtschaft und Technologie (2009): Wirtschaftsdaten Neue Bundesländer, Februar (www.bmwi.de).

Burda, M. C. (2006): „Factor Reallocation in Eastern Germany after Reunification". In: *The American Economic Review* 96 (2), S. 368-374.

Burda, M. C.; Funke, M. (1993): „German Trade Unions after Unification – Third Degree Wage Discriminating Monopolists?" In: *Review of World Economics* 129 (3), S. 537–560.

Burda, M. C.; Wyplosz, C. (1992): „Labor Mobility and German Integration: Some Vignettes". In: Siebert, H. (Hrsg.): *The Transformation of Socialist Economies*. Tübingen. S. 333–359.

Busch, U. (2002): *Am Tropf. Die ostdeutsche Transfergesellschaft*. Berlin.

Deutsche Bundesbank (1990): Monatsbericht 42, Nr. 7, Juli 1990. Frankfurt am Main.

DIW (1990): Wochenbericht Nr. 14, 5. April 1990.

Deutsche Rentenversicherung Bund (2008): „Rentenversicherung in Zeitreihen 2007", Oktober. In: *DRV-Schriften* Band 22.

DIW, IfW, IWH (1999): Gesamtwirtschaftliche und unternehmerische Anpassungsfortschritte in Ostdeutschland. Neunzehnter Bericht. Forschungsreihe 5/1999. Halle.

Dohnanyi, K. v. (1990): *Das Deutsche Wagnis. Über die wirtschaftlichen und sozialen Folgen der Einheit*. München.

Dohnanyi, K. v.; Most, E. (2004): Für eine Kurskorrektur des Aufbau-Ost. Bericht des Gesprächskreises Ost der Bundesregierung. Hamburg/Berlin.

The Economist (1995): „*The eagle's embrace*". Ausgabe vom 30. September.

Feldmeyer, K. (1998): *Schwierige Heimkehr. Neusiedler auf altem Boden*. Berlin.

Filip-Köhn, R.; Ludwig, U. (1990): „Dimensionen eines Ausgleichs des Wirtschaftsgefälles zur DDR". In: *DIW Diskussionspapiere*, Nr. 3. Berlin.

Franz, P. (2007): „Räumliche Verteilung ostdeutscher innovativer Kompetenzen: deutlicher Zuwachs im südwestlichen Umland von Berlin und in den Zentren Sachsens und Thüringens". In: *Wirtschaft im Wandel*, Nr. 9, S. 344–349.

Friedman, T. (2005): *The World is Flat: A Brief History of the Twenty-first Century*. New York.

Fuchs-Schündeln, N.; Izem, R. (2008): „Explaining the Low Labor Productivity in East Germany – A Spatial Analysis". Manuscript, Harvard University, April 18, 2008.

Giersch, H. (1979): „Aspects of Growth, Structural Change and Employment – A Schumpeterian Perspective". In: *Weltwirtschaftliches Archiv* 115 (4) S. 629–652.

Giersch, H.; Paqué, K.-H.; Schmiedling, H. (1994): *The fading miracle. Four decades of market economy in Germany*. Cambridge.

Grass, G. (2009): *Unterwegs von Deutschland nach Deutschland. Tagebuch 1990.* Göttingen.

Grossman, G.; Helpman, E. (1991): *Innovation and Growth in the Global Economy.* Cambridge, MA.

Günther, J.; Michelsen, C.; Titze, M. (2009): „Innovationspotenzial ostdeutscher Regionen: Erfindergeist nicht nur in urbanen Zentren zu Hause". In: *Wirtschaft im Wandel*, Nr. 4, S. 181–192.

Hartmann, R. (2008): *Die Liquidatoren. Der Reichskommissar und das wiedergewonnene Vaterland.* Berlin.

Hayek, F. (1944): „Scientism and the Study of Society PART III". In: *Economica*, New Series 11 (41) S. 27–39.

Heering, W. (1998): „Acht Jahre deutsche Währungsunion. Ein Beitrag wider die Legendenbildung im Vereinigungsprozeß". In: *Aus Politik und Zeitgeschichte*, Beilage zur Wochenzeitung *Das Parlament*, B 24, S. 20–34.

Hornych, C. (2008): „Innovationskraft ostdeutscher Clusterstrukturen". In: *Statistik Regional*, Electronic Papers, 2008–01, S. 1–94.

Hujer, R.; Thomsen, S. L. (2006): „Wirksamkeit von Arbeitsbeschaffungsmaßnahmen in Deutschland: empirische Befunde mikroökonometrischer Analysen". In: *Zeitschrift für ArbeitsmarktForschung – Journal for Labour Market Research* 39, 3/4, S. 329–345.

Jürgs, M. (1997): *Die Treuhänder.* München/Leipzig.

Kaser, M. C.; Radice, E. A. (Hrsg.) (1985): *The Economic History of Eastern Europe 1919–1975.* Band I. *Economic Structure and Performance between the Two Wars.* Oxford.

Klodt, H. (1996): *Lohnkostenzuschüsse: Ökonomische Effizienz und gesellschaftliche Akzeptanz.* Kieler Arbeitspapiere 715. Institut für Weltwirtschaft. Kiel.

Klodt, H. (2000): „Industrial Policy and The East German Productivity Puzzle". In: *German Economic Review* 1(3), S. 315–333.

Klodt, H. et al. (1994): *Standort Deutschland: Strukturelle Herausforderungen im neuen Europa.* Kieler Studien 272. Tübingen.

Klodt, H.; Maurer, R.; Schimmelpfennig, A. (1997): *Tertiarisierung in der deutschen Wirtschaft.* Kieler Studien 283. Tübingen.

Krugman, P. (1991): *Geography and Trade.* Cambridge, MA.

Krugman, P. (1994): *Rethinking International Trade.* Cambride, MA.

Krugman, P.; Obstfeld, M. (2009): *International Economics. Theory & Policy.* Achte Auflage. Boston.

Kubis, A.; Schneider, L. (2008): „Im Fokus: Zuwanderungschancen ostdeutscher Regionen". In: *Wirtschaft im Wandel*, Nr. 10, S. 377–381.

Lang, C. (2007): „Aktuelle Trends: Tarifbindung im Verarbeitenden Gewerbe Ostdeutschlands: Keine weitere Tarifflucht 2006". In: *Wirtschaft im Wandel*, Nr. 1, S. 3.

Lange, O.; Taylor, F. (1938): *On the Economic Theory of Socialism*. Minneapolis.

Lucke, B. (1995): „Die Privatisierungspolitik der Treuhandanstalt – Eine ökonometrische Analyse". In: *Zeitschrift für Wirtschafts- und Sozialwissenschaften* 115, S. 393–428.

Maddison, A. (2001): *The World Economy 2: Historical Statistics*. OECD. Paris.

Maron, M. (1990): *Das neue Elend der Intellektuellen*. In: *Tageszeitung* vom 6. Februar.

Meltiz, M. (2008): „International Trade and Heterogeneous Firms". In: Durlauf, S.; Blume, L. (Hrsg.): *The New Palgrave Dictionary of Economics*. Zweite Auflage. Basingstoke, Hampshire; New York.

Möller, K. P. (1996): *Nichts produzieren und trotzdem gut leben. Standort Deutschland ohne Industrie?* Hannover.

Müller, U. (2005): *Supergau Deutsche Einheit*. Berlin.

Münnich, M.: „Einnahmen und Ausgaben von Rentner- und Pensionärshaushalten". In: *Wirtschaft und Statistik* 6/2007, S. 593–628.

Mundell, R. A. (1961): „A Theory of Optimum Currency Areas". In: *The American Economic Review* 51 (4), S. 657–665.

Paqué, K.-H. (2001a): „East/West-Wage Rigidity in United Germany". In: Riphahn, R. T.; Snower, D.; Zimmermann, K. (Hrsg.): *Employment Policy in Transition: The Lessons of German Integration for the Labor Market*. Heidelberg. S. 52–82.

Paqué, K.-H. (2001b): „Was ist am ostdeutschen Arbeitsmarkt anders?" In: *Perspektiven der Wirtschaftspolitik*, Nr. 2, S. 407–423.

Paqué, K.-H. (2009): „Transformationspolitik in den neuen Bundesländern: Eine industrielle Erfolgsgeschichte?" In: Institut der Deutschen Wirtschaft Köln (Hrsg.): *Industriepolitik für das 21. Jahrhundert. Wissenschaftliche Jahrestagung zum Gedenken an Dr. Manfred Lennings 22. Oktober 2008 in Bonn*. Köln. S. 16–45.

Rat der Immobilienweisen (2007): *Frühjahrsgutachten Immobilienwirtschaft 2007*. Wiesbaden.

Ritter, G. A. (2006): *Der Preis der deutschen Einheit. Die Wiedervereinigung und die Krise des Sozialstaats*. München.

Sachverständigenrat zur Begutachtung der gesamtwirtschaftlichen Entwicklung (1990): *Auf dem Wege zur wirtschaftlichen Einheit Deutschlands. Jahresgutachten 1990/91*. Stuttgart.

Sachverständigenrat zur Begutachtung der gesamtwirtschaftlichen Entwicklung (1991): *Die wirtschaftliche Integration in Deutschland. Perspektiven – Wege – Risiken. Jahresgutachten 1991/92*. Stuttgart.

Sachverständigenrat zur Begutachtung der gesamtwirtschaftlichen Entwicklung (1994): *Den Aufschwung sichern – Arbeitsplätze schaffen. Jahresgutachten 1994/95*. Stuttgart.

Sachverständigenrat zur Begutachtung der gesamtwirtschaftlichen Entwicklung (1995): *Im Standortwettbewerb. Jahresgutachten 1995/96.* Stuttgart.

Samuelson, P. A. (1964): „Theoretical Notes on Trade Problems". In: *Review of Economics and Statistics* 46 (2), S. 145–154.

Schmidt, H. (2005): *Auf dem Weg zur deutschen Einheit. Bilanz und Ausblick.* Reinbek bei Hamburg.

Schmieding, H. (1990): *Währungsunion und Wettbewerbsfähigkeit der DDR-Industrie.* Kieler Arbeitspapiere, Nr. 413, Institut für Weltwirtschaft. Kiel.

Schroeder, K. (2006): *Die veränderte Republik. Deutschland nach der Wiedervereinigung.* Sonderausgabe für die Zentralen für politische Bildung in Deutschland. München.

Schubert, H. (1990): „Die stille Liebe zur Heimat. Rede auf der Gründungsversammlung der ‚Deutschen Gesellschaft' am 13. Januar in der Ost-Berliner Nikolaikirche". In: *Deutschland Archiv* 23 (3), S. 481.

Schumpeter, J. (1911): *Theorie der wirtschaftlichen Entwicklung. Eine Untersuchung über Unternehmergewinn, Kapital, Kredit, Zins und den Konjunkturzyklus.* München.

Schumpeter, J. (1942): *Capitalism, Socialism and Democracy.* New York.

Schwartz, M. (2008a): „Wie effektiv sind Technologie- und Gründerzentren in den Neuen Bundesländern?" In: *List Forum für Wirtschafts- und Finanzpolitik* 34 (2), S. 154–171.

Schwartz, M. (2008b): „Langfristeffekte von Technologie- und Gründerzentren: Was wird aus den Firmen, wenn sie die Zentren verlassen?" In: *Wirtschaft im Wandel*, Nr. 8, S. 317–322.

Schwartz, M.; Hornych, C. (2008): „Technologie- und Gründerzentren im Lichte von Diversifizierung versus Spezialisierung". In: *IWH-Diskussionspapiere*, Nr. 7, S. 1–35.

Seitz, Helmut (2004): „Implikationen der demographischen Veränderungen für die öffentlichen Haushalte und Verwaltungen". *Dresden Discussion Paper Series in Economics* No. 08/04. Dresden.

Simons, H. (2009): *Transfers und Wirtschaftswachstum. Theorie und Empirie am Beispiel Ostdeutschland.* Marburg.

Sinn, G.; Sinn, H.-W. (1993): *Kaltstart. Volkswirtschaftliche Aspekte der deutschen Vereinigung.* Dritte Auflage. München.

Sinn, H.-W. (2002): „Germany's Economic Unification: An Assessment after Ten Years". In: *Review of International Economics* 10(1), S. 113–128.

Sinn, H.-W. (2003): *Ist Deutschland noch zu retten?* 4. Auflage. München.

Snower, D. J.; Merkl, C. (2006): „The Caring Hand that Cripples: The East German Labor Market after Reunification". In: *The American Economic Review* 96 (2), S. 375–382.

Solow, R. (1956): „A Contribution to the Theory of Economic Growth". In: *Quarterly Journal of Economics* 70 (1), S. 65–94.

Der Spiegel (1977): „Ein altes Weib, das sich nicht rühren kann". Ausgabe Nr. 32 vom 1. August.

Der Spiegel (1979): „Das kranke England". Ausgabe Nr. 6 vom 5. Februar.

Titze, M. (2008): „Förderung mittels Investitionszulagen in Ostdeutschland fortsetzen? – Ein Kommentar". In: *Wirtschaft im Wandel*, Nr. 10, S. 376.

Treuhandanstalt (1994a): *Daten und Fakten zur Aufgabenerfüllung der Treuhandanstalt. Stand Dezember 1994.* Berlin.

Treuhandanstalt (1994b): *Informationen.* Ausgabe 21. Dezember 1994. Berlin.

Uhlig, H. (2006): „Regional Labor Markets, Network Externalities and Migration: The Case of German Unification". In: *The American Economic Review* 96 (2), S. 383-387.

Wagner, G. G.; Frick, J. R.; Schupp, J. (2007): „The German Socio-Economic Panel Study (SOEP) – Scope, Evolution and Enhancements". In: *Schmollers Jahrbuch* 127 (1), S. 139–169.

Wendt, A. (2005): „Deutsche Einheit: Mezzogiorno ohne Mafia". In: *Focus* Nr. 25.

Wenzel, S. (2009): *Was war die DDR wert? Und wo ist dieser Wert geblieben? Versuch einer Abschlussbilanz.* Berlin.

Wilde, K.; Freye, S. (2009): „Auslaufen der Solidarpaktmittel: Sind die Neuen Länder ausreichend vorbereitet?" In: *Wirtschaft im Wandel*, Nr. 3, S. 132–140.

Wissenschaftlicher Beirat beim Bundesministerium für Wirtschaft (1991a): „Probleme der Privatisierung in den neuen Bundesländern". In: *BMWi Studienreihe* 73. Bonn.

Wissenschaftlicher Beirat beim Bundesministerium für Wirtschaft (1991b): „Lohn- und Arbeitsmarktprobleme in den neuen Bundesländern". In: *BMWi Studienreihe.* Bonn.

Wissenschaftlicher Beirat beim Bundesministerium für Wirtschaft (1998a): „Gutachten vom 17./18. November und 15./16. Dezember 1989. Thema: Wirtschaftspolitische Herausforderungen der Bundesrepublik im Verhältnis zur DDR". In: *Sammelband der Gutachten von 1987 bis 1997.* Stuttgart. S. 1480–1491.

Wissenschaftlicher Beirat beim Bundesministerium für Wirtschaft (1998b): „Gutachten vom 1./2. März und 27. März 1990. Thema: Schaffung eines gemeinsamen Wirtschafts- und Währungsgebietes in Deutschland". In: *Sammelband der Gutachten von 1987 bis 1997.* Stuttgart. S. 1493–1507.

WSI (2008): *Informationen zur Tarifpolitik. Unterste Tarifvergütungen 2008. Elemente qualitativer Tarifpolitik* Nr. 64. Düsseldorf.

Die Zeit (1976): „England fällt zurück." Nr. 4 vom 16. Januar.

Register